17

黑龙江法院审判参考丛书

总主编 石时态

# 知识产权案件审判参考

ZHI SHI CHAN QUAN AN JIAN
SHEN PAN CAN KAO

马文静 丁 锐/编著

理疑难问题
炼审判经验
明裁判思路
范法律适用
一裁判尺度

人民法院出版社

图书在版编目（CIP）数据

知识产权案件审判参考 / 马文静，丁锐编著. — 北京 ：人民法院出版社，2018.3

（黑龙江法院审判参考丛书 / 石时态总主编）

ISBN 978-7-5109-2083-7

Ⅰ. ①知… Ⅱ. ①马… ②丁… Ⅲ. ①知识产权法—审判—案例—中国 Ⅳ. ①D923.405

中国版本图书馆CIP数据核字（2018）第042670号

知识产权案件审判参考

马文静　丁　锐　编著

| | |
|---|---|
| 责任编辑 | 韦钦平　李安尼　**执行编辑**　沈国婧 |
| 出版发行 | 人民法院出版社 |
| 地　　址 | 北京市东城区东交民巷27号（100745） |
| 电　　话 | （010）67550583（责任编辑）　67550558（发行部查询）<br>65223677（读者服务部） |
| 客 服 QQ | 2092078039 |
| 网　　址 | http：//www. courtbook. com. cn |
| E－mail | courtpress@ sohu . com |
| 印　　刷 | 保定市中画美凯印刷有限公司 |
| 经　　销 | 新华书店 |

| | |
|---|---|
| 开　　本 | 787 × 1092毫米　1/16 |
| 字　　数 | 310千字 |
| 印　　张 | 17.25 |
| 版　　次 | 2018年3月第1版　2018年3月第1次印刷 |
| 书　　号 | ISBN 978-7-5109-2083-7 |
| 定　　价 | 49. 00元 |

# 总 序

伴随信息时代的到来和经济社会的快速发展，新类型案件不断涌现，司法案件法律关系和表现形态日趋多元复杂，对法官法律适用能力提出了新的更高要求。为更好适应司法办案需要，我们编撰了《黑龙江法院审判参考丛书》，针对同类案件司法实践中的常见、疑难、新型问题，致力于提炼裁判规则、研究裁判方法、梳理裁判经验，以指导类似待决案件的裁判。

组织一线法官编撰类案审判参考丛书，在黑龙江法院尚属首次。为保证丛书编写质量，增强丛书的针对性、指导性和权威性，我们整合全省三级法院审判力量，挖掘全国法院案例资源，深入调查研究，逐个观点研讨论证，每个分册都经最高人民法院专家型法官把关，历经多次修改完善。

我们希望丛书能对法官、检察官、律师等司法实务人员和教学科研机构司法办案、法学教学研究有所裨益，也能为社会大众学法用法提供一些参考。

囿于水平和时间，本书难免有粗陋和有待商榷之处，望读者不吝析疑诓谬、补偏救弊。

《黑龙江法院审判参考丛书》编辑委员会

2018 年 2 月

# 前 言

本书主要以近年来黑龙江法院系统受理的知识产权民事案件为素材，借鉴《最高人民法院公报》《人民司法》《最高人民法院知识产权年度报告》，以及中国裁判文书网、北大法宝法律数据库中等具有典型意义的案例，汇集著作权、商标、专利、反不正当竞争、侵犯商业秘密等类案件63件，较为清晰地呈现了每起案件当事人的诉辩主张和一、二审裁判要点以及裁判脉络等，并根据知识产权案件专业问题和法律问题高度融合的特点，归纳、梳理、总结、提炼裁判规则，进行学理分析，对有关具体法律适用起到了较好的启发、示范作用。

本书具有以下特点：一是围绕知识产权案件自身特色，突出实用性和针对性，如确认不侵权诉讼和损害赔偿数额的确定，对审判实践具有较强的指导意义；二是突出法律问题和经典案例相结合特色，便于读者在最短的时间内有效了解知识产权各类案件的审理思路；此外，对一些时间稍显久远但仍具典型意义的案例也纳入了其中，望大家在阅读时注意。

全书由丁锐法官执笔、马文静法官修改审定，限于时间和能力，书中疏漏和错误在所难免，意见和建议请及时反馈。

编者

2018年1月

# 凡 例

| 全 称 | 简 称 |
| --- | --- |
| 《中华人民共和国著作权法》 | 《著作权法》 |
| 《中华人民共和国商标法》 | 《商标法》 |
| 《中华人民共和国专利法》 | 《专利法》 |
| 《中华人民共和国反不正当竞争法》 | 《反不正当竞争法》 |
| 《中华人民共和国反垄断法》 | 《反垄断法》 |
| 《中华人民共和国促进科技成果转化法》 | 《促进科技成果转化法》 |
| 《中华人民共和国民法通则》 | 《民法通则》 |
| 《中华人民共和国侵权责任法》 | 《侵权责任法》 |
| 《中华人民共和国合同法》 | 《合同法》 |
| 《中华人民共和国民事诉讼法》 | 《民事诉讼法》 |
| 《中华人民共和国公证法》 | 《公证法》 |
| 《中华人民共和国著作权法实施条例》 | 《著作权法实施条例》 |
| 《中华人民共和国商标法实施条例》 | 《商标法实施条例》 |
| 《最高人民法院关于审理著作权民事纠纷案件适用法律若干问题的解释》 | 《著作权案件适用法律解释》 |

| 全　称 | 简　称 |
|---|---|
| 《最高人民法院关于审理商标民事纠纷案件适用法律若干问题的解释》 | 《商标案件适用法律解释》 |
| 《最高人民法院关于审理侵犯专利权纠纷案件应用法律若干问题的解释》 | 《侵犯专利权司法解释》 |
| 《最高人民法院关于审理专利纠纷案件适用法律问题的若干规定》 | 《专利纠纷法律规定》 |
| 《最高人民法院关于审理不正当竞争民事案件应用法律若干问题的解释》 | 《不正当竞争司法解释》 |
| 《最高人民法院关于审理注册商标、企业名称与在先权利冲突的民事纠纷案件若干问题的规定》 | 《商标、企业名称与在先权利冲突规定》 |
| 《最高人民法院关于审理侵犯植物新品种权纠纷案件具体应用法律问题的若干规定》 | 《侵犯植物新品种权纠纷若干规定》 |
| 《最高人民法院关于审理侵害信息网络传播权民事纠纷案件适用法律若干问题的规定》 | 《信息网络传播权适用法律规定》 |
| 《最高人民法院关于适用〈中华人民共和国合同法〉若干问题的解释（二）》 | 《合同法司法解释（二）》 |
| 《最高人民法院关于适用〈中华人民共和国民事诉讼法〉若干问题的意见》 | 《民事诉讼法司法解释》 |
| 《最高人民法院关于民事诉讼证据的若干规定》 | 《民事诉讼证据规定》 |
| 《民事案件案由规定》 | 《案由规定》 |

# 目 录

## 第一章 知识产权纠纷概述

## 第二章　著作权纠纷裁判思路

## 第三章 商标权纠纷裁判思路

## 第四章　专利权纠纷裁判思路

## 第五章　反不正当竞争纠纷裁判思路

## 第六章　其他知识产权纠纷裁判思路

## 附录 法律法规、司法解释等

# 第一章　知识产权纠纷概述

## 第一节　近年来黑龙江法院知识产权纠纷发展态势

近年来，黑龙江省高级人民法院深入贯彻中央和省委的战略部署，牢牢把握司法为民、公正司法工作主线，围绕精品审判战略，积极顺应经济发展新常态对知识产权审判工作提出的新要求，以围绕实施“五大规划”发展战略、构建“龙江丝路带”、推进十大重点产业建设为中心，以支持提高自主创新能力和核心竞争力为重点，以“加大司法惩处力度”“降低维权成本，提高侵权代价，有效遏制侵权行为”为基本导向，切实优化经济发展环境，为推动全省创新驱动发展战略、促进经济提质增效升级提供了有效的司法服务和保障。

2012~2016 年，全省法院共新收各类知识产权民事案件 1476 件，审结 1357 件，基本与同期持平。其中新收著作权案件 579 件，占 39.2%；专利权案件 191 件，占 12.9%；商标权案件 365 件，占 24.7%；技术合同和不正当竞争等 341 件，各占 23.1%。通过优质高效的案件审理，突出了司法裁判对知识产权人合法权益的保护，规范了市场主体的经营行为，维护了自愿平等、公平公正、诚实守信、鼓励创新的市场秩序，保护了企业自主创新的积极性。

相对于传统民事、商事审判以及其他地区法院，黑龙江知识产权审判工作呈现以下特点：一是案件总量不高，且分布不均衡。全省年均受案不足 400 件，仅为民事、商事案件的零头，在全国位居中等偏下位置。近三年，各中院共受理一审知产 773 件，年均 258 件。在案件分布上，受案量最多法院为哈尔滨中院，年均 190.3 件，约占全省的 57.3%。其次分别为齐齐哈尔（42 件）、牡丹江（26.3 件）、大庆（23.6 件）、佳木斯（21.3 件），鹤岗（6 件）、鸡西（4.3 件）、双鸭山（3.7 件），绥化、黑河两个中院在三年间有一两件知产、涉外案件，伊春、七台河、大兴安岭、林区、铁路 5 个中院近三年没有受理知产案件。二是案件涉及专业技术问题较多，案件审理难度增大。在案件增幅总体趋缓的同时，涉及前沿科技问题的疑难复杂案件，涉及知名企业重大利益的品牌保护案件，以及涉及市场竞争秩序维护的不正当竞争案件等增多，案件审理难度不断加大。三是权利人集体维权诉讼案件增幅明显。特别是以中国音像著作权集体管理协会为代表的权利人集体维权诉讼，随着 KTV 两年授权期限的截止，KTV 经营者怠于支付版权费用，著作权集体管理组织又开始了新一轮维权，导致著作权纠纷案件数量持续增加，纠纷多元化、集团化发展势头明显，且牵涉范围广、人员多，对我省文化市场的健康、良性发展产生重要影响。四是知识产权案件中有关农业、农村和小微企业的案件比重较大。涉及农机产品的专利侵权纠纷，涉及起步阶段的个体经营户、中小民营企业等类案件较多，案件标的额一般都较小，但处理结果对当事人生产经营的潜在影响较大。五是权利人维权对象逐渐深入。出现了多起权利人针对市场内商铺销售侵权商品的行为起诉市场管理者的诉讼，如国际知名品牌“LV”权利人跨过具体商户，转而起诉商场经营者的案件。审判实践中，对于市场管理者的法律地位、侵权责任方式等问题还存有争议，案件审理难度进一步增加。

全省法院根据经济发展新常态的要求，结合案件特点，在行使知识产权审判职能方面主要突出以下重点：一是坚持把抓好各类型案件审理工作、确保案件审理质量和效率作为知识产权审判服务大局的第一要务，公正高效地审理了一大批知识产权案件。在审判中还不断总结新类型、疑难复杂案件的裁判思路和审理经验，先后审理了一批具有典型意义的案件。二是不断加强审判业务指导的针对性和实效性，及时解决制约审判工作发展的突出问题，调研指导和法制宣传工作取得明显进展。三是不断完善和加强各项审判机制和审判队伍建设，通过规范自身司法行为，提高人员综合素质，确保审判能力不断提高。

## 第二节　知识产权纠纷的司法政策和裁判思维

### 一、知识产权纠纷的司法政策

司法政策是特定时期国家宏观政策、内政外交政策和社会经济文化需求在司法审判领域中的凝聚和体现，是政治与法律交互作用的产物，具有指导法律规则在司法中正确实施，确保法律适用方向正确的重要功能。知识产权制度在很大程度上是各国为促进本国的经济社会发展而采取的政策性手段。由于知识产权既缺乏物权所具有的天然的物理边界，又缺乏债权所具有的清晰的法律边界，因而在保护范围和保护强度方面，都存在政策上的考虑和利益上的衡平，存在弹性的法律空间。正是由于知识产权保护的上述特点，知识产权司法政策和理念在知识产权司法中占据着特殊的重要地位，起到特殊的重要作用。

知识产权司法保护政策的定位，取决于三个基本因素，一是知识产权专门法律及其他相关法律的基本精神、基本原则和基本政策。二是我国的基本国情和发展阶段。知识产权司法保护要适应我国所处的国际国内发展环境，符合我国经济社会文化发展新的阶段性特征，符合我国文化发展和科技创新的新要求。三是知识产权自身的特点和属性。知识产权司法保护又要适应各类知识产权的属性和特点，符合各类不同知识产权的功能和保护需求。

最高人民法院始终注重以司法政策方式指引司法实践，明晰法律适用思路，保障各项知识产权法律立法目标的充分实现。自2008年以来，最高人民法院通过司法政策性文件、院领导讲话等多种方式，初步形成了以基本政策和各领域具体政策组成的知识产权司法保护政策体系。其中，先后发布《最高人民法院关于当前经济形势下知识产权审判服务大局若干问题的意见》（法发〔2009〕23号）、《最高人民法院关于充分发挥知识产权审判职能作用推动社会主义文化大发展大繁荣和促进经济自主协调发展若干问题的意见》（法发〔2011〕18号）、《最高人民法院关于充分发挥审判职能作用 为深化科技体制改革和加快国家创新体系建设提供司法保障的意见》（法发〔2012〕15号）、《中国知识产权司法保护纲要》（2016-2020）等司法政策性指导文件10余个。特别是在全国法院知识产权审判工作（杭州）座谈会上，最高人民法院根据我国当时所处的国际国内发展环境以及创新发展需求，结合知识产权专门法律及其他相关法律的基本精神、基本原则，总结和提炼出“加强保护、分门别类、宽严适度”的知识产权司法保护基本政策，对于指引知识产权司法保护的正确方向发挥了重要作用。

近年来，我国知识产权保护面临的国际国内形势发生了一些新变化，呈现出新的阶段性特征和发展态势。概括起来，主要变化体现在：国际方面，知识产权日益成为国家根本利益和国际竞争核心领域，发达国家在推动高标准知识产权保护方面不遗余力；我国国际地位上升，在国际知识产权体系中的话语权和影响力增强；中国企业纷纷走出去，更加需要良好的国际贸易、投资和知识产权保护环境。知识产权的问题，已经成为了中美、中欧、中日、中俄以及东亚相关邻国在国际贸易和交往中的重要议题。国内方面，全面深化改革为知识产权审判带来新的发展机遇，知识产权审判体制机制改革成为司法改革的重要内容；我国经济进入新常态，实施创新驱动发展战略成为国运所系和大势所趋；我国创新能力和研发投入逐年提高，国内创新者对于知识产权保护的内在需求更加强烈；建设知识产权强国和世界科技强国成为我国未来知识产权和创新领域发展的目标蓝图，知识产权司法保护必须进一步提高公正性、权威性和国际影响力。

为适应上述新变化、新特征和新态势，知识产权司法需要在立法决定的空间和弹性幅度内，根据知识产权法律及其他相关法律的基本精神、基本原则和基本政策，结合知识产权自身的特点和属性，有针对性地予以回应和调整。为此，最高人民法院在慎重研究的基础上，在 2016 年 7 月的全国法院知识产权审判工作座谈会暨全国法院知识产权审判“三合一”推进会上，将知识产权司法保护基本政策调整发展为“司法主导、严格保护、分类施策、比例协调”。

1. 坚持司法主导，发挥司法在知识产权保护中的主渠道作用。“司法主导”是对司法保护知识产权职能作用的基本要求，是对我国知识产权保护中司法和行政执法关系的基本定位。发挥司法保护主导作用，要求法院不断强化司法保护的稳定性和导向性、实效性和全面性、终局性和权威性，切实发挥司法保护知识产权的体制机制优势。一是从提高审判质效上看，提升司法保护的及时性和有效性，善于运用诚实信用、保护在先权利、维护公平竞争等原则作出公正裁决，通过提供高水平的司法保护对知识产权利益进行衡量，赢得全社会的尊重和信任。二是从司法机关和行政执法机关的关系上看，强化对行政执法行为合法性的审查，及时明确法律标准，促进行政机关依法行政，切实推动行政执法标准向司法标准看齐。三是从充分发挥司法的指引功能上看，要不断提高知识产权审判的司法公信力和社会影响力，以充分发挥知识产权司法保护的示范效应和指引效应。

2. 坚持严格保护，提升知识产权司法保护水平。从“加强保护”发展到“严格保护”，反映出知识产权理念的科学化和规则的明确化，既是我国经济进入新常态和创新驱动发展战略实施对知识产权司法保护强度的基本定位，也是我国经济进入新常态和创新驱动发展战略实施对知识产权保护提出的更高要求。人民法院应提高知识产权司法保护力度，穷尽司法措施，有效破解知识产权侵权损害赔偿难问题，避免权利人“赢了官司输了市场”，更好地体现知识产权智力成果的市场价值。

3. 坚持分类施策，提升知识产权司法保护效果。“分类施策”是实现严格保护的基本方法。应结合我国国情和案件特点，提高知识产权司法保护的针对性、有效性。根据具体案情和有关法律政策规定，既强调支持创新、保护创新，又强调分类施策、区别对待，防止机械执法、简单就案办案，确保案件审理取得良好的法律效果和社会效果。

4. 坚持比例协调，实现保护权利和激励创新的平衡。“比例协调”是严格保护的统筹原则和基本方法，是评估知识产权保护效果的重要尺度。应合理确定不同领域知识产权的保护范围和保护强度，区分不同侵权行为的性质、作用和侵权人的主观恶性程度，恰如其分地给予保护和确定赔偿。

### 二、知识产权纠纷的裁判思维

从知识产权制度的内在矛盾看，知识产权纠纷最本质的规律在于利益平衡。从知识产权纠纷的司法实践看，各类知识产权纠纷中充满了各种利益冲突，本质均可归于私人利益与公共利益的冲突。因此，知识产权案件审判应由此出发，树立、遵循科学的司法原则与裁判思维。

司法中，利益平衡点的选择是法官经常面临的难题。事实上，我们可以秉持着利益平衡的主线，在利益冲突与利益协调之间寻找平衡点。那么什么是利益平衡的主线？我们认为，在知识产权案件中，实现知识产权制度鼓励创新、维护公平竞争的价值目标就是知识产权司法活动的主线。仅考虑公共利益而不保护私人利益会压制创新动力而偏离此主线，过于保护私人利益而不考虑公共利益同样也会扼杀创新而偏离此主线。“过与不过，平衡之妙。大处着眼，在于确立和遵守科学的司法原则与裁判思维；小处着手，在于正确地理解适用每一条法律规则，妥善地调整当事人利益。”①

在知识产权纠纷中，法官应需考虑和反复衡量的因素，即所需要的裁判思维包括：（1）法律的一般解释；（2）立法背景，包括与立法相关的历史事件或其他情况；（3）案件事实发生时的社会经济条件与社会实践，立法时社会经济条件与裁决案件时社会经济条件的差异；（4）类似案件的裁决；（5）原告、被告利益因裁决可能受到的影响；（6）裁决对原告、被告所在行业乃至相关行业的影响；（7）裁决对市场竞争的影响；（8）裁决对市场行为的导向作用；（9）裁决对消费者利益的影响；（10）裁决对社会公众、国家利益的影响。

## 第三节　知识产权诉讼管辖

知识产权诉讼管辖是人民法院内部受理第一审知识产权案件的分工和权限，解决的是一审知识产权案件由哪个地区法院、哪级法院受理的问题，在知识产权诉讼中具有举足轻重的地位。考虑到知识产权案件审理难度较大、关联案件和涉国际贸易案件较多、侵权行为表现形式多样的实际情况以及我国知识产权保护的司法现状，知识产权民事案件的管辖无论从级别管辖还是地域管辖，均与一般民事诉讼存在着不同。

---

① 沈志先主编：《知识产权审判精要》，法律出版社2010年版，第24页。

## 一、级别管辖

根据《最高人民法院关于调整地方各级人民法院管辖第一审知识产权民事案件标准的通知》(法发〔2010〕5号)的规定，我国知识产权民事诉讼级别管辖分为一般规定和特别规定。

（一）一般规定

1. 高级人民法院的管辖。高级人民法院管辖诉讼标的额在2亿元以上的第一审知识产权民事案件，以及诉讼标的额在1亿元以上且当事人一方住所地不在其辖区或者涉外、涉港澳台的第一审知识产权民事案件。

2. 中级人民法院的管辖。对高级人民法院管辖标准以下的第一审知识产权民事案件，均由中级人民法院管辖。目前，黑龙江辖区内的所有中级法院，均可受理一审知识产权民事案件。

3. 基层人民法院的管辖。经最高人民法院指定具有一般知识产权案件管辖权的基层人民法院，可以管辖部分一审知识产权民事案件，具体标准由有关高级人民法院自行确定并报最高人民法院批准。目前，黑龙江辖区内的所有基层法院，对知识产权民事诉讼案件尚无管辖权。

（二）特别规定

1. 专利案件的管辖。《专利纠纷法律规定》第2条第1款规定："专利纠纷第一审案件由省、自治区、直辖市人民政府所在地的中级法院和最高法院指定的中级法院管辖。"第2款规定："最高人民法院根据实际情况，可以指定基层人民法院管辖第一审专利纠纷案件。"根据《最高人民法院关于同意指定黑龙江省齐齐哈尔市中级人民法院审理专利纠纷案件的批复》(法函〔2007〕94号)的规定，目前，黑龙江省辖区内只有哈尔滨市中级人民法院和齐齐哈尔市中级人民法院有权管辖第一审专利纠纷案件，基层法院尚无管辖权。管辖专利纠纷的案件范围为《专利纠纷法律规定》第1条所列举的案件。需要特别说明的是，专利权转让、专利申请权转让及专利实施许可合同三类专利纠纷按照《合同法》第342条的规定属于技术转让合同[①]，根据《最高人民法院关于审理技术合同纠纷案件适用法律若干问题的解释》第43条第3款规定的"其他司法解释对技术合同纠纷案件管辖另有规定的，从其规定"，专利权转让、专利申请权转让应当作为专利纠纷案件由具有专利案件管辖权的中级人民法院受理，专利实施许可合同纠纷则应当按照《最高人民法院关于审理技术合同纠纷案件适用法律若干问题的解释》第43条第1~2款的规定确

---

① 《合同法》第342条规定："技术转让合同包括专利权转让、专利申请权转让、技术秘密转让、专利实施许可合同。"

定管辖[①]。即在黑龙江省辖区内，所有中级人民法院均有权受理专利实施许可合同纠纷。专利权转让、专利申请权转让纠纷则由哈尔滨、齐齐哈尔市中级人民法院按照管辖地域范围受理。在黑龙江省专利案件管辖法院的地域划分上，根据《最高人民法院对〈关于调整哈尔滨市中级人民法院、齐齐哈尔市中级人民法院审理第一审专利纠纷管辖区域的请示〉的批复》(法〔2009〕135号)，哈尔滨市中级人民法院管辖哈尔滨市、牡丹江市、佳木斯市、鸡西市、双鸭山市、鹤岗市、伊春市、七台河市及绥化市区域内的第一审专利纠纷案件；齐齐哈尔市中级人民法院管辖齐齐哈尔市、大庆市、黑河市及大兴安岭地区区域内的第一审专利纠纷案件。

2. 植物新品种、集成电路布图设计及反垄断民事案件的管辖。根据《最高人民法院关于审理植物新品种纠纷案件若干问题的解释》第2条的规定，植物新品种侵权纠纷案件由省、自治区、直辖市人民政府所在地的和最高人民法院指定的中级人民法院管辖。根据《最高人民法院关于开展涉及集成电路布图设计案件审判工作的通知》第2条的规定，集成电路布图设计专有权侵权纠纷案件，由省、自治区、直辖市人民政府所在地的中级人民法院管辖。根据《最高人民法院关于审理因垄断行为引发的民事纠纷案件应用法律若干问题的规定》第3条的规定，反垄断民事纠纷案件，由省、自治区、直辖市人民政府所在地的市、计划单列市中级人民法院以及最高人民法院指定的中级人民法院管辖。综上所述，因最高人民法院尚未指定黑龙江省其他中级人民法院管辖植物新品种及反垄断民事案件，植物新品种、集成电路布图设计及反垄断民事纠纷三类案件，由黑龙江省政府所在地哈尔滨市中级人民法院管辖。

3. 涉及驰名商标认定的民事纠纷案件的集中管辖。为规范驰名商标的司法认定，最高人民法院于2009年1月下发《关于涉及驰名商标认定的民事纠纷案件管辖问题的通知》，规定涉及驰名商标认定的民事纠纷案件，由省、自治区人民政府所在地的市、计划单列市中级人民法院，以及直辖市辖区内的中级人民法院管辖。其他中级人民法院管辖此类民事纠纷案件，需报经最高人民法院批准；未经批准的中级人民法院不再受理此类案件。目前，黑龙江省辖区内涉及驰名商标认定的民事纠纷案件由哈尔滨市中级人民法院管辖。

---

① 参见最高人民法院民事案件案由规定课题组编著：《最高人民法院民事案件案由规定理解与适用》，人民法院出版社2011年版，第217页。陶凯元主编：《最高人民法院知识产权司法解释理解与适用》(最新增订版)，中国法制出版社2016年版，第385页。

## 二、地域管辖

（一）侵权案件的地域管辖

1. 侵害商标权案件的地域管辖。对商标民事案件地域管辖的确定，除适用有关合同、侵权纠纷等民事诉讼管辖的基本法律规定外，还应当严格遵守特别法优于普通法的原则，优先适用有关商标案件管辖的特别规定。例如，在一般侵权诉讼中，侵权结果发生地属于侵权行为地，可以以侵权结果发生地确定案件的管辖。但《商标案件适用法律解释》第 6 条则规定，因侵犯注册商标专用权行为提起的诉讼，由侵权行为实施地、侵权商品的储藏地或者查封扣押地、被告所在地法院管辖。根据上述规定，对侵犯商标权民事纠纷案件，在符合上述规定的情形下，不再依侵权结果发生地确立管辖。

除此之外，我们在审理案件中还应当注意以下几个问题：

（1）《商标案件适用法律解释》第 6 条中规定的侵权商品储藏地，是指大量或者经常性储存、隐匿侵权商品的所在地。因此，对于少量、个别侵权商品的储存、隐匿地点，或者只是偶然地储存、隐匿了侵权商品的地点，不应适用上述规定。

（2）《商标案件适用法律解释》第 6 条中规定的查封扣押地，是指海关、工商等行政机关依法查封、扣押侵权商品的所在地。如果是法院采取诉前查封、扣押侵权商品的地点，就不属于上述规定中的查封扣押地。因此，当事人应当向有管辖权的法院申请采取诉前临时措施，法院在审查当事人诉前申请时也应当特别注意先确定自己对案件有管辖权，不能认为只要自己采取了查封、扣押等诉前临时措施就可以取得案件的管辖权。

（3）在侵权商品储藏地或者查封扣押地提起诉讼的，原告既可以起诉实施储存、保管等行为的行为人，也可以起诉该部分侵权商品的经销商、制造商，或者同时起诉各行为人。

2. 侵害著作权案件的地域管辖。根据《著作权案件适用法律解释》第 4 条的规定，因侵犯著作权行为提起的民事诉讼，由《著作权法》第 46 条、第 47 条所规定的侵权行为的实施地、侵权复制品储藏地或者查封、扣押地、被告住所地人民法院管辖。侵权复制品储藏地是指大量或者经常性储存、隐匿侵权复制品所在地。查封扣押地是指海关、版权、工商等行政机关依法查封、扣押侵权复制品所在地。与商标民事案件有关地域管辖的规定相类似，侵犯著作权复制品的储藏地是指大量的或者经营性的储存、隐匿侵权复制品所在地；侵权复制品查封扣押地亦是指海关、版权、工商等行政机关依法查封、扣押侵权复制品所在地，并非人民法院采取诉前保全措施，查封、扣押侵权商品的地点。

3. 侵害专利权案件的地域管辖。《专利纠纷法律规定》第5条规定，因侵犯专利权行为提起的诉讼，由侵权行为地或者被告住所地人民法院管辖。侵权行为地包括：被控侵犯发明、实用新型专利权的产品的制造、使用、许诺销售、销售、进口等行为的实施地；专利方法使用行为的实施地、依照该专利方法直接获得的产品的使用、许诺销售、销售、进口等行为的实施地；外观设计专利产品的制造、销售、进口等行为的实施地以及上述侵权行为的侵权结果地。

（二）权属纠纷的地域管辖

权属纠纷属于确认之诉，即当事人只要求确定权利归属而并不要求承担赔偿等侵权或者违约责任的问题。知识产权权属纠纷包括著作权权属纠纷、商标权权属纠纷、专利权权属纠纷、植物新品种权权属纠纷、集成电路布图设计专有权权属纠纷、计算机网络域名权权属纠纷等。知识产权权属纠纷案件，由具有相应知识产权管辖权的被告住所地法院管辖。

（三）合同纠纷案件的地域管辖

《民事诉讼法》第23条规定，合同纠纷由被告住所地或者合同履行地法院管辖。如果当事人约定的履行地与实际履行地不一致的，以实际履行地为准。如果合同没有实际履行，当事人双方住所地又都不在合同约定的履行地的，应由被告住所地法院管辖。因未经批准的基层人民法院并不享有知识产权民事案件管辖权，故知识产权合同案件的管辖需注意应由具有知识产权民事案件管辖权的法院管辖。

## 三、管辖中的几种特殊情形

# 001.涉及共同诉讼案件的管辖需考虑被控侵权行为人是否具有共同的意思联络和主观故意

**【典型案例】**

### 孙某诉A公司、张某及冯某侵害专利权纠纷管辖权异议案

**[案号]**

（2014）齐立知民初字第4号，（2014）黑知终字第21号

［案情］

孙某系“防粘连自动排气阀”实用新型专利权人。冯某系在大庆区域内销售排气阀产品的经销商。孙某认为冯某销售的排气阀产品侵犯了其实用新型专利权，向齐齐哈尔市中级人民法院（以下简称齐齐哈尔中院）提起诉讼，请求判令冯某立即停止侵犯孙某“防粘连排气阀”专利权的行为，并赔偿3万元。在审理过程中，孙某以A公司、张某系被诉侵权产品的制造者且住所地均在河北省任丘市为由请求追加A公司、张某为共同被告，请求判令A公司、张某对冯某的侵权行为承担连带责任。A公司、张某在答辩期间提出管辖异议，认为孙某已在哈尔滨市中级人民法院（以下简称哈尔滨中院）以与本案相同的事实和理由起诉A公司、张某，该案立案在先，齐齐哈尔中院对A公司、张某同样产品侵权案件不再具有管辖权，请求齐齐哈尔中院将该案移送至哈尔滨中院审理，或者决定不追加A公司、张某为被告。

［法院认为］

一审法院认为：本案一审被告冯某的住所地、侵权行为地均在黑龙江省大庆市，A公司及张某住所地均为河北省任丘市。依照规定，发生在大庆市区域内的第一审专利纠纷案件由齐齐哈尔中院管辖。故齐齐哈尔中院受理本案，符合法律规定。A公司、张某对裁定不服，提起上诉。

二审法院认为：本案冯某的住所地、侵权行为地均在黑龙江省大庆市，A公司及张某住所地均为河北省任丘市，发生在黑龙江省大庆市区域内的第一审专利纠纷案件由齐齐哈尔中院管辖。三被告住所地及侵权行为地均不属于哈尔滨中院管辖的区域范围，故哈尔滨中院对本案不享有管辖权。本案与哈尔滨中院案中的被控侵权产品生产者及所涉专利虽然相同，但两案中被控侵权产品的销售者不同，二者所实施的销售行为亦不同。两案中，孙某主张A公司与张某分别对前述不同的销售行为承担连带责任是基于不同的事实与理由分别提出的诉讼请求，且现有证据亦不能证明冯某在实施被控侵权行为时与哈尔滨中院案中的被控侵权产品销售者具有共同的意思联络和主观故意，故孙某对哈尔滨中院案提起的诉讼与其本案诉讼不属于《民事诉讼法》第52条规定的可以合并审理的共同诉讼。此外，哈尔滨中院所受理的案件已作出终审民事判决，A公司、张某关于将本案移送哈尔滨中院合并审理的上诉主张既于法无据且无法实现，予以驳回。此外，依照《民事诉讼法》第51条的规定，原告可以放弃或变更诉讼请求。本案一审原告孙某在原审诉讼中增加诉讼请求并申请追加A公司、张某为共同被告系其依法享有的诉讼权利，法院是否决定追加A公司、张某作为共同被告参加本案诉讼以及孙某提起的本案诉讼是否属于重复诉讼，均不属于管辖权异议案件的审查范围，不予审查。

［裁判结果］

二审法院判决：驳回上诉，维持原裁定。

［裁判思路］

当事人一方或者双方为二人以上，其诉讼标的是共同的，或者诉讼标的是同一种类、人民法院认为可以合并审理并经当事人同意的，为共同诉讼。专利侵权纠纷案件中，原告可以起诉生产者，亦可以以生产者和销售者为共同被告起诉。原告以制造者和销售者为共同被告起诉的，销售地人民法院有管辖权。销售者为多个且各销售商之间没有共同的意思联络和侵权故意的，且购买、使用被控侵权产品的交易行为各自独立，没有共同的法律关系时，原告应针对不同的销售行为在销售地分别提起诉讼，法院并无合并审理之必要。此外，当事人以法院是否决定追加被告参加诉讼以及是否属于重复诉讼为由提出管辖异议的，法院应明确该主张不属于管辖异议案件的审查范围，不予审查。

［引申思考］

本案从另一个角度反映出知识产权案件管辖中的普遍问题：

1. 存在多个被告和不同侵权行为实施地时，应如何确定管辖？

《著作权案件适用法律解释》第5条规定：对涉及不同侵权行为实施地的多个被告提起的共同诉讼，原告可以选择其中一个被告的侵权行为实施地人民法院管辖，仅对其中某一被告提起的诉讼，该被告侵权行为实施地人民法院有管辖权。

《专利纠纷法律规定》第6条规定：原告仅对侵权产品制造者提起诉讼，未起诉销售者，侵权产品制造地与销售地不一致的，制造地人民法院有管辖权，以制造者与销售者为共同被告起诉的，销售地人民法院有管辖权。销售者是制造者分支机构，原告在销售地起诉侵权产品制造者制造销售行为的，销售地人民法院有管辖权。

《商标案件适用法律解释》第7条规定：对涉及不同侵权行为实施地的多个被告提起的共同诉讼，原告可以选择其中一个被告的侵权行为实施地人民法院管辖；仅对其中某一被告提起的诉讼，该被告侵权行为实施地的人民法院有管辖权。

虽然依照《商标案件适用法律解释》第7条的规定，原告可以对实施不同侵权行为的多个被告提起共同诉讼，并可以选择其中一个被告的侵权行为实施地法院管辖，但必须符合可以合并审理的法定条件。因此，受诉法院要严格审查各被告的被诉侵权行为之间是否具有法律上的关联关系，原告是否存在规避管辖的意图等。倘若各销售商销售的都是同一个制造商生产的侵权产品，但各销售商之间并没有直接的法律关系，也不存在共同的侵权故意，因此就不能认为属于可以合并审理的共同诉讼，而应该分案处理。

2. 能否在销售地起诉生产者，或在生产地起诉销售者？

权利人在侵权产品销售地起诉制造者而不起诉销售者的，若侵权产品生产地与销售地不一致的，权利人不能以侵权产品销售地是制造者实施侵权行为的结果地为由，在销售地人民法院起诉生产者。

权利人在生产地人民法院单独起诉销售者的，若销售者既不在生产地销售侵权产品，住所地也不在生产地的，生产地人民法院无管辖权，应当由销售地或销售者住所地人民法院管辖。

**［相关法律法规］**

《专利纠纷法律规定》第 6 条

《民事诉讼法》第 51 条、第 52 条

## 002.确认不侵权诉讼案件的管辖标准如何确定

**【典型案例】**

### A 公司诉 B 公司确认不侵犯专利权纠纷管辖异议案

**［案号］**

（2009）哈知初字第 22-2 号，（2009）黑知终字第 34 号

**［案情］**

A 公司主要发起人于 2000 年开始试制燃气脉冲发生器产品，2005 年第二季度起，A 公司开发的新产品成熟配套，开始在国内投入使用。将 A 公司产品与 B 公司 ZL2004 2 0089036.3 “单元式智能燃气脉冲吹灰装置”专利独立权利要求相对比，A 公司产品不含有 B 公司专利的分路并联结构等技术特征，属于整体上和细节上完全不同的技术方案。A 公司产品及其技术方案具有创新性，缺少 B 公司专利的必要技术特征，不属于侵权产品。而 B 公司无视法律规定，乱发贬损 A 公司的通知，扰乱知识产权市场秩序，影响了 A 公司的正常投标活动。A 公司为制止 B 公司滥用权利及不正当竞争，向 A 公司所在地哈尔滨市中级人民法院提起诉讼，请求确认不侵犯 B 公司专利权。B 公司在答辩期内提出管辖权异议，认为哈尔滨市中级人民法院对该案无管辖权，认为其住所在北京市，属于北京市第一中级人民法院管辖区域，不在哈尔滨

市中级人民法院的知识产权案件管辖区域内；同时认为该案没有侵权行为因而也没有侵权行为地，不适用侵权行为地法院管辖的规定，请求将案件移送到B公司所在地法院北京市第一中级人民法院审理。

［法院认为］

一审法院认为：最高人民法院〔2004〕民三他字第4号《关于本田技研工业株式会社与石家庄双环汽车股份有限公司、北京旭阳恒兴经贸有限公司专利纠纷案件指定管辖的通知》指出："确认不侵犯专利权诉讼属于侵权类纠纷，应当依照民事诉讼法第29条的规定确定地域管辖。"《民事诉讼法》第29条规定："因侵权行为提起的诉讼，由侵权行为地或者被告住所地人民法院管辖。"本案A公司针对B公司发函指控其侵犯专利权提起确认不侵权诉讼，侵权行为地法院有管辖权。B公司关于本案没有侵权行为因而也没有侵权行为地的主张与法律规定不符。《民事诉讼法司法解释》第28条规定："民事诉讼法第29条规定的侵权行为地，包括侵权行为实施地、侵权结果发生地。"《专利纠纷法律规定》第5条规定："因侵犯专利权行为提起的诉讼，由侵权行为地或者被告住所地人民法院管辖。侵权行为地包括：被侵权发明、实用新型专利权的产品的制造、使用、许诺销售、销售、进口等行为的实施地。"B公司以《告知函》公开宣称A公司侵犯其ZL 2004 2 0089036.3"单元式智能燃气脉冲吹灰装置"实用新型专利权。A公司在哈尔滨市，是B公司宣称A公司侵犯其专利权的制造、销售等行为的实施地，也是B公司宣称A公司侵犯其专利权的结果发生地。一审法院作为被控侵权行为实施地和侵权结果发生地的管辖法院、对本案有管辖权。A公司选择向一审法院起诉符合法律规定。B公司提出的管辖权异议不成立。裁定：驳回B公司对本案提出的管辖权异议。判后，B公司不服，提起上诉。

二审法院认为：确认不侵犯专利权诉讼属于知识产权侵权纠纷案件，应当依照《民事诉讼法》第29条的规定，由侵权行为地或被告住所地法院管辖。但确认不侵权诉讼中的侵权行为地并非指引起确认不侵权诉讼的原因行为所在地，而是指原告起诉时请求确认的行为，即法院经审查是否构成专利侵权的实质性行为所在地。本案系因B公司向上海焦化有限公司发送《告知函》，宣称A公司制造的"模块化智能控制吹灰装置"产品侵犯其ZL200420089036.3号"单元式智能脉冲吹灰装置"实用新型专利权，由A公司提起的确认其产品不侵犯专利权诉讼。因此，B公司和上海焦化有限公司所在地均属于确认不侵权诉讼的原因行为所在地，本案审查的实质行为是A公司制造、销售涉案产品的行为是否侵犯B公司的涉案实用新型专利权，A公司制造、销售涉案产品所在地均为哈尔滨市，故应认定哈尔滨市为本案侵权行为地，原审法院有权管辖此案。B公司关于本案不存在侵权行为地，应由被告所在地北京市第一中级人民法院管辖的主张，本院不予支持。至于B公司在上诉时提出的其他诉讼主张，不属于管辖异议的审理范围，本院不予审查。

［裁判结果］

二审法院裁定：驳回上诉，维持原裁定。

［裁判思路］

确认不侵犯专利权诉讼属于知识产权侵权纠纷案件，依法由侵权行为地或被告住所地人民法院管辖。但确认不侵权诉讼中的侵权行为地并非指引起确认不侵权诉讼的原因行为所在地，而是指原告起诉时请求确认、法院审查是否构成侵权的实质性行为所在地，如被控侵权产品的制造地、销售地等。被告发送警告函等引起确认不侵权诉讼的原因行为所在地人民法院，对确认不侵权诉讼案件不享有管辖权。

［引申思考］

一、确认不侵权诉讼管辖标准的确定

确认不侵权之诉，是指在知识产权权利人发出侵权停止警告而又怠于提起诉讼的情形下，被警告人或者利害关系人请求法院确认侵权关系不存在的民事诉讼。确认不侵权之诉作为知识产权领域近年来出现的一种新型诉讼，始于最高人民法院于2002年对某个案的批复[①]，2009年出台的《侵犯专利权司法解释》第18条又作了进一步明确规定："权利人向他人发出侵犯专利权的警告，被警告人或者利害关系人经书面催告权利人行使诉权，自权利人收到该书面催告之日起一个月内或者自书面催告发出之日起二个月内，权利人不撤回警告也不提起诉讼，被警告人或者利害关系人向人民法院提起请求确认其行为不侵犯专利权的诉讼的，人民法院应当受理"。确认不侵权之诉在黑龙江省辖区内虽然案件数量不多，但几乎每起案件都涉及诉讼管辖如何确定的问题。因此，我们就该类诉讼涉及的管辖问题加以分析和探讨。

---

① 最高人民法院在2002年7月12日《关于苏州龙宝生物工程实业公司与苏州朗力福保健品有限公司请求确认不侵犯专利权纠纷案作出的批复》(〔2001〕民三他字第4号)中认为："依据《中华人民共和国民事诉讼法》第一百零八条和第一百一十一条的规定，对于符合条件的起诉人民法院应当受理。本案中，由于被告朗力福公司向销售原告龙宝公司产品的商家发函称原告的产品涉嫌侵权，导致经销商停止销售原告的产品，使得原告的利益受到了损害，原告与本案有直接的利害关系；原告在起诉中，有明确的被告；有具体的诉讼请求和事实、理由；属于人民法院受理民事诉讼的范围和受诉人民法院管辖，因此，人民法院对本案应当予以受理。"据此，确立了在知识产权领域被控侵权人提起确认不侵权诉讼的独特诉讼机制。该批复现已失效，已被《侵犯专利权司法解释》所取代。

我们认为，确认不侵权之诉，是以确认原告是否侵犯了权利人的知识产权为目的的诉讼，仅在诉讼请求的外在表现形式上与相对应的侵权之诉不同。因此，确认不侵权之诉的管辖标准应依相对应的侵权之诉案件确定管辖法院，侵权行为地（包括侵权行为实施地和侵权结果发生地）或被告住所地人民法院均有管辖权。在审理具体案件过程中，对如何确定此类案件的侵权行为地问题存在不同观点。一种观点认为确认不侵权案件的侵权行为地是指被告对原告发出警告函等妨碍原告生产经营的所在地，另一种观点认为该侵权行为地是指被告指控原告实施侵权行为的所在地。我们倾向性认为：确认不侵权案件的核心实质在于解决原告的行为，如制造相关产品的行为，是否侵犯了被告的注册商标专用权或者其他知识产权，并非解决被告发出警告函等行为是否侵犯原告的权利。法院进行实体审查、判断、裁决所针对的是被告指控原告侵权的行为。因此，此类案件的侵权行为地应当以该案件原告请求确认的其被指控侵权行为的所在地确定，而不应当以被告散发警告函等引发此类案件的原因行为所在地确定案件的管辖法院。

二、关于与侵权诉讼的合并审理问题

最高人民法院在〔2004〕民三他字第4号批复中明确："涉及同一事实的确认不侵犯专利权诉讼和专利侵权诉讼，是当事人双方依照民事诉讼法为保护自己的权益在纠纷发生过程的不同阶段分别提起的诉讼，均属独立的诉讼，一方当事人提起的确认不侵犯专利权诉讼不因对方当事人另行提起专利侵权诉讼而被吸收。但为了避免就同一事实的案件为不同法院重复审判，人民法院应当依法移送管辖合并审理。"当然，"合并审理"是否意味着将两案作为一案审理，或者说是在确认不侵权诉讼中权利人能否提起反诉的问题，实践中认识不一。

我们认为，如果对方当事人针对同一事实另行提起了侵权诉讼，那么，确认不侵权诉讼与侵权诉讼属于涉及同一事实的两个独立的诉讼，可以同时存在，分别审理，确认不侵权诉讼并不因侵权诉讼的提起而被吸收。如果是当事人不同的两个案件，则不具备并案受理的条件。如有的确认不侵权诉讼提起的原告是被控侵权产品的制造商，而在侵权之诉中被告包括制造商和销售商。在侵权诉讼中如果被控侵权人提起确认不侵权的反诉，应当不予受理，因为已经不符合确认不侵权诉讼的受理条件；在确认不侵权诉讼中，如果权利人提起反诉，则应当准许，应当合并审理。但是，为了避免不同法院就同一事实的案件重复审判，侵权案件应当移送到确认不侵权案件的法院合并审理为宜。

［相关法律法规］

《民事诉讼法》第 28 条

## 003.网络侵权行为的管辖

目前国内知识产权案件管辖的司法实践，对于网络销售、网络交易如何认定信息网络侵权行为实施地、网络销售侵权结果发生地有不同认识，我们先对我国目前涉及知识产权网络侵权行为管辖地的法律做一简要梳理。

一、法律依据的梳理

《民事诉讼法》第 28 条规定："因侵权行为提起的诉讼，由侵权行为地或者被告住所地人民法院管辖。"

《民事诉讼法司法解释》第 24 条规定："民事诉讼法第 28 条规定的侵权行为地，包括侵权行为实施地、侵权结果发生地。"第 25 条规定："信息网络侵权行为实施地包括实施被诉侵权行为的计算机等信息设备所在地，侵权结果发生地包括被侵权人住所地。"

《专利纠纷法律规定》第 5 条规定："因侵犯专利权行为提起的诉讼，由侵权行为地或者被告住所地人民法院管辖。侵权行为地包括：被控侵犯发明、实用新型专利权的产品的制造、使用、许诺销售、销售、进口等行为的实施地；专利方法使用行为的实施地，依照该专利方法直接获得的产品的使用、许诺销售、销售、进口等行为的实施地；外观设计专利产品的制造、销售、进口等行为的实施地；假冒他人专利的行为实施地。上述侵权行为的侵权结果发生地。"

《商标案件适用法律解释》第 6 条第 1 款规定："因侵犯注册商标专用权行为提起的民事诉讼，由商标法第十三条、第五十二条所规定侵权行为的实施地、侵权商品的储藏地或者查封扣押地、被告住所地人民法院管辖。"

《最高人民法院关于审理涉及计算机网络域名民事纠纷案件适用法律若干问题的解释》第 2 条规定："涉及域名的侵权纠纷案件，由侵权行为地或者被告住所地的中级人民法院管辖。对难以确定侵权行为地和被告住所地的，原告发现该域名的计算机终端等设备所在地可以视为侵权行为地。"

《最高人民法院关于审理涉及计算机网络著作权纠纷案件适用法律若干问题的解释》第 1 条规定："网络著作权侵权纠纷案件由侵权行为地或者被告住所地人民法院管辖。侵权行为地包括实施被诉侵权行为的网络服务器、计算机终端等设备所在地。对难以确定侵权行为地和被告住所地的，原告发现侵权内容的计算机终端等设备所在地可以视为侵权行为地。”

《信息网络传播权适用法律规定》第15条规定：“侵害信息网络传播权民事纠纷案件由侵权行为地或者被告住所地人民法院管辖。侵权行为地包括实施被诉侵权行为的网络服务器、计算机终端等设备所在地。侵权行为地和被告住所地均难以确定或者在境外的，原告发现侵权内容的计算机终端等设备所在地可以视为侵权行为地。”

二、典型案例——（2016）最高法民申731号裁定[①]

万象博众公司向本院申请再审称：根据《信息网络传播权适用法律规定》第2条，以及《民事诉讼法司法解释》的相关规定，结合本案事实，本案属于侵害信息网络传播权纠纷。具体而言，本案纠纷系侵害外观设计专利权纠纷，表现为廊坊市德泰开关设备有限公司在淘宝网站上发布自认制造、销售、许诺销售侵害万象博众公司外观设计专利权的产品，涉案纠纷类型属于侵权纠纷，也当然属于信息网络侵权。一审、二审裁定认为本案之信息网络侵权行为并非《民事诉讼法司法解释》第25条所指的“信息网络侵权行为”，此种限缩解释缺乏法律和事实依据，属于适用法律错误。结合立法趋势及信息网络侵权的现实，由被侵权人住所地管辖信息网络侵权案件具有积极的现实意义，一审、二审裁定认为本案不适用《民事诉讼法司法解释》第25条之规定，明显违背立法原意。综上，万象博众公司请求本院撤销一审、二审裁定并指令一审法院受理本案。

最高人民法院认为：根据已经查明的事实，万象博众公司以廊坊市德泰开关设备有限公司、浙江淘宝网络有限公司侵害其外观设计专利权为由，向北京知识产权法院提起诉讼。根据《民事诉讼法》第28条及《民事诉讼法司法解释》第24条之规定，因侵权行为提起的诉讼，由侵权行为地或者被告住所地人民法院管辖。其中，侵权行为地包括侵权行为实施地和侵权结果发生地。本案中，廊坊市德泰开关设备有限公司的住所地为河北省廊坊市，浙江淘宝网络有限公司的住所地为浙江省杭州市，均非一审法院的管辖范围；而亦无证据表明，本案中的侵权行为实施地或侵权结果发生地位于一审法院地域管辖范围之内。在此基础上，一审法院以万象博众公司的起诉不符合《民事诉讼法》第119条之规定为由，对其不予受理的做法具备事实与法律依据，二审法院对该结果予以维持亦无不当，本院对此予以支持。对于万象博众公司在二审及本院再审审查过程中又称本案属“信息网络侵权行为”的主张，既与其向一审法院提起本案诉讼时明确的诉讼主张与侵权事由明显矛盾，亦

---

① 载中国裁判文书网，http://wenshu.court.gov.cn，最后访问时间：2018年1月23日。

与侵害信息网络传播权行为的内涵不符，其在此基础上所提的万象博众公司的住所地为本案纠纷地域管辖连接点的主张缺乏事实与法律依据，本院对此不予支持。

## 第四节　知识产权侵权损害赔偿数额的确定

知识产权侵权诉讼中，停止侵权与损害赔偿是权利人最主要的诉求，也是保护权利人利益最重要的救济方式和责任形式。这两者间，由于知识产权权利客体的无形性和可重复利用性，侵权行为的隐蔽性和复杂性，使得侵权赔偿数额的确定不可能有一个固定的模式，也不可能像套用数学公式那样简单快捷地计算出赔偿数额。也正是因为损害赔偿数额难以确定，此问题在审判实务中一直备受关注。

根据《著作权法》《商标法》和《专利法》等知识产权法律、法规以及相关司法解释的规定，根据赔偿数额的确定，应优先考虑以权利人的损失和侵权人的获利为依据计算，其次为相关许可使用费，在前三项均无法适用时，才可适用法定赔偿。实务中，知识产权侵权纠纷案件中适用法定赔偿所占的比例较大，以黑龙江省法院系统为例：2007 年以来，黑龙江省两级法院共受理知识产权民事案件 3049 件，其中知识产权侵权纠纷案件为 2895 件，占到了收案总数的 94.9%。在全部侵权纠纷案件中，认定构成侵权的比例较高，有 2635 件最终认定侵权行为存在，占到了知识产权侵权案件的 91%。在 2635 件认定侵权的案件中，仅有 844 件按照当事人实际损失或侵权人获取利益确定赔偿数额，其余 1791 件均以法定赔偿自由裁量，占到了 67.9%。法定赔偿在知识产权侵权纠纷案件中，虽然占据了较高的比例，但通过对侵权纠纷案件中涉及法定赔偿等自由裁量权行使案件汇总，发现以下问题较为突出和普遍：

一是判决中普遍缺少对具体侵权情节的认定和分析，也没有详尽说明酌定数额的依据，法定赔偿数额确定基础薄弱，既没有分析与论证，也没有说明酌定数额的依据。大部分案件是以“根据侵权行为的性质、影响、侵权时间的长短、侵权行为人的主观过错程度等因素，结合权利人为制止侵权行为所支付的合理开支，酌情确定侵权损害赔偿数额”等字句笼统作出表述，而鲜有对主观恶意、侵权行为持续时间、侵权所致影响等具体情节、幅度的分析研判。

二是法定赔偿尺度不够统一，导致自由裁量没有标准，在个案之间现实的具体额度呈现一定差异化。分析衡量问题成因，还感到存在问题导致自由裁量出现偏颇：如一些案件对侵权行为存在与否等涉及具体裁判的基础性问题认识偏颇，有些是没有作出明确认定，有些是语焉不详，最终使得赔偿额度失之于可靠基础；一些案件的裁判方法值得推敲，如在适用证据规则时较为机械，有的没有依据具体情况依法转换举证责任。在一些案件中，由于权利人不积极举证或举证困难，权利人损失或侵权人非法获利难以查明，而法院在引导当事人举证方面做得不足，审判人员对法定赔偿方法适用困难，导致简单酌定赔偿数额。

三是就二审案件而言，著作权、商标权和不正当竞争纠纷案件中当事人针对法定赔偿提出上诉的数量明显多于专利权纠纷案件。法定赔偿的法律适用已经成为目前知识产权案件当事人的主要上诉理由，权利人和侵权人都对赔偿数额不满意，要求法院给予数额确定的清晰理由。而事实上，法官在自由裁量进行数额确定时，往往是根据经验所做出的判决，一般都没有确凿的根据。

四是法定赔偿规定原则性强，导致自由裁量无所适从。由于最高人民法院的司法解释没有具体细化这一制度，特别是没有说明法定赔偿数额的上限究竟是一次侵权还是一个侵权行为所能判决的赔偿上限，这使得在不同法院审判或由不同法官审判类似案件时，判决结果的法定赔偿额差距较大，法官有滥用自由裁量权之嫌。

我们认为，在司法实践中，行使法官自由裁量权，必须坚持以下原则：

1. 法定原则。既然自由裁量权为法官根据法律规定被授予的职权，则对自由裁量权行使的范围、情形，必须符合法律规定。其具体尺度虽可据具体案情予以裁量，但亦应遵循法律授权范围，即法官只能在法律规定的范围内裁判，且其适用的条件、范围等均须符合法律规定。

2. 限制原则。通常而言，自由裁量权系置于法律规定疏漏、法律明确授权等情形下方可行使。而在法律授权可予自由裁量时，往往明确规定了前置情形。因此，自由裁量权行使首先必须符合没有法律规定位于其位阶之前的其他替代手段时，即穷尽法律所规定的其他应予适用的情形，方可依职权行使自由裁量权，以防止自由裁量权自身所难以避免的不确定性的负面作用。此外，对于自由裁量的范围，亦应尽可能确定可以确定的损失范围，缩小自由裁量空间。

3. 公平原则。自由裁量权行使亦应遵循民法基本原则——公平原则，具体幅度既符合个案情况，亦对各方当事人公平合理，尤其是在确定赔偿具体数额时，应根据相关法律和司法解释确定的因素，结合具体案情，公平合理地确定赔偿数额，防止赔偿不足或超额赔偿问题发生。尽可能通过个案自由裁量的公平合理，提升整体裁判的确定性和可预期性，克服外界所诟病的裁判恣意性和随意性。

综合上述法律、司法解释的规定，可以得出，自由裁量赔偿数额，去除确有可以参照的许可使用费等，应当结合案件实际，以侵权情节作为重要衡量基准。而对如何衡量具体侵权情节，法律和司法解释尚只有较为原则性的规定。我们认为，正确适用法律、司法解释规定，妥善处理知识产权侵权赔偿问题，准确认定赔偿数额，应当切实把握以下重点环节：

（一）全面把握需要考虑的因素

但就侵权所造成的损害衡量而言，应当把握以下因素：

1. 侵权范围。如侵权行为所涉及行业、领域、人群、地域等。

2. 持续时间。即侵权行为所持续时间，历时时间长短赔偿数额自应有所区分。

3. 侵权形式。如为直接侵权行为抑或间接侵权行为，所涉及的是对权利人权利的全部侵犯还是部分侵犯。

4. 过错程度。可以分为无过错，过失、间接故意、直接故意以及恶意，依据主观过错程度，区分把握赔偿数额。

5. 损害后果。为侵权行为所造成的影响，如给权利人造成财产损失的程度等。

（二）正确确定各个因素幅度及比重

我们认为，在对某一具体侵权行为造成损害所需考虑因素已确定之下，为保证自由裁量结果公平合理，还需对各个因素各自所具有的程度、各个因素对损害结果所产生的影响效应作出判断。进而尽可能准确地作出自由裁量。其一，造成某一侵权行为，其所构成的各个因素各自所具有的幅度不同，其所对损害结果影响自也不同。因此，准确进行自由裁量，需先对各个因素所具有的幅度细致甄别，明确侵权范围、持续时间等各个因素的幅度，为准确进行裁量打好基础。其二，就造成损害的侵权行为而言，虽由各种因素所引发，但归于某一具体侵权行为，其各因素对侵权行为的影响力不尽相同。因此，准确裁量其所造成损害，还应具体区分引发侵权行为各个因素在全体因素之中的比重，并据此再行判断损害程度。

（三）估测损害程度并校正裁量结果

自由裁量所适用法定赔偿时应遵循全部赔偿的原则，确定的侵权赔偿数额应当能够全面而充分地弥补权利人因被侵权所受到的损失。实践中，对某一具体案件，无论权利人的损失还是侵权人获益数额，并非全部不清、完全没有证据支持，一般情形仅是部分不清或大部分不清。而在损害结果或侵权获益部分清楚的情形下，以清楚之部分（能被现有证据所证实之部分）而估测整体损害，据此以反观自由裁量结论而进行修正，当为自由裁量必备环节。此外，对于专利、商标等具有市场通行的权利让渡许可使用的，其许可使用费自可作为裁量损失或获益的参考。需要注意的是许可使用费须符合客观实际，对当事人提供的明显超出通常许可使用价格或未履行的合同，不应予以采信。而对于相关案件的判例，我们认为，亦应作为估测损害结果、并校正具体裁量所应考虑的因素之一。特别是对侵权行为、损害领域等均为相似，而裁量结果与其判决存在较大差异的，尤其要细致检讨自身裁判依据，是否存在不当情形，并适时予以修正。最后，权利人为制止侵权而支付的合理开支，例如律师费、公证费等，应单独予以衡量，并剔除不合理数额。

## 004.适用法定赔偿确定侵犯商标权的赔偿数额，应当结合多种因素综合确定

**【典型案例】**

### A 公司诉 B 公司侵害商标权纠纷案

**［案号］**

（2013）齐知民初字第 38 号，（2014）黑知终字第 11 号

**［案情］**

A 公司于 2012 年 5 月经国家商标局核准注册第 9427719 号商标“晟誉翔”。张某于 2011 年 9 月 7 日与 A 公司法定代表人李某等人成立 B 公司，合伙经营饲料生意。在合伙期间，李某同意 B 公司生产的猪饲料使用“晟誉翔”商标，但 A 公司所持有的“晟誉翔”商标并没有转让给 B 公司或张某，只是由合伙后的 B 公司出资交纳了商标注册费 1700 元。2012 年 7 月 25 日，B 公司进行散伙清算，李某从该公司退伙后，B 公司对“晟誉翔”商标使用权也相应停止，李某要求取走价值 19 000 元的带有“晟誉翔”商标的剩余包装袋皮，但是 B 公司拒绝李某取走该袋皮。散伙后，B 公司继续使用“晟誉翔”商标，A 公司多次通知 B 公司停止使用该商标，该公司仍然使用。A 公司诉讼前在 B 公司库房内发现了该公司在散伙后近期生产的大量印制有“晟誉翔”商标的猪饲料成品及袋皮。为此 A 公司委托公证处对 B 公司多个销售点出售

的“晟誉翔”猪饲料进行了证据保全。A公司认为同鑫饲料的行为侵犯了其商标权给其造成了损失。损失的计算方法为：B公司在2012年7月当月的主营业务收入减去当月主营业务支出为当月营业利润98 635.30元，因该公司经营牛、猪、鸡三种饲料，故当月营业利润98 636.30元除以3即32 898.40元为当月猪饲料的营业利润，再乘以12个月即为全年猪饲料的营业利润为394 781.20元，但是A公司仅请求其中的一部分损失即150 000元。同时要求赔偿因制止其侵权行为而发生的律师费、公证费和取证费等合理支出。

2013年8月14日，A公司向法院提起诉讼称：B公司在李某退出公司后继续使用“晟誉翔”商标的行为侵犯了其商标权，致使A公司标有该商标的饲料无法在齐齐哈尔市范围内经销，给A公司造成了巨大的经济损失。请求判令B公司停止销售假冒注册商标侵权产品的行为，并消除影响、赔礼道歉，赔偿A公司经济损失15万元及因制止侵权行为发生的合理支出。B公司答辩称：A公司的法定代表人李某入股B公司时同意将“晟誉翔”商标无偿转让给B公司，且商标注册费是由B公司出资。涉案商标不具有较高知名度和信誉度，李某退股后，B公司并未在市场上使用涉案商标，不符合侵权责任构成要件。请求判令驳回A公司的诉讼请求。

［法院认为］

一审法院认为：李某从B公司退伙后，李某要求取走价值19 000元的带有“晟誉翔”商标的剩余包装袋皮，但是B公司拒绝李某取走该袋皮，故对B公司以李某擅自印制袋皮从而造成袋皮大量积压的答辩意见不予采纳。这一点从B公司2012年自己印制袋皮的数量和种类上也可以看出，李某在2011年印制袋皮大多数已经用完，所以2012年B公司重新印制袋皮，不存在2011年印制袋皮大量积压的问题。参照B公司2011年一年的袋皮的用量可知道该公司的生产加工能力，其2012年剩余的袋皮应已经用完，B公司2013年所使用的袋皮应是其擅自新印制的袋皮，B公司的行为已经侵犯了A公司的商标权，应停止侵害并承担相应的赔偿责任。根据A公司提供的证据可以估算B公司的全年营业利润，其对自己实际损失的计算方法客观真实且较低，计算方法有合理性，对A公司的合理诉讼请求予以支持。由于B公司侵犯佳润养猪合作社的仅是其商标权中的财产权，并不需要向佳润养猪合作社赔礼道歉，对佳润养猪合作社的其他诉讼请求不予支持。判决：1.B公司停止销售印制有“晟誉翔”商标的饲料产品；2.B公司赔偿A公司经济损失及诉讼合理支出15万元；3.驳回A公司的其他诉讼请求。判后，B公司不服，提起上诉。

二审法院另查明：A公司工商登记性质为农民专业合作社法人，法定代表人李某，成员出资总额四万元，业务范围为：养猪；组织采购、供应成员养殖所需要的生产资料；组织收购、销售成员及同类生产经营者生产的产品；引进新技术、新品种、开展与生产经销相关的技术培训、技术交流和咨询服务。B公司的公司类型为有限责任公司（自然人投资或控股），法定代表人张某，注册资本40万元，许可经营项目为饲料加工。登记股东为张某等四人。根据B公司章程记载：张某等四人的出资方式为货币，出资额为10万元，出资时间为2011年9月7日。第9427719号“晟誉翔”注册商标的核定使用商品为第31类：玉米；未加工的稻；豆（未加工的）；活动物；鲜水果；新鲜蔬菜；鲜土豆；鲜食用菌；植物种子；饲料。注册人为A公司，注册有效期限自公元2012年5月21日至2022年5月20日止。双方当事人认可“晟誉翔”商标注册费1700元由B公司出资。2012年7月25日，B公司股东会决议决定：全体股东一致通过公司章程；股东对停止经营资产清算表示一致同意、会议合法有效；同意公司下一步的资产分配事项；同意委托齐齐哈尔市大公会计师事务所对经营期间的账目进行审查清算、按股份比例合理分配；如对清算结果有异议者，可向所在地的法院提起诉讼。该股东决议作出后，李某退出B公司的经营活动。B公司在此之后未办理注销登记，亦未停止生产经营。A公司在诉讼中认可李某入股B公司期间同意B公司使用“晟誉翔”注册商标。A公司于2012年12月28日以电子邮件形式向B公司发出通知，主要内容为：正式通知B公司在2012年12月30日前停止使用“晟誉翔”商标；在清算后2012年7月30日至2012年12月30日的使用，已经给“晟誉翔”品牌饲料造成很大损失和负面影响，对过往的侵权不再追究其侵权行为和经济赔偿。如果B公司接到通知后仍继续使用“晟誉翔”商标，A公司将依法对侵权带来的损失提起诉讼。

二审法院认为：“晟誉翔”商标的《商标注册证》中载明的注册人为A公司。A公司依法享有“晟誉翔”注册商标专用权。B公司是否出资交纳该注册商标的注册费不能改变该注册商标专用权的归属。李某入股B公司期间，A公司对B公司使用“晟誉翔”注册商标的行为未提出异议，亦在诉讼中明确表示不追究B公司在此期间使用“晟誉翔”注册商标的行为。在A公司通知B公司2012年12月30日前停止使用“晟誉翔”注册商标后，B公司在其生产的猪饲料包装袋上使用“晟誉翔”注册商标属未经商标注册人许可在同一种商品上使用与注册商标相同商标的行为，构成侵权。本案中，A公司未能提供有效证据证明其因B公司侵权而受到的损失。A公司提交的B公司的电脑销售账未能区分B公司经营销售的饲料种类，无法以此确定使用“晟誉翔”商标的猪饲料的销售数量，故不能以此确定B公司的获利。A公司关于B公司应赔偿其150 000元的主张证据不足。在此情况下，应适用法定赔偿确定赔偿数额。李某退出B公司经营后，就如何处理印有“晟誉翔”商标的饲料包装袋问题，B公司与李某未能达成一致。由此可见，B公司继续销售印有“晟誉翔”商标的猪饲料的行为与双方在此之前的合作有关，其主观恶意程度和侵权性质、情节比较轻微，侵权时间较短。同时，“晟誉翔”商标注册时间较短，A公司亦未能提供证据证明“晟誉翔”商标的知名度，故B公司销售所获利润中，“晟誉翔”商标价值所占比重不大。综合以上因素，考虑A公司为制止侵权行为的合理开支，原审判决B公司赔偿A公司150 000元过高，二审法院对此予以调整。

［**裁判结果**］

二审法院判决：B公司停止销售印制有“晟誉翔”商标的饲料产品，赔偿A公司经济损失5万元。

［**裁判思路**］

本案的审理思路在于两点：一是如何认定当事人提供的证明有关被诉侵权人的获利证据的证明力。本案中，A公司提供了B公司2012年7月的电脑销售账，意在证明B公司的侵权获利，其计算方法为：B公司在2012年7月当月的主营业务收入减去当月主营业务支出为当月营业利润，因该公司经营牛、猪、鸡三种饲料，故当月营业利润除以3即为当月猪饲料的营业利润，再乘以12个月即为全年猪饲料的营业利润。法院经审核分析后认为，A公司提交的B公司的电脑销售账未能区分B公司经营销售的饲料种类，无法以此确定使用“晟誉翔”商标的猪饲料的销售数量，故不能以此确定B公司的获利。二是在商标侵权案件中，法院适用法定赔偿方式确定赔偿数额，应综合考虑被诉侵权人的主观恶意程度和侵权性质、情节等，尤其是涉案商品的价格、利润空间以及涉案商标的知名度及商标价值在被诉侵权获利中的比例等。本案中，B公司继续销售印有“晟誉翔”商标的猪饲料的行为与双方在此之前的合作有关，其主观恶意程度和侵权性质、情节比较轻微，侵权时间较短。同时，“晟誉翔”商标注册时间较短，商标的知名度不高，故B公司销售所获利润中“晟誉翔”商标价值所占比例不大，其所应承担的商标侵权赔偿责任应与前述因素相适应。

［**相关法律法规**］

《商标法》第56条

《商标案件适用法律解释》第16条

## 005.注册商标的声誉应以全面考察商标自注册至今的使用、宣传情况作为考量依据

**【典型案例】**

### A 公司诉 B 公司侵害商标权纠纷案

**［案号］**

（2015）哈知初字第 37 号

**［案情］**

2011 年，A 公司受让取得第 3470264 号“”图形商标、第 3470265 号“”图形商标、第 4900557 号“巴里赞姆”文字商标、第 4900558 号“Бальзам”字母商标的注册商标专用权，注册商标核定使用商品为第 33 类。2015 年 1 月，A 公司发现 B 公司未经授权，在哈尔滨市道里区地段街 3 号和哈尔滨会展中心举办的“黑龙江首届俄罗斯商品年货大集”上直接使用“Бальзам”“”商标，进行酒类商品销售，遂提起诉讼，要求 B 公司停止侵权、赔偿损失。

**［法院认为］**

一审法院认为：B 公司销售的被诉侵权商品与涉案注册商标核定使用的商品属同种商品，使用的“”“Бальзам”商标与 A 公司涉案注册商标相同，构成侵权。商标的价值具有延续性，商标注册人的变更并不影响商标的品牌价值。涉案商标系由传峰公司转让，A 公司受让取得。传峰公司、A 公司为经营巴里赞姆品牌酒均持续投入资金，进行了广泛的推广宣传，巴里赞姆品牌酒在一些地区已拥有一定的知名度和影响力。根据 B 公司侵权行为的性质、期间、地域范围、所处商业区域、后果、销售侵权商品的价格和数量等情况，考量 A 公司涉案注册商标的声誉和为制止侵权行为所支付的合理开支，酌情确定赔偿数额。

**［裁判结果］**

一审法院判决：B 公司立即停止侵权行为并赔偿 A 公司 15 万元。

**［裁判思路］**

适用商标侵权法定赔偿时，除考虑商标侵权行为的性质、持续时间、后果、制止侵权行为的合理开支等因素外，还应考虑注册商标声誉。注册商标所凝结的商誉具有延续性，即使注册商标专用权人发生变化，只要该注册商标持续使用，注册商标声誉不会随权利主体更迭而消失，各阶段之不同权利

主体对商标的使用、宣传所累积之商誉均凝结在商标的价值之中。故在考量注册商标声誉时，应全面考察商标自注册至今的使用、宣传情况，而不能仅以起诉主体受让商标后的使用、宣传行为作为考量依据。本案法院准确把握了商标侵权案件中法定赔偿的适用标准，特别是结合注册商标在权利人之间流转的历史过程，得出了商标的价值具有延续性，商标注册人的变更并不影响商标的品牌价值这一结论，最终确定了转为合理的赔偿数额。

**[相关法律法规]**

《商标法》第63条第1款、第3款

《商标案件适用法律解释》第16条、第17条

## 006.在权利人有证据证明权利人的损失远超过法定赔偿限额，但却无法准确证明其实际所受损失时，法院可结合相关证据在法定赔偿额以上确定损害赔偿数额

**【典型案例】**

### A公司诉B公司侵害商标权及不正当竞争纠纷案①

**[案号]**

（2012）佛中法知民初字第352号，（2013）粤高法民三终字第75号

**[案情]**

A公司是“威极”商标的商标权人，B公司违法使用工业盐水生产酱油产品事件曝光后，A公司的产品遭受大范围的下架。A公司认为B公司恶意使用A公司“威极”注册商标中的“威极”二字作为企业字号，并在其厂区周边范围设置的广告牌、企业厂牌上故意突出其企业名称中的“威极”二字等行为损害了A公司的商标专用权，并构成不正当竞争。A公司请求法院判决B公司立即停止不正当竞争行为，登报赔礼道歉、消除影响，并赔偿为制止侵权而支出的律师费、广告费和因品牌受损、产品销售下滑导致的经济损失共计人民币1000万元。A公司在一审过程中提交的《招股说明书》中的审计报表载明，A公司在2009年年度利润总额为1 056 642 638.38元，2010年

① 载知信通网，http://www.ipknow.cn/lawcase/show-61557.html，最后访问时间：2017年6月24日。

年度利润总额为 972 600 789.6 元，2011 年年度利润总额为 1 175 589 345.02 元。A 公司为澄清事实、消除影响，于 2012 年 5 月 25 日至 2012 年 6 月 1 日期间在包括北京、上海、广东、湖南、山东、海南、四川等十多个省、市投放广告，共支付了广告费 4 076 644 元。A 公司还为本案诉讼支付了律师费 50 000 元。

**[法院认为]**

一审法院认为：B 公司在广告牌和企业厂牌上使用“威极”二字的行为构成商标侵权。同时，B 公司将 A 公司“威极”注册商标中的“威极”二字登记为其企业字号具有攀附 A 公司商标商誉的故意，客观上已造成社会公众的混淆，其行为构成不正当竞争。由于 B 公司的行为构成商标侵权和不正当竞争，应承担停止侵权、赔礼道歉、消除影响、赔偿损失等法律责任。关于 B 公司应承担的损害赔偿数额问题。A 公司在本案中所受的损失包括因产品销售下降造成的损失、广告费和律师费三部分。A 公司招股说明书中的审计报表反映了 A 公司近 3 年的平均利润约 10 亿元，以此为基数计算，A 公司在本案中所主张的 16 天时间内预期可获得的平均利润约为 4300 万元。一审法院在此基础上通过参考各项因素，最后确定 A 公司因产品销售下降导致的利润损失为 350 万元。A 公司实际支出的广告费为 4 076 644 元，由于 A 公司广告中产品宣传的部分篇幅过大，已超过为消除影响、恢复商誉所需的必要限度，故一审法院酌情对广告费用中的 300 万元予以支持。A 公司为本案诉讼而支付的 5 万元律师费属于 A 公司为制止侵权而支付的合理费用，依法应予以支持。综上，B 公司应赔偿 A 公司因产品销售下降而导致的利润损失、广告费中合理部分的支出以及为本案诉讼支付的律师费三项损失共计 655 万元。

**[裁判结果]**

一审法院判决：B 公司停止侵权、赔礼道歉、消除影响，并赔偿 A 公司经济损失共计 655 万元等。判后，B 公司不服，提起上诉，并在二审法院受理后不久主动撤回上诉。

**[裁判思路]**

法院在案件裁判中对损害赔偿的确定具有一定的典型性，是本案的一大亮点。在本案中，A 公司共向 B 公司主张三部分损失，一是其在“酱油门”事件爆发后为及时澄清事实刊登广告所支付的广告费，二是 A 公司为本案诉讼支付的律师费，三是 B 公司造成 A 公司品牌受损、产品销量下滑所导致的利润损失。由于 A 公司为本案诉讼支付的律师费属于为制止侵权行为而支付的合理费用，一审法院对此予以支持并无问题。本案确定损害赔偿的重点和难点，是对上述广告费是否应当支持，以及如何确定 B 公司给 A 公司造成的利润损失。

一、关于A公司支付的广告费是否应当支持的问题

《商标法》第63条第1款规定，法院在确定损害赔偿时可支持被侵权人为制止侵权行为所支付的合理开支。《反不正当竞争法》第17条规定，因不正当竞争行为受到损害的经营者的赔偿数额还应当包括经营者为制止侵权行为所支付的合理开支。根据上述规定，在司法实践中对上述合理开支或合理费用的理解一般是指原告为制止侵权行为本身而支付的律师费、公证费、差旅费等费用。但本案中，A公司所支付的广告费是否属于合理费用或合理开支立法没有明确。

就本案而言，从媒体舆论对A公司的评价以及社会公众对A公司产品的反应评价来看，B公司的行为确已造成A公司商誉严重受损。由于"酱油门"事件刚爆发的头几天，社会反应激烈，舆论持续发酵，影响遍及全国各地，若A公司不及时作出回应，澄清相关事实，可能会使其商誉遭受更大的损害，侵权损害结果进一步扩大。因此，本案中A公司的广告费从本质上看是为了制止侵权行为结果扩大化而支出的，有其必要性，如果不支持A公司关于广告费的赔偿请求显然是不公平的。因此，对"为制止侵权行为所支付的合理开支"可作广义的解释，将为制止侵权行为导致的损害结果进一步扩大的必要支出包括在内。最后，一审法院基于上述考虑，从最大限度地保护权利人的合法权益考虑出发，认定A公司所支付的部分广告费属于合理开支的范畴。

但是，法院对合理开支的支持必须在合理限度内，即使与制止侵权行为相关，但如超过合理的限度则不应予以支持。本案中，虽然A公司刊登广告是基于避免侵权损害结果扩大化的目的，但A公司所刊登的大部分广告超过一半面积的篇幅是用于产品宣传，只有不到一半的篇幅为公开声明。尽管A公司为恢复其商誉适当地对其产品进行宣传是合理的，但是要求B公司对超过必要限度广告费承担赔偿责任也是不合理的。基于此考虑，一审法院综合考虑A公司所刊登广告的具体情况，酌定对A公司支付广告费中的合理部分，即300万元予以支持。

一审法院在本案对广告费用的裁判中充分体现了知识产权审判特有的利益衡平理念：一方面将权利人为制止侵权结果扩大而支付的必要费用纳入合理开支的范围予以支持，体现了对权利人利益的充分保护；另一方面又注意平衡双方当事人的利益，剔除超过合理部分的费用，合理确定所支持的数额。

二、对A公司利润损失数额的确定

根据《商标法》及《反不正当竞争法》的相关规定，权利人若不能证明其因侵权所受损失或侵权人因侵权所获利益的，法院可根据相关情节在法定

赔偿最高限额以内确定赔偿数额。在司法实践中，受举证能力的限制，权利人对其损失或侵权人的获利往往难以举证证明，因此，适用法定赔偿确定损害赔偿数额成为法院较常用的确定损害赔偿数额的方法。对于一般案件而言，在法定赔偿最高限额以内确定损害赔偿数额也足以弥补权利人的损失。但是个别案件中，如果证据表明权利人的损失远高于法定赔偿的最高限额，而法院继续适用法定赔偿来确定损害数额的话就有可能导致所确定的损害赔偿数额偏低，使权利人的损失无法得到充分补偿。

本案中，A公司向法院提交了反映其近三年获利情况的审计报表以及其经销商销量下降等证据，主张以其经销商商品销量下降的幅度来认定其利润下降幅度，进而确定其利润损失数额。但是由于存在所举证据不充分以及计算方式不合理等问题，一审法院并未采纳此计算方式。根据相关法律规定，在无法确定权利人损失或侵权人获利的情况下，法院应适用法定赔偿来确定损害赔偿数额。但是，A公司提交的审计报表显示，A公司近三年的平均年利润为10亿元。按此折算，A公司在本案中所主张赔偿期间16天内平均可预期的获利就达4300万元左右。从A公司所遭受的产品下架情况看，其所受损失极有可能超过法定赔偿限额，如果适用法定赔偿在法定赔偿最高限额以内酌定损失数额的话，所判决的赔偿数额明显是不合理的。

基于上述考虑，一审法院并没有机械地适用法定赔偿，而是根据A公司提交的审计报表所显示的获利情况，参考A公司经销商产品销售下降幅度，综合考虑A公司国内市场受影响程度等多种因素，估算A公司合理的利润下降率，最终确定A公司的损失数额350万元。

这种损害赔偿确定方式的一个突出特点是证据中包括了与权利人所受损失数额相关的间接证据，如本案中的A公司的审计报表等。尽管这些证据不能准确反映权利人实际所受的损失，但这些证据可以作为确定损失数额参考依据，以此为基础通过估算合理的利润下降幅度等方式来确定损害赔偿数额。对于权利人损失远超过法定赔偿最高限额的案件，通过此方式确定利润损失额，可使损害赔偿数额更接近权利人的实际损失，使权利人所受的损失得到最大限度的弥补，体现加大知识产权保护力度的司法政策导向。

值得一提的是，本案结合A公司的审计报告等证据来确定其损失数额具有一定的适用条件。第一，A公司为股份有限公司，其财务状况相对透明公开，其公开的审计报表数据相对较为真实，可信度较高。第二，侵权主体和因果关系具有单一性和确定性，即A公司在本案中短期内的利润损失可以确定均是因B公司在本案中的侵权行为导致的，可以基本排除市场行情波动、原材料成本的波动等其他客观经济因素对A公司可获利润可能造成的影响。

因此，认定A公司在此期间的所有利润损失均是因B公司的侵权行为造成的，并在此基础上要求B公司对此承担赔偿责任具有合理性。

［相关法律法规］

《商标法》第63条第1款

《反不正当竞争法》第17条

## 007.证据持有人负有证据的披露义务

**【典型案例】**

### A公司诉B公司、郑某侵害商标专用权纠纷案[①]

［案号］

（2010）东中法民三初字第354号，（2012）粤高法民三初字第79号

［案情］

2005年3月29日，广东步步高电子工业有限公司向国家工商行政管理总局商标局申请注册涉案第4571222号OPPO商标。2006年5月9日，蓝天投资股份有限公司受让了涉案OPPO商标。其后将该涉案商标于2008年12月28日转让给A公司。2009年10月19日，涉案第4571222号OPPO商标变更注册人为A公司，该商标核定使用商品类别为第9类，注册有效期限自2008年4月28日至2018年4月27日。根据A公司提供的广告合同等证据显示，A公司或其关联公司自2005年4月7日起，在中央电视台、《光明日报》、湖南卫视、浙江卫视等媒体进行了大量的广告宣传。同时中国新闻网、新浪网、NBA中国官方网、《南方都市报》《广州日报》《东莞日报》等媒体也对A公司及OPPO手机品牌进行了广泛报道。2008年以来，A公司所属OPPO品牌系列手机获得多项荣誉。

2010年6月18日，A公司在超市公证购买了CCPO品牌e860手机一部，并取得发票及CCPO手机宣传单。公证购买的手机、包装和及宣传单上印有CCPO图样，包装和注明的铸造上为B公司。2010年6月23日，A公司登入B公司所有的网址为http：//www.ccpo.com.cn网站，该网站使用了CCPO商品标识并进行宣传。A公司还提交了其在上海等全国39各地市购买被控CCPO

① 载中国裁判文书网，http://wenshu.court.gov.cn，最后访问时间：2017年6月24日。

品牌手机的发票、手机照片、门店照片以及B公司的产品宣传册。

一审法院对B公司采取了证据保全措施，从B公司处提取了标有CCPO标识的CCPO品牌手机，但B公司以账目混乱为由未提供相关的销售记录和财务账册。根据A公司的申请，一审法院调取了B公司从2008年7月28日以来在中国建设银行、中国农业银行、交通银行和招商银行的银行账户进出账交易记录。经过双方当事人对账，自2009年7月2日至2011年4月9日，B公司中国农业银行存款账户进账人民币3 496 933元；自2009年4月20日至2011年6月28日，B公司交通银行存款账户进账人民币21 020 895.29元；建设银行存款账户自2009年9月4日至2010年11月22日扣税金额为人民币104 277.19元。B公司确认其主要业务是生产被控产品，根据B公司提交的2009年度、2010年度以及2011年1~6月《审计报告》显示，B公司自2009年以来截至2011年6月30日，其营业总收入为人民币10 975 696.38元，营业总亏损为人民币23 551 035.53元。

2010年3月1日，B公司向国家工商行政管理总局商标局申请注册被控CCPO商标。2011年1月7日，国家工商行政管理总局商标局以被控CCPO商标与A公司在类似商品上已注册的涉案第4571222号OPPO商标近似为由，驳回了被控商标的商标注册申请。同年2月28日，B公司向国家工商行政管理总局商标评审委员会提出商标评审申请。

**[法院认为]**

一审法院认为：B公司生产销售的涉案被控侵权手机产品，与A公司第4571222号注册商标核定使用的商品项目手提电话属相同商品。将涉案被控侵权手机产品上使用的CCPO标识与A公司的OPPO注册商标图案相比，涉案被控产品上使用的CCPO商标标识与涉案4571222号OPPO注册商标构成近似，案涉被控侵权产品为侵权产品，B公司和郑某某在本案中的行为均属侵权行为。至于赔偿损失数额的问题。考虑以下因素：（1）涉案商标的知名度；（2）商标在手机类产品销售中提到重要的识别作用和吸引作用；（3）B公司在一审法院采取证据保全过程中和一审法院规定期限内拒不提交完整的财务资料，其后提交的审计报告亦明显不客观真实，侵权故意明显；（4）B公司侵权持续时间长、地域范围广，侵权规模巨大；（5）A公司为本案支付的必要维权费用等，酌定B公司赔偿A公司包括合理维权费用在内的经济损失人民币260万元。判决：（1）B公司、郑某立即停止侵害A公司涉案第4571222号商标专用权的行为；（2）B公司赔偿包括合理维权费用在内的经济损失人民币260万元；（3）驳回A公司的其他诉讼请求。判后，B公司不服，提起上诉。

二审法院认为：B公司生产销售的涉案被控侵权产品与A公司第

4571222号注册商标核定使用的商标属同类商品。将涉案被控侵权CCPO标识与A公司的OPPO注册商标图案相比，从字形上看，两者的图形整体均为美术英文字体，两者均为四个字母，四个字母中有三个字母相同或者相近似。从商标的整体组合形式上看，A公司的商标四个字母均是经过专门设计，字母“O”和“P”的各个部分宽窄程度不一致，字体的线条柔和优美，而被控侵权标识的各字母的各部分宽窄程度、线条与A公司的商标从整体构图上看相近似。从整体含义上看，B公司使用的被控侵权标识，整体上并无特别含义。从发音上看，被控CCPO标识首字母图形与涉案OPPO商标首字母图形基本相同，也容易导致相关公众对CCPO字母整体的发音与OPPO字母整体的发音产生混淆。根据国家工商行政管理总局商标局和商标评审委员会《深表审查标准》等相关规定，可认定被控侵权CCPO标识与涉案第4571222号OPPO注册商标构成相近似。B公司成立于2007年7月，2009年4月申请到手机生产牌照，2010年3月1日，B公司才向国家工商行政管理总局商标局提出CCPO标识的商标注册申请。而原东莞A公司在2005年4月就开始为OPPO品牌产品进行广告宣传，特别是2008年9月8日以来，原东莞A公司和A公司耗巨资进行了较为广泛的广告和宣传，使其OPPO品牌产品及OPPO商标取得了较高的知名度，2011年12月被广东省工商行政管理局认定为“著名商标”。可见，B公司CCPO标识使用在后、注册申请在后。况且在2011年1月7日，国家工商行政管理总局商标局作出的《商标驳回通知书》，亦是以B公司向国家商标局申请CCPO标识的商标注册申请，因与A公司在类似商品上已注册的第4571222号OPPO商标近似为由，驳回了B公司的申请。

此外，对于难以证明侵权受损或侵权获利的具体数额，但邮政局有证据证明损失数额明显超过法定赔偿最高限额的，不适用法定赔偿额的计算方法，可以综合全案的证据情况，在50万元以上合理确定赔偿数额。鉴于A公司无法证明其因被侵权所受到的实际损失或者B公司因侵权所获得的利益，考虑到涉案注册商标具有较高的知名度、商标在手机类产品销售中起到的重要识别作用和吸引作用、B公司在诉讼中并未提交完整的财务账册资料，存在侵权的故意以及B公司侵权的持续时间、地域范围、规模大小等因素，酌定B公司赔偿A公司经济损失人民币260万元并无不妥。

**[裁判结果]**

二审法院判决：驳回上诉，维持原判。

**[裁判思路]**

本案在破解知识产权侵权损害赔偿难问题中，较好地运用了优势证据标准认定、证据披露、证据妨碍等原则。在案件的审理思路上，考虑到B公司侵权持续时间长、地域范围广、侵权规模大等事实，同时考虑到仅在2009年4月20日至2011年6月28日，B公司的营业收入就达人民币15 453 828.29元，从酌定的260万元赔偿金额所占B公司营业收入比率看，其比率也仅为16.82%，该比率尚处于手机类产品利润的合理范围内，故判断B公司的侵权获利应远远高于法定最高赔偿数额。依据《民事诉讼证据规定》第73条的规定，以及《最高人民法院关于当前经济形势下知识产权审判服务大局若干问题的意识》的精神，全面、客观地审核计算赔偿数额的证据，充分运用逻辑推理和日常生活经验，综合全案的证据情况，应当在法定最高限额以上合理确定赔偿额，故采取了优势证据标准认定损害赔偿事实和数额的办法与思路。同时考虑到B公司在法院采取证据保全过程中，以公司账目混乱为由未提供相关的销售记录和财务账册，其后提交的审计报告亦明显不符合客观真实，侵权故意明显，依据《民事诉讼法》第64条第2款、《民事诉讼证据规定》第17条的规定，适用证据披露制度，由B公司掌控而对方当事人A公司难以获取的涉及被控侵权人获利状况的证据，证据持有人B公司应负有披露该证据的义务。根据《民事诉讼证据规定》第75条的规定精神，适用举证妨碍原则，B公司持有相关的销售记录和财务账册等证据无正当理由拒不提供，而A公司主张上述证据的内容可证明其诉请的侵权损害赔偿数额基本成立的，结合相关案情推定A公司该主张基本成立。在处理思路上采取了结合适用证据披露和举证妨碍制度。

**[相关法律法规]**

《民事诉讼法》第64条第2款

《民事诉讼证据规定》第17条、第75条

# 第二章　著作权纠纷裁判思路

# 导　读

著作权是民事主体依法对作品及相关客体所享有的专有权利，其区别于其他知识产权的一个特点是它同时包括人身权利（又称精神权利）和财产权利（又称经济权利）。著作权是基于作品产生的权利，要审理好著作权纠纷案件必须准确判断什么是著作权法意义上的作品。依照《著作权法实施条例》第2条，作品是指文学艺术和科学领域内具有独创性并能以某种有形形式复制的智力成果。根据这一定义可以看出，受著作权法保护的作品应当符合两个基本条件：一是要具有独创性；二是要具有可复制性。作品是否具有可复制性，只要进行客观判断既可以认定，而认定作品是否具有独创性，则需要法官依其主观认识进行判断。

# 第一节　作品的确定

## 001.绘画、书法、雕塑等以线条、色彩或者其他方式构成的有审美意义的平面或者立体的造型艺术作品属于受著作权法保护的美术作品

【典型案例】

### 王某诉任某、某农场侵害著作权纠纷案

[案号]

(2012)庆商初字第1号,(2012)黑知终字第63号

[案情]

2011年6月,任某就某农场公园雕塑问题找到王某,并以大庆市学府建筑工程设计有限公司的名义征询王某意见,同时要求制作样品,之后给付王某部分设计及材料费用。2011年6月23日,某农场与某石雕厂签订石材雕塑合同一份,约定由该厂为某农场雕塑涉案作品及公园其他雕塑,同时约定了履行时间、方式、价款、违约责任等内容。合同签订后,由某石雕厂为某农场制作了包括涉案的8件雕塑作品。2011年10月13日,大庆市学府建筑工程设计有限公司出具说明一份,明确表示任某的行为是其个人行为,与该公司无关。2011年11月7日,王某对包括涉案的8件作品在内的作品向黑龙江省版权局申请了作品登记。任某于2011年6月就某农场公园雕塑问题找到王某制作泥塑小样时向王某提供了《创意设想》,主要内容为:农场公园名字为"书香公园",主题为"书香",公园的所有建筑物都要围绕书来设计;小广场迎面为一大型书架造型的建筑,上面有"书香公园"的标识;公园中心的湖名叫做"云锦湖",临湖处立一标志性石碑,上面刻着"云锦湖"的字样;公园中心的桥名叫做"如玉桥",桥边立一石碑,将桥的名字和宋皇帝赵恒的诗刻上去;公园入口处左侧建"孔子像"雕塑等。此后,王某制作了涉案8件泥塑交给任某,任某将其转交某农场审定。后任某以某农场"不满意"为由将8件泥塑返还王某。

王某涉案8件泥塑作品在黑龙江省版权局登记的题名分别为："桥前诗扇面""湖前石""逸""读书女孩""幼学""奉献""书香""孔子"；某农场书香公园内陈列的涉案8件被诉侵权石雕分别为："如玉桥""云锦湖""传承""书艳如花""幼学""丰碑""书香公园""孔子像"。其中"桥前诗扇面"与"如玉桥"的造型均为扇形，扇面上边缘呈不完整的锯齿状，"桥前诗扇面"扇面上未刻字，"如玉桥"扇面上刻有"如玉桥"三个汉字；"湖前石"与"云锦湖"的造型均为顶部凸起的长方体石头形状，表面均刻有"云锦湖"三个汉字；"逸"与"传承"的造型均表现为一个坐着的老人手捧一本打开的书，男童站在老人的右后侧，伏在老人右臂上探头读书；"读书女孩"与"书艳如花"的造型均表现为一脚穿长靴的少女坐着将书摊在膝上低头阅读，其左臂紧贴身体，右臂微屈与身体间隔一定距离，少女外着开衫，并可见其内着衣呈方形领口；泥塑"幼学"与石雕"幼学"的造型均表现为一衣着对襟无袖坎肩的幼童站在一方形石碑后俯视石碑，石碑前呈台阶状，石雕"幼学"上刻有"幼学"两个汉字；泥塑"奉献"与石雕"丰碑"均表现为两只手合拢水平托起十本立着摆放的书的造型，泥塑"奉献"中书脊上为1~10的数字编号，十本书依次排列略呈扇形，石雕"丰碑"中十本书书脊上为文字"北大荒全书"简史卷、农业卷、工业卷等，十本书依次排列呈现长方形的形状；泥塑"书香"与石雕"书香公园"均表现为将打开的书立置于以向日葵图案为中心的长方体底座之上，"书香"底座中向日葵两侧大体呈农作物根、茎、叶形状图案，雕塑线条立体感较强，书页面上雕刻有草书"书香"二字，"书香公园"底座中向日葵两侧雕刻有类似玉米、花生、南瓜、白菜、麦穗等图案，书页上雕刻有"書香公園"四字；泥塑"孔子"的造型表现为孔子站立全身像，两侧宽大衣袖交叠呈现V字型，袖口绘有传统回字形图案，左手虚握，右手覆于左手之上，双手呈行礼状，石雕"孔子像"的造型亦表现为孔子站立全身像，两侧宽大衣袖敞开平行下垂，袖口无图案，双手直伸交叠于胸前，左手覆于右手之上，左臂弯内可见夹放一笏板状器物，雕像下方雕有"孔子"二字。

《大庆体育》系双月刊，出版日期为每双月30日，其2010年第2期《泥土化为艺术的神奇》一文刊载了案外人周某的部分雕塑作品，其中名为"东郭先生"的泥塑作品与王某在本案中提交的题为"逸"的泥塑作品完全相同。周某于2012年9月20日作出声明，内容为："王某是我的学生，我们在同一个工作室工作，涉案作品是我们的共同创作。我们是统一诉讼主体，我完全支持他的诉讼请求。"任某、某农场在原审中提交的《蓝本》主要内容包括东奔石雕厂公司简介、对书香公园的创意说明及22幅素描图。其中8幅素描图的画面与陈列在书香公园内的涉案8件石雕相同；创意说明内容与《创意设想》内容基本相同，《蓝本》封面印有“2011年2月”“某石雕厂”字样。

2011年11月，王某以任某、某农场未经其许可擅自制作雕塑构成侵权为由，向法院提起诉讼，请求判令任某及某农场停止侵害、消除影响、赔礼道歉，赔偿损失12万元。

**［法院认为］**

一审法院认为：王某直至起诉前方办理版权登记手续，是为诉讼目的而办理的有关手续。我国的版权登记采取的是登记申请主义，实行备案制度，并不进行实质审查，登记作者并不一定是真正作者。从本案双方提交的证据看，任某提供了设计蓝本，王某只是在此基础上进行创作，虽然王某将涉案作品到版权局备案，但版权登记是在作品完成之后，故以王某无充分证据证明其对涉案8件雕塑作品享有原始著作权为由，判决驳回王某的诉讼请求。判后，王某不服，提起上诉。

二审法院认为：1.关于王某是否受任某委托为某农场设计并制作涉案泥塑的问题。本案中，双方当事人认可任某于2011年6月就某农场公园雕塑问题找到王某，要求王某制作泥塑小样，王某亦按要求制作了涉案8件泥塑小样的事实。泥塑小样完成后，某石雕厂制作了书香公园内的8件石雕。任某、某农场主张，王某是按照某石雕厂绘制的《蓝本》制作了涉案8件泥塑小样。但《蓝本》系印刷品，任某、某农场未能提供有关《蓝本》原始设计草图等相关证据资料予以佐证，且《蓝本》中创意说明的内容与其22幅素描图亦不完全相对应，故仅凭《蓝本》封面上所印“2011年2月”的字样不足以证明《蓝本》的设计完成时间。此外，2010年第2期《大庆体育》应系2010年5月前出版，其中《泥土化为艺术的神奇》一文刊载的案外人周某与王某共同创作的“东郭先生”雕塑作品与王某题为“逸”的涉案泥塑完全相同，应当认定该涉案泥塑作品于2010年5月之前即已创作完成，而非按《蓝本》设计制作完成。综上，任某、某农场关于王某的涉案8件泥塑系按照《蓝本》设计制作的主张不能成立，应当认定涉案泥塑系王某接受任某的委托为某农场制作完成的。

2.关于王某是否享有涉案8件泥塑作品著作权的问题。依照《著作权法实施条例》第2条的规定，《著作权法》所称作品是指文学、艺术和科学领域内具有独创性并能以某种有形形式复制的智力成果。作品的独创性是获得著作权保护的核心条件，其是指作品的表达方式具有独创性，即作品系由作者独立创作完成，而非抄袭、剽窃、篡改他人的已有作品，且作者在创作中投入了创造性的智力劳动，体现了作者的个性和智慧。依照《著作权法实施条例》第4条、第6条以及《著作权法》第3条、第11条、第13条的规定，绘画、书法、雕塑等以线条、色彩或者其他方式构成的有审美意义的平面或者立体的造型艺术作品属于受著作权法保护的美术作品；创作作品的公民是作者，依法享有著作权；两人以上合作创作的作品，著作权由合作作者共同享有，且著作权自作品创作完成之日起即产生。作品无论是否登记，作者依法取得的著作权均不受影响。本案所涉8件泥塑中，题为“逸”“读书女孩”“幼学”“奉献”“书香”“孔子”的6件泥塑造型独特，线条生动，体现出作者创造性的构思和具有个性的表达方式；作品“逸”系王某与周宝贵在2010年5月前即已合作创作完成，作品“读书女孩”“幼学”“奉献”“书香”“孔子”系王某受任某委托为某农场主题公园创作完成，且王某提供了上述作品的原件，而任某及某农场提交的《创意设想》仅是对书香公园创意概括性的表述，并没有对雕塑题材、造型的具体描述，且内容中除提及在小广场设立含有“书香公园”标识的书架造型建筑，在湖边、桥边立题为“云锦湖”“如玉桥”石碑及入口处立“孔子”像外，亦未提及有关“传承”“书艳如花”“幼学”“丰碑”的设想。该《创意设想》及其提交的《蓝本》等证据均不足以证明王某上述泥塑作品系抄袭、剽窃、篡改他人的已有作品，故应认定上述6件泥塑作品属于受《著作权法》保护的作品，王某对其依法享有著作权。题为“桥前诗扇面”的泥塑，其扇形设计属于公共领域中已有造型，虽扇面边缘有锯齿点缀，但缺乏创意；题为“湖前石”的泥塑造型基本属于石头的天然形状，亦不能体现作品的独创性，故上述两件泥塑不属于受《著作权法》保护的作品，王某依法对其不享有著作权。

3.关于任某、某农场是否侵害王某的著作权的问题。双方当事人均认可王某泥塑作品完成后，曾交由任某转交某农场审定，故应认定任某及某农场在为书香公园制作石雕前均接触过涉案泥塑作品。某农场在其书香公园内陈列的涉案8件石雕中，“如玉桥”和“云锦湖”虽与王某制作的“桥前诗扇面”和“湖前石”泥塑造型近似，但因上述两件泥塑不属于受著作权法保护的作品，王某对其不享有著作权，故某农场在书香公园内陈列“如玉桥”和“云锦湖”的行为不构成对王某著作权的侵害。题为“孔子像”的石雕与王某的泥塑作品“孔子”虽均为传统的孔子形象，但二者的人物轮廓、发型、表情、动作、服饰等方面均有较大差异，表现出对孔子形象的不同理解和创作，二者造型上各有独创性，不构成实质性相似，故不能认定该石雕是依王某的泥塑作品制作的，某农场陈列“孔子像”石雕的行为亦不构成侵权。将书香公园内陈列的题为“传承”“书艳如花”“幼学”“丰碑”“书香公园”的5件石雕分别与王某题为“逸”“读书女孩”“幼学”“奉献”“书香”的5件泥塑作品进行对比，二者所表现的题材相同，虽然在发型、表情、神态、动作幅度等细节上略有差异，但石雕的主体造型与相应泥塑作品具有独创性的主体造型基本相同，体现了相同的构思和创意，已构成实质性近似，故应当认定上述5件石雕是以王某的泥塑作品为样本制作的。依照《著作权法》第47条第7项的规定，使用他人作品，应当支付报酬而未支付的，属于侵害著作权的行为。某农场依王某泥塑作品在其书香公园内制作陈列上述石雕，但未依法支付报酬，构成侵权。双方当事人均已确认任某是按照某农场的要求，委托王某为书香公园设计雕塑作品，王某泥塑作品创作完成后亦系由任某将涉案泥塑作品转交某农场。因此，任某是某农场实施本案被诉侵权行为过程中的直接经办人，其主观上具有实施侵权行为的故意，其行为与王某著作权受到侵害的后果存在因果关系，故应当认定任某的涉案行为亦构成侵权，应当与某农场共同承担侵权民事责任。

［裁判结果］

二审判决：（1）撤销一审判决；（2）任某、某农场共同赔偿王某经济损失30 000元；（3）驳回王某的其他诉讼请求。

［裁判思路］

绘画、书法、雕塑等以线条、色彩或者其他方式构成的有审美意义的平面或者立体的造型艺术作品属于受著作权法保护的美术作品，本案即为雕塑作品的著作权侵权纠纷。在处理此类案件中，法院应当首先就原告主张的权利是否依法受到保护进行审查，进而对被告的行为是否构成侵权作出判断。依照《著作权法》的规定，创作作品的公民是作者，依法享有著作权。而受著作权法保护的作品应当是在文学、艺术和科学领域内具有独创性并能够以有形形式复制的智力成果。独创性是认定作品是否受《著作权法》保护的实质要件，即作品由作者独立创作完成，而非抄袭、剽窃、篡改他人的已有作品，且作者在创作中投入了创造性的智力劳动，其所创作的作品能够体现作者的个性和智慧，具有独创性的表达方式。本案中，法院对王某制作完成的涉案8件泥塑作品没有一概而论，而是依法对8件泥塑的权利状态和被控侵权行为进行了严格的区分、对比和判断。对于不能体现独创性的泥塑作品，对王某所主张的著作权依法不予保护；对于能够体现被控侵权雕塑特有的独创性的作品，依法认定未侵害王某的著作权；对于能够认定王某著作权受到侵害的，依法判决被告承担相应的侵权民事责任。本案的典型意义在于明确了雕塑等立体造型艺术作品属于受著作权法保护的作品，阐释了作者依法享有著作权的权利构成要件以及相应的侵权构成要件。

［引申思考］

一、作品独创性的要求及判断思路

《著作权法实施条例》第2条规定："著作权法所称的作品，是指文学、艺术和科学领域内具有独创性并能以某种有形形式复制的智力成果。"即作品必须具有独创性和可复制性，可复制性是对作品形式的要求，独创性是对作品内在的要求，认定作品构成的核心在于认定独创性的存在。在我国，独创性要求作品具有一定的创造性，但这种创造性并不要求"首创的""前所未有的"新颖性，也不要求如专利一样具有与现有作品显而易见的不同，其仅仅要求该创作是经过作者思考的，有智力创作成分存在的。因此，作者要证明自己作品的存在，法院要审查作品是否具有独创性，要考察作品创作的整个过程，即该作品在作者脑海产生创作念头到创作成果出来的整个过程，作者要证明其有创作意图、创作行为及创作成果。

二、"接触＋实质相似—抗辩"侵权认定规则的具体分析

（一）"接触"要件的分析

一般而言，"接触"要求原告证明被告在创作之前接触过原告的作品，这需要审查两个事实：（1）两个图案创作时间的先后；（2）被告是否有接触原告作品的途径。就前一个事实，因作品创作完成后作者并不都要立即发表作品，故需要分清作品的创作完成时间与发表时间，有可能在后发表的人创作完成时间较早，就不存在接触；就第二个事实，一般以作品的发表为通常途径，并不要求原告举证证明被告实际接触到了其作品，只需要证明被告有接触的可能性，由被告来证明其没有实际接触行为，因除了与被告有委托创作或工作等关系，原告一般很难就被告的实际接触行为进行举证。作品的知名度对实质接触的可能性认定有一定影响，一般而言，知名度越高的作品，在后创作人接触的可能性越大。

（二）"抗辩"的分析

即使被告构成"接触＋实质相似"要件，其也并非必然构成侵权，法律赋予被告进行抗辩的权利，如果抗辩成立，则其不承担侵权责任，但被告需要对上述抗辩的成立进行举证。被告的抗辩依据抗辩内容的不同可以分为两大类：基于原告权利的抗辩及基于被告行为的抗辩。基于原告权利的抗辩主要包括以下几类：（1）原告所主张的作品不属于著作权法保护的客体；（2）原告所主张的著作权已经过了法律规定的保护期限；（3）原告不是涉案作品的权利人。基于被告行为的抗辩主要包括以下几类：（1）法律明确规定的不构成著作权侵权的使用他人作品行为，包括法定许可和合理使用；（2）许可使用，即被告证明其使用是经过著作权人许可的；（3）独立创作，即被告通

过自己的独立思考巧合地创作了与原告相同或相似的产品，与专利法禁止任何形式的复制不同的是著作权法并不禁止合法的复制，这也是各国都认可的独创性并不要求新颖性的内在含义。

**[相关法律法规]**

《著作权法》第3条、第11条、第13条

《著作权法实施条例》第4条、第6条

## 002.演绎作品如相对原作品而言具备了新的独创性、不违反法律的强制性规定，应当受到《著作权法》保护

### 【典型案例】

#### 龚某诉A公司、王某等演绎作品著作权权属、侵权纠纷案[①]

**[案号]**

(2007)浦民三(知)初字第120号

**[案情]**

由信乐团歌手阿信演唱的歌曲《死了都要爱》，署名的作曲者为Yoo Hae Jin(译为：柳海准)、作词者为Lee Hyun Kyu。原告龚某是个歌曲填词爱好者，因有感于自己的炒股经历和当时火爆的股市，根据《死了都要爱》的曲调重新填写了《死了都不卖》歌词(以下简称龚版歌词)，发表于某网站，署名龚某，并请王某试唱该歌曲。龚某将王某歌唱后的录音文件置于其个人主页。随后，该歌曲在网上流传。同时，王某与A公司签订著作权许可使用合同，约定王某将《死了都不卖》歌词许可A公司使用，A公司负责推广歌曲和歌手。事后，经王某修改的歌词(以下简称王版歌词)以及署名“作词：王某”的《死了都不卖》歌曲开始在A公司的网站上传播，以彩铃列表的形式供用户视听、下载。至本案诉讼期间，该歌曲仍在A公司网站传播。经比对，龚版《死了都不卖》与《死了都要爱》歌词总字数均为189字，其中83个字相同，两者每句的字数相同，但内容分别为炒股和爱情。龚版《死了都不卖》和王版《死了都不卖》歌词内容均为炒股，总字数均为189字，其中

① 载智合东方网，https://www.zhihedongfang.com/2014/12/4529，最后访问时间：2017年7月2日。

23个字不同。另据新华网报道，2007年谷歌和百度对搜索关键词进行排名，系争歌名“死了都不卖”进入谷歌“年度中国热榜”和百度2007搜索风云榜“十大上升最快”的第4位。龚某遂以A公司、王某为被告，向法院提起诉讼，要求判令两被告停止侵害行为，公开赔礼道歉并赔偿经济损失及为制止侵权的合理支出费用。

**［法院认为］**

一审法院认为：龚版《死了都不卖》歌词最早于网上发表时的署名即为龚某，王某虽辩称其参与了创作，但未提供任何证据，故其关于参与龚版《死了都不卖》歌词创作的辩称意见不予采纳。龚某是《死了都不卖》歌词的著作权人，其歌词是否对《死了都要爱》歌词构成侵权，不是本案审理的范围，并不影响原告在自己作品被侵权时向他人主张权利。王版《死了都不卖》歌词是对龚版《死了都不卖》歌词的抄袭，不能构成新的作品。王某未经龚某许可将其作品许可A公司组织演唱后在网络上传播，构成对龚某文字作品的署名权、修改权、表演权、信息网络传播权、获得报酬权的侵犯，应承担相应的民事责任。但A公司、王某的行为尚未构成对龚某保护作品完整权、改编权、复制发行权的侵犯。A公司网站是个营利性网站，其传播涉案歌曲的行为具有营利性。龚某未提供因侵权遭受经济损失的证据和A公司、王某获利的证据，亦未提供足以认定的传播涉案作品获利数额的证据，故根据侵权行为的性质、范围以及龚某作品的独创性程度等因素酌定两被告应承担的赔偿数额。龚某为制止侵权所实际支付的合理费用，两被告应予赔偿。

**［裁判结果］**

一审法院判决：（1）A公司、王某停止对龚某《死了都不卖》文字作品著作权的侵权行为；（2）在A公司网站首页显著位置刊登书面道歉启事；（3）赔偿龚某经济损失人民币1.5万元及合理费用人民币1.2万元。

**［裁判思路］**

演绎作品与原作品之间的紧密关系，决定了原作品作者对演绎作品享有一定权利。根据《著作权法》的规定，这种权利体现为“许可权”和“不受侵犯权”，即演绎作品的作者对原作品进行再创作时，应征得原作者的许可，并依照规定支付报酬，同时原作者仍享有署名权，再创作人不得对原作品进行歪曲、篡改等。在本案中，龚版歌词应当获得而并未获得《死了都要爱》歌词作者的许可，属于未经许可的演绎作品。未经许可的演绎作品可否得到著作权法的保护？可否在遭到他人侵权时主张权利？这是被告提出的质疑，也是本案的核心争点。我们认为答案是肯定的，演绎作品是否获得原作品著作权人的许可，并不影响演绎作品著作权人在自己作品受到侵害时向他人主张权利，具体理由如下：

第一，演绎作品与原作品相比，具有新的创造性成分，未经许可的演绎行为正如未经财产所有人同意的添附行为，都是在未经原权利人同意的情况下创设了新的物品，演绎作品作者的智力劳动成果具有独立的价值，实际上也增加了原作品权利人的利益，故应该比照民法的添附原则，认定演绎作品作者对演绎作品中的新创作性成分享有著作权。

第二，现行立法并没有作出否定性规定。《著作权法实施条例》第2条规定，具有独创性并能以某种有形形式复制的智力成果就是作品。第6条规定，著作权自作品创作完成之日起产生。《著作权法》第4条规定："依法禁止出版、传播的作品，不受本法保护。"其针对的是因内容违反法律、宣扬色情、暴力、封建迷信等而被有关行政机关禁止出版、传播的作品，并不包括在私法层面涉嫌侵犯他人著作权的作品。上述规定从正反面框定了作品受保护的条件。龚版歌词符合作品所要求的独创性，也不属于不受法律保护的作品范畴，故其应自创作完成之日便具有著作权，受到《著作权法》保护。

第三，著作权是一种私权利，应遵从私法自治原则。原作品的作者固然有权向未经其许可的演绎作者主张侵权权利，也有权放弃行使这种权利，是否主张皆其自由，法院不必越俎代庖。演绎作品的侵权人并非原作品的权利人，亦无权代为主张。且法律只规定演绎作品作者利用作品时不得侵犯原作者的著作权，这并不影响其在演绎作品被侵权时向他人主张权利。故龚版歌词的创作是否获得《死了都要爱》词作者的许可，与本案系争问题无涉，不必在本案中处理，被告以之进行抗辩缺乏依据。

第四，从《著作权法》的立法精神和数字技术的发展现状来看，应该对未经许可的演绎作品进行保护。《著作权法》旨在鼓励作品的创作，基于资源的有限性，《著作权法》自当鼓励充分利用已有作品进行再创作的行为。与此同时，现代科学技术的发展，前所未有地加速了作品的传播，使取得作品资料并进行加工创作变得更加容易，但面对海量的作品和身居其后的原创作者，要一一追溯并征得原作者的同意并非易事，也将极大增加创作成本而削弱创作热情。故对大量未经许可的演绎作品先行保护，同时保留原作者的追索权利，可以最大限度地利用资源、鼓励创作，又兼顾权利人的著作权保护。

**［引申思考］**

本案中，A公司、王某的行为侵犯了龚某哪些权利？

《著作权法》规定著作权权利人享有17项权利，其中4项是著作人身权，其他都是财产性权利。龚某诉请主张A公司、王某侵害了其署名权、修改权、保护作品完整权、改编权、表演权、信息网络传播权、复制权、发行权、获得报酬权共 9 项权利。

王某从龚某处获得《死了都不卖》歌词，A 公司作为娱乐从业者，对大量有关《死了都不卖》的新闻报道不可能充耳不闻，故 A 公司、王某在均明知龚某对《死了都不卖》歌词享有著作权的情况下，王某仍在抄袭龚某的作品后，以自己的名义擅自许可 A 公司组织演唱并在网站上进行传播，且在发布的歌词上署名“王某”，其行为共同侵犯了龚某对《死了都不卖》歌词享有的署名权、修改权、表演权、信息网络传播权、获得报酬权。对于被告的行为是否侵犯上述 5 项权利，从该案的情况看是足以认定的。但龚某诉称的对其他几项权利的侵犯，是难以成立的。

关于侵犯保护作品完整权。保护作品完整权主要指保护作品不受歪曲、篡改的权利，且一般情况下，这种歪曲和篡改可能对作者的声誉造成损害才构成对保护作品完整权的侵犯。歪曲指故意改变事物的真相或内容，篡改则指用作伪的手段对作品进行改动或曲解。该案中，王版《死了都不卖》对龚版《死了都不卖》歌词作的修改极其细微，表达的观点、抒发的感情都基本相同，不存在故意改变真相造成曲解的情况，不致对作者的声誉造成损害。且法院对王某的修改行为也已认定为侵犯了龚某对作品的修改权。故龚某关于 A 公司、王某侵犯保护作品完整权的主张不能成立。

关于侵犯改编权。改编权是指改变作品，创作出具有独创性的新作品的权利。王某对龚某作品的改变极其细微，根本不能认定为新作品。所以，王版《死了都不卖》只能是对龚版《死了都不卖》的抄袭，而不可能是改编。

关于侵犯复制发行权。复制发行权包含着两项权利，即复制权和发行权。复制权即指以印刷、复印、拓印、录音、录像、翻录、翻拍等方式将作品制作一份或者多份的权利。发行权则指以出售或者赠与方式向公众提供作品的原件或者复制件的权利。龚某主张保护的作品是文字作品，对文字作品的复制，一般采用印刷、复印的方式。该案中，A 公司、王某除了对歌曲进行演唱后在网络上传播外，并没有其他对龚某文字作品的复制行为，更不可能有销售、赠与复制件的行为。而在网络上传播歌曲的行为，符合法律规定的行使信息网络传播权的特征，对此，法院已经认定 A 公司、王某侵犯龚某作品的信息网络传播权。因此，龚某称两被告侵犯其对作品的复制权、发行权的主张也不能成立。

**[相关法律法规]**

《著作权法》第 11 条第 1~2 款、第 4 款，第 12 条，第 46 条第 1 款第

（三）项、第（七）项、第（十一）项，第47条第1款第（一）项，第48条

## 第二节　著作权的归属

### 003.在没有相反证据的情况下，网站或数码照片上的“署名”，包括权利声明和图片上的水印，构成证明著作权权属的证据

**【典型案例】**

A公司诉被告B公司侵害著作权纠纷案

**［案号］**

（2011）哈知初字第21号，（2012）黑知终字第2号，（2013）民申字第1218号

**［案情］**

A公司系国外某知名专业图片提供商Getty公司在中国的授权代表，有权在中国境内展示、销售和许可他人使用其相关图片，并以自身名义对侵犯著作权的行为提起诉讼。B公司未经许可，在其发布的企业宣传品中使用了A公司中的图片，且在宣传品上均署名“某某软件”，并署有该B公司的名称、地址、电话、传真和网址等。经查明，涉案图片上均有“Getty Images OR”的水印，并注明摄影师为某外籍自然人。此外，互联网上有多家公司公开销售被控侵权图片，图片上均有不同公司名称的水印，且均注明摄影师为该外籍自然人。A公司发现后遂诉至法院，要求B公司停止侵权并赔偿经济损失。

**［法院认为］**

一审法院认为：涉案被诉著作侵权行为发生在自2010年4月1日起施行的第二次修正的《著作权法》之前，故本案应适用第一次修正的《著作权法》。黑龙江省哈尔滨市动力公证处（2010）黑哈动证内经字第0226号公证书证明，A公司的www.gettyimages.cn网站载有标题为Shipping、图片编号为AA030502、品牌为Photod1sc的涉案图片，同时还注明：Getty公司对本图片或影视素材拥有相应的合法版权权利。可认定，Getty公司享有涉案图片的著

作权。Getty公司的确认授权书确定，A公司是Getty公司在中华人民共和国的授权代表，有权在中华人民共和国境内展示、销售和许可他人使用附件A中所列出之品牌相关的所有图像，有权在中华人民共和国境内以其自己的名义就任何第三方对于Getty公司的知识产权（版权，包括精神权利）的侵犯和未经授权使用附件A中所列出之品牌相关图像的行为采取任何形式的任何法律行为。A公司对B公司提起本案诉讼符合Getty公司的授权以及我国有关法律规定。B公司在企业宣传品上使用了涉案图片，B公司作为广告主，应当对自己的企业广告宣传行为独立承担责任。B公司没有举示证据证明其使用涉案图片具有合法来源以及尽到了应有的审查注意义务。B公司未经权利人许可，擅自使用涉案图片，未支付报酬，且未署名著作权人，构成侵权，应承担相应的民事责任。B公司应立即停止侵权行为，并赔偿A公司的经济损失。考虑涉案作品类型和B公司实施侵权行为的主观过错、地域范围、使用涉案作品的方式、后果等情节，考虑本地经济文化实际状况等因素，考虑A公司为制止侵权行为进行调查、取证所支付的必要合理开支，酌情确定B公司应当赔偿的数额。A公司提出的图片许可使用费价格可以作为参考，但不能作为确定赔偿数额的唯一因素。A公司举示的黑龙江省哈尔滨市动力公证处的公证书还同时公证了其他多幅图片，并用于其他多个侵犯著作权诉讼案件，A公司在使用同一公证书起诉的每个侵犯著作权诉讼案件中均请求全额赔偿同一笔公证费，属于请求重复赔偿同一笔支出费用，既不合理，亦不合法。故对A公司支付的公证费应酌情考量，不应全额支持。A公司提出的为制止侵权行为所支付的费用过高，对非必要不合理部分不予支持。B公司举示的购买涉案图片，购买日期为2011年3月14日，是在B公司实施侵权行为三年以后，其交易金额只能作为赔偿数额的参考因素之一，但不能将该交易金额作为确定赔偿数额的唯一因素。判决B公司停止侵犯图片著作权的行为，并赔偿A公司3000元经济损失。判后，B公司不服，提起上诉。

二审法院认为：A公司据以主张权利的证据仅是Getty公司公布在其官网上的被控侵权图片，但如前述法院查验，互联网上已有多家公司公开销售与被控侵权图片内容、摄影师完全相同的图片，而图片上并非标注"Getty Images"水印，系分别印有上述各家公司自己的水印（署名）。A公司虽作出了系Getty公司授权上述公司使用的解释，但未提供相应证据支持其此项主张。A公司未能提供被控侵权作品的底片或未经修改的数码照片文件及与文件相符合的拍摄器材等证据用以证明其权利主体资格，亦不能提供其取得权利的合同或著作权登记证书等用以证明其著作权取得的方式。从现有证据看，在有多家公司以相同方式在涉案图片署名的情形下，被控侵权图片的著作权属并不明晰。在无其他证据佐证的情况下，不能单独作为认定 Getty 公司就相关图像享有权利的依据。根据《民事诉讼证据规定》第 2 条的规定，当事人对自己提出的诉讼请求所依据的事实或者反驳对方诉讼请求所依据的事实有责任提供证据加以证明，没有证据或者证据不足以证明当事人的事实主张的，由负有举证责任的当事人承担举证不能的不利后果。二审法院判决：（1）撤销一审判决；（2）驳回 A 公司的诉讼请求。

二审宣判后，A 公司不服，向最高人民法院申请再审，请求撤销二审判决，对本案进行重审并依法改判。2013 年 12 月 13 日，最高人民法院作出（2013）民申字第 1218 号民事裁定，提审本案。

再审期间，最高人民法院分别针对双方当事人在一、二审期间提交的涉及本案基本事实的不同证据及法律适用问题进行了评判，并肯定了一、二审法院的最后结论。最高人民法院认为：因本案再审期间，A 公司针对 B 公司二审中所提交的相反证据进一步举证，证明了部分网站上销售的涉案图片均与 Getty 公司有特定的联系，不足以否认 Getty 公司对涉案图片享有著作权，而图片摄影师的宣誓证明更直接证明了 Getty 公司享有涉案图片的著作权。故 A 公司在申请再审阶段所提交的补充证据能够回应 B 公司二审中所提交的相反证据，进一步补充了权属的证明，能够证明 Getty 公司为涉案图片的著作权人，A 公司有权提起本案诉讼。

**［裁判结果］**

最高人民法院再审判决：（1）撤销一、二审判决；（2）B 公司停止使用涉案图片并赔偿经济损失 4000 元；（3）驳回 A 公司其他诉讼请求。

**［裁判思路］**

本案主要涉及数码图片作者的认定问题。依照《著作权法》第 11 条第 4 款的规定，著作权属于作者，如无相反证明，在作品上署名的公民、法人或者其他组织为作者。相比于传统的胶卷相机，数码相机拍摄的照片直接以数字形式存储，具有应用简便、复制快捷、传播方便等优点，但因其无需胶卷底片即可冲印、复制，数码图片作者在享受方便快捷的同时，亦面临着难以举证自己是图片作者的困境。依照《著作权案件适用法律解释》第 7 条第 2 款的规定，在作品或者制品上署名的自然人、法人或者其他组织视为著作权、与著作权有关权益的权利人，但有相反证明的除外。可见，对著作权权属的审查，一般以作品上的署名等为初步证据，除非有相反证据予以推翻。对初步证据的举证要求要结合案件的具体情况、所涉及作品的情况等合理进行确定。对于经营者采取在官方网站上登载图片并可直接网上购买的方式经营的，其网站上登载图片，虽然不同于传统意义上的在公开出版物上发表，但同样是“公之于众”的一种方式。本案的典型意义在于确立了数码图片作者的认定规则，将数码图片加盖的水印及版权声明的行为性质界定为《著作权法》规定的“署名”行为，在无相反证据的情况下，在数码图片上署名的公民、法人或者其他组织即为该图片作者，并依法享有著作权。

［相关法律法规］

《著作权法》第 11 条第 4 款

《著作权案件适用法律解释》第 7 条第 2 款

## 004.认定职务作品著作权的归属应充分考虑创作当时的历史背景

【典型案例】

### 哈尔滨秋林食品公司诉哈尔滨秋林糖果厂公司、哈尔滨秋林里道斯食品公司侵害著作权纠纷案

［案号］

（2011）哈知初字第 19 号，（2012）黑知终字第 45 号

［案情］

涉案“秋林 QiuLin 及图”文字、图形作品系秋林集团公司下属企业哈尔滨秋林食品厂（后更名为哈尔滨秋林食品公司）的职工杜某于 1991 年设计完成。1991 年 11 月 19 日，秋林集团公司以该作品作为商标图案，向国家商标局提出商标注册申请。《商标注册申请书》中对商标设计说明的描述为：“秋林”商标设计采用带有花边的圆形构成，圆内上有一个经过概括的四层俄式建筑，代表该公司建筑形象；楼形的下方有一条较宽的横带，横带上有活泼的“秋林”汉字，横带的运用既使整个图的构图平稳，又代表着公司的基础稳固；横带下是秋林的拼音“QiuLin”，起到装饰作用。国家商标局于 1992 年授予该集团公司注册商标专用权。其后，该集团公司分别授权哈尔滨秋林食品公司（以下简称秋林食品公司）和哈尔滨秋林糖果厂公司使用（以下简称秋林糖果公司）该注册商标。1997 年 12 月 22 日，秋林糖果公司根据秋林集团公司的授权，以涉案“秋林 QiuLin 及图”作品为图案，申请在第 29 类（香肠、风干肠、火腿等）商品注册商标。1999 年 4 月 21 日，经国家商标局核准，秋林糖果公司获得第 1266601 号（香肠、风干肠、火腿等）注册商标

专用权。秋林糖果公司及其子公司哈尔滨秋林里道斯食品公司（以下简称秋林里道斯公司）分别在各自生产的红肠、风干香肠、大虾酥糖、巧克力酒心糖、格瓦斯饮料等商品上，使用了“秋林 QiuLin 及图”注册商标。

2011 年 2 月，秋林食品公司以涉案“秋林 QiuLin 及图”作品系杜某创作的职务作品、著作权属于秋林食品公司，秋林糖果公司及秋林里道斯公司未经其允许，在诸多产品上使用“秋林 QiuLin 及图”图案，侵犯其著作权为由向法院提起诉讼。请求判令秋林糖果公司、秋林里道斯公司停止侵犯著作权的行为，消除影响，赔偿经济损失 35 万元。

**［法院认为］**

一审法院认为：1. 涉案“秋林 QiuLin 及图”商标设计图属《著作权法》规定的美术作品，受《著作权法》调整。“秋林 QiuLin 及图”整体设计图由杜某受单位指派完成，是杜某为完成单位工作任务所创作的职务作品。在 1991 年杜某创作涉案“秋林 QiuLin 及图”作品时，杜某所在的秋林食品公司是秋林集团公司的下属企业。秋林集团公司从“秋林”品牌统一管理的角度出发，要求以秋林集团公司名义注册，即秋林食品公司让杜某完成“秋林 QiuLin 及图”商标设计及杜某创作该商标作品，是按照秋林集团公司的要求完成的职务行为，秋林集团公司有权在业务范围内优先使用该职务作品。秋林食品公司让杜某完成涉案商标设计时，明知秋林集团公司是用于申请注册商标，秋林食品公司无权反对秋林集团公司在其业务范围内优先使用。即使按照秋林食品公司所述，存在其与杜某关于完成后作品的著作权归秋林食品公司的约定，秋林食品公司亦不能享有超出原作者的权利，无权反对秋林集团公司在其业务范围内优先使用该作品。

2. 秋林食品公司系明知秋林集团公司为申请注册商标委托创作“秋林 QiuLin 及图”并用于企业经营。故即使“秋林 QiuLin 及图”是委托创作的作品，秋林集团公司亦有权在委托创作的特定目的范围内免费使用“秋林 QiuLin 及图”作品。秋林集团公司授权秋林糖果公司使用“秋林 QiuLin 及图”申请注册商标用于企业经营、宣传，后又将该注册商标转让给秋林糖果公司，属于符合创作目的在业务范围内的合法使用，不构成侵权。秋林里道斯公司是秋林糖果公司的子公司，秋林糖果公司、秋林里道斯公司使用“秋林 QiuLin 及图”申请注册商标用于企业经营、宣传，亦属于合法使用，不构成侵权。在“秋林 QiuLin 及图”商标注册和使用之前，“秋林 QiuLin 及图”本身仅具有美术作品价值，并不具有商业品牌价值。“秋林 QiuLin 及图”注册商标在“秋林 · 里道斯”红肠、“秋林 · 格瓦斯”饮料等商品上所产生的商业价值，是秋林糖果公司及其子公司秋林里道斯公司长期使用、经营、宣传、培育的结果。在秋林糖果公司及秋林里道斯公司经过长期使用、经营、宣传、培育，使“秋林 QiuLin 及图”注册商标形成了独立于“秋林 QiuLin 及图”作品本身的巨大商业价值之后，秋林食品公司提起诉讼，阻止秋林糖果公司等相关企业使用“秋林 QiuLin 及图”注册商标，确有“摘桃子”之嫌。秋林食品公司请求秋林糖果公司、秋林里道斯公司停止使用“秋林 QiuLin 及图”作品、赔礼道歉、赔偿作品使用费等，没有根据，不符合诚实信用、公平竞争原则和商业准则。据此，判决驳回秋林食品公司的诉讼请求。判后，秋林食品公司不服，提起上诉。

二审法院认为：1. 关于涉案“秋林 QiuLin 及图”作品著作权的归属问题。根据《著作权法》第 16 条的规定，公民为完成法人或者其他组织工作任务所创作的作品是职务作品，主要是利用法人或者其他组织的物质技术条件创作，并由法人或者其他组织承担责任的工程设计图、产品设计图、地图、计算机软件等职务作品的作者享有署名权，著作权的其他权利由法人或者其他组织享有，法人或者其他组织可以给予作者奖励。本案中，“秋林 QiuLin 及图”作品创作完成时正值我国计划经济向市场经济转型的特殊历史时期。在当时的历史条件下，计划经济占据主导地位，企业的产权制度尚不明晰，具有隶属关系的企业之间，上级部门对下级部门的管理具有较强的指令性特点。当时，虽然秋林食品公司形式上是独立的企业法人，但其作为秋林集团公司的下属企业，在企业生产经营、人员管理等方面均受秋林集团公司领导。秋林食品公司自认是按照秋林集团公司要求责成杜某设计“秋林 QiuLin 及图”商标，由秋林集团公司对集团整体品牌统一进行管理，故应认定杜某创作涉案作品的目的是为秋林集团公司整体管理商标品牌而使用。根据涉案商标《商标注册申请书》的记载，涉案商标采用带有花边的圆形结构，圆内有一个经过概括的四层俄式建筑，代表秋林集团公司的建筑形象；楼的下方有一条较宽的横带，喻意秋林集团公司基础稳固；横带上有活泼的“秋林”汉字，下面是“秋林”的拼音“QiuLin”。上述商标设计说明，以及该商标的整体设计思路，涉案作品具有明确的创作指向，代表的均是秋林集团公司的意志，体现的是秋林集团公司的元素特点及“秋林”品牌的整体形象。杜某在填报的《商标注册申请书》上亦署名为“秋林公司杜某”。因此，结合当时特殊的历史背景，应当认定杜某创作涉案作品是按照秋林集团公司的要求，完成秋林集团公司工作任务的职务行为。在当时的历史条件下，仅凭杜某的劳动关系在秋林食品公司不足以认定涉案作品是秋林食品公司的职务作品。此外，秋林食品公司在涉案作品设计完成后二十余年，并未对该作品著作权提出过权属主张，亦表明其对涉案商标状态持认可态度。故秋林食品公司主张“秋林

QiuLin 及图”的著作权缺乏事实与法律依据，二审法院不予支持。涉案作品是在秋林集团公司主持和要求下创作完成的，在职务作品创作过程中所产生的权利和责任亦应由秋林集团公司享有和承担。杜某仅享有涉案作品署名权，秋林食品公司则不享有该作品著作权及相关权利。

2. 关于秋林糖果公司、秋林里道斯公司使用“秋林 QiuLin 及图”商标是否构成侵权问题。如前所述，秋林食品公司不享有涉案“秋林 QiuLin 及图”作品的著作权，其无权以著作权人身份限制他人使用该作品。秋林糖果公司在第 29 类（香肠、风干肠、火腿等）和第 32 类（啤酒、汽水等）商品上申请注册并使用“秋林 QiuLin 及图”商标，得到了该作品的著作权人同时也是商标权人秋林集团公司的许可，其权利来源合法。秋林糖果公司作为第 1266601 号和第 617089 号注册商标专用权人，有权对前述两项注册商标专用权进行处分。秋林里道斯公司使用第 1266601 号和第 617089 号注册商标得到了其母公司秋林糖果公司的授权，其权利来源亦合法。故秋林糖果公司在其生产的红肠、风干香肠、大虾酥糖、巧克力酒心糖，以及秋林里道斯公司在其生产的红肠、格瓦斯饮料等商品上，使用“秋林 QiuLin 及图”注册商标均属合法、正当的使用行为，不构成侵权。

**[裁判结果]**

二审判决：秋林食品公司不享有涉案“秋林 QiuLin 及图”著作权及相关权利，即驳回上诉，维持原判。

**[裁判思路]**

职务作品是由单位主持、代表单位意志创作并由单位承担责任的作品，认定职务作品著作权的归属不能割裂创作当时的历史背景。根据《著作权法》第 16 条第 2 款第（一）项的规定，涉案作品的创作借助于单位的资金、设备、技术资料，并且作品一旦发生错误造成经济损失也由单位来承担。因此结合涉案作品创作的特殊历史时期，法院认定秋林集团公司享有著作权。

最高人民法院于 2013 年 8 月 23 日对本案作出（2013）民三他字第 1 号函复：案件所涉及的作品创作于 1991 年，判断著作权归属时应考虑当时的历史条件。涉案作品设计人杜某时任秋林食品公司的员工。在当时的历史条件下，秋林食品公司是秋林集团公司的下属企业，结合所涉商标以秋林集团公司名义注册；结合《商标注册申请书》的商标设计说明等相关事实，并综合考虑秋林集团公司和秋林食品公司之间的隶属关系、商标权归秋林集团公司所有以及之后近二十年双方之间并无争议等情况，认定所涉作品由设计人杜某享有署名权，著作权的其他权利以归属秋林集团公司为宜。

［引申思考］

关于本案的另一种观点认为：

1. 关于涉案作品著作权归属问题。《著作权法》第 16 条第 1 款规定："公民为完成法人或者其他组织工作任务所创作的作品是职务作品，除本条第 2 款规定以外，著作权由作者享有，但法人或者其他组织有权在其业务范围内优先使用；主要利用法人或者其他组织的物质技术条件创作，并由法人或者其他组织承担责任的工程设计图、产品设计图、地图、计算机软件等职务作品，以及法律、行政法规规定或者合同约定著作权由法人或者其他组织享有的职务作品，作者享有署名权，著作权的其他权利由法人或者其他组织享人，法人或者其他组织可以给予作者奖励。"《著作权法实施条例》第 10 条规定："著作权法第 16 条第 1 款关于职务作品规定中的'工作任务'是指公民在该法人或者该组织中应当履行的职责。"涉案"秋林 QiuLin 及图"作品系杜某创作完成，杜某是秋林食品公司的美工，其创作涉案作品既是完成食品公司的工作任务，亦是其应当履行的工作职责。虽然该项工作系由集团公司责成秋林食品公司完成，但杜力某既不是该集团公司的职工，集团公司亦未直接向其布置工作。对杜某而言，其接受的是秋林食品公司的指派，完成的也是秋林食品公司的工作任务，"秋林 QiuLin 及图"商标作品应当属于职务作品。该作品的作者是杜某，杜某也证实当初已约定作品的著作权归秋林食品公司所有。无论当初是否存在上述约定，杜某作为涉案作品的作者，有权对其享有的著作权进行处分，即便其现在将著作权转让给秋林食品公司，亦不违反法律规定，故可以认定"秋林 QiuLin 及图"作品的著作权属于秋林食品公司。

2. 关于秋林糖果公司、秋林里道斯公司使用涉案作品注册商标并使用的行为是否构成侵权及责任承担问题。虽然秋林集团公司将涉案作品注册为商标的行为经过了秋林食品公司的许可，但不能扩大理解为该集团公司有权另行许可第三人将该作品作为商标申请注册。故秋林集团公司许可秋林糖果公司在第 29 类商品上注册商标，超出了商标权人对涉案商标原有的使用范围。秋林糖果公司、秋林里道斯公司未经著作权人许可，使用涉案作品在第 29 类商品上申请商标注册，侵犯了秋林食品公司的著作权，应承担相应的赔偿责任。考虑到秋林糖果公司与秋林食品公司在改制前均系该集团公司的下属企业，秋林糖果公司的使用行为系经秋林集团公司许可，第 29 类"秋林 QiuLin 及图"商标经过秋林糖果公司十余年的使用，已经获得了较高的商誉，相关公众已将第 29 类红肠等肉灌制品上的"秋林 QiuLin 及图"商标与秋林糖果公司建立起固定联系，如判令停止使用涉案商标将会严重影响消费者对商品来源的判断，反而造成市场混淆，不利于市场经济秩序的稳定和发展。自秋林糖果公司生产红肠并使用涉案“秋林 QiuLin 及图”商标以来，一直由秋林食品公司代销其产品，秋林食品公司应当早就知晓涉案作品著作权受到侵犯，但其在十余年的时间内未提异议。直至该商标经秋林糖果公司长期使用并获得了较高的商业价值时，才起诉要求秋林糖果公司停止使用，有违诚信、公平原则。此外，商标的价值主要在于标示产品来源，图案设计是否精美，对商标所蕴涵的价值影响甚微。综合上述因素考虑，酌情由秋林糖果公司、秋林里道斯公司共同赔偿秋林食品公司 10 万元。

我们认为，在当时的特定历史条件下，仅凭杜某的劳动关系在秋林食品公司不足以认定涉案作品是秋林食品公司的职务作品。秋林食品公司在涉案作品设计完成后二十余年，并未对著作权提出过权属主张，表明其对涉案商标状态持认可态度。至其后各公司投资主体变化，相互竞争产生纠纷，秋林食品公司再以拥有涉案作品著作权为由提起侵权之诉，已违诚实信用原则，依法不应予以支持。至于杜某关于涉案作品著作权归秋林食品公司的证言系在本案当事人产生纠纷之后的 2008 年形成，缺乏其他证据佐证，不能以其与秋林食品公司相互认可而否认原本案件事实。综上，秋林食品公司对涉案作品不享有著作权，秋林糖果公司及秋林里道斯公司注册及使用涉案作品商标合法，应驳回秋林食品公司的诉讼请求。

[ **相关法律法规** ]

《著作权法》第 16 条

《著作权法实施条例》第 10 条

## 005.对于特定历史时期创作的美术作品，确认作品原件所有权时应慎重对待，应当综合考虑创作意图、创作时利用的物质条件等多重因素

**【典型案例】**

### 李某诉吴某侵害作品展览权、返还原物纠纷案

[ **案号** ]

（2010）哈知初字第 147 号，（2011）黑知终字第 31 号

［案情］

1968 年，黑龙江省在原“综合俱乐部”建筑基础上改建“毛泽东思想胜利万岁”展览馆，又称为“红太阳”展览馆，所展出的内容主要为毛泽东在各历史时期从事革命活动的大型图片。1969 年，黑龙江省革命委员会常委会决定撤销敬建“毛主席思想胜利万岁”展览馆总指挥部，成立“毛主席思想胜利万岁”黑龙江省展览馆革命委员会，隶属省革委会办公室领导。1973 年，黑龙江省展览馆革命委员会更名为黑龙江省展览馆。李某系黑龙江省展览馆美术创作人员。1976 年，黑龙江省展览馆为举办“纪念毛主席在延安”展览会，李某创作了《毛主席在延安》等油画作品，展览后油画作品放在黑龙江省展览馆仓库保存。经过多年发展，黑龙江省展览馆更名为黑龙江省对外经济贸易展览中心。1993 年，黑龙江省对外经济贸易展览中心经核准注册登记为国有企业法人，主管部门为黑龙江省对外经济贸易委员会。1994 年，黑龙江省对外经济贸易展览中心更名为黑龙江国际博览中心。2002 年，依据有关规定，中国国际贸易促进委员会黑龙江省分会（以下简称黑龙江省贸促会）受黑龙江省人民政府委托，管理黑龙江国际博览中心的国有资产及展览业务。2004 年，黑龙江省贸促会同意黑龙江国际博览中心改制，确认改制后黑龙江省贸促会作为出资人负责国家股的管理。同年，黑龙江省财政厅就黑龙江国际博览中心改制中国有资产处置相关问题作出批复，确认黑龙江国际博览中心以国家股为出资股本、出资比例占总股本比例 51% 的形式，同哈尔滨正大建筑企业集团有限责任公司组建黑龙江跨国采购中心有限公司（以下简称跨国采购中心）。改制后，跨国采购中心股东（发起人）为黑龙江省贸促会和哈尔滨正大建筑企业集团有限责任公司。2010 年 2 月 26 日，吴某在黑龙江日报社美术馆举办“隆重纪念毛主席视察黑龙江 60 周年——吴某收藏珍品大型展览”，该次展览会展出了涉案油画作品《毛主席在延安》。李某经与吴某交涉未果，遂提起诉讼要求判令吴某返还《毛主席在延安》油画，并赔偿侵犯李某展览权造成的经济损失 2 万元。

［法院认为］

一审法院认为：李某及吴某在其起诉、答辩意见中，均依据《著作权法》和《民法通则》主张权利，故本案可适用《民法通则》和 1990 年颁布的《著作权法》。《民法通则》第 44 条第 2 款规定：“企业法人分立、合并，它的权利和义务由变更后的法人享有和承担。”跨国采购中心系从原黑龙江省展览馆演变而来，是原黑龙江省展览馆的留守单位，并承担原黑龙江省展览馆离退休人员的管理工作。吴某在诉讼中承认，其 1989 年在该馆收发室外的废弃物中拾得涉案油画作品，而该地点就是现跨国采购中心。吴某关于跨国采购中心不能代表原黑龙江省展览馆的主张缺乏事实基础，不予支持。本案争议的焦点问题是：

第一，关于涉案油画作品《毛主席在延安》的作者。涉案油画作品上没有署明作者、名称和时间，也没有经过司法程序等有效认定，涉案油画作品于诉讼前处于作者身份不明状态。1990 年颁布的《著作权法》第 11 条第 2 款规定："创作作品的公民是作者。"本案中，跨国采购中心证明，涉案油画作品是原黑龙江省展览馆的李某所创作。吴某辩称，涉案油画作品是李某为完成 1976 年纪念毛主席在延安展览会的政治任务，利用本单位红太阳展览馆提供的物质条件、场所创作的职务作品，是其 1989 年在红太阳展览馆收发室外的废弃物中捡拾的，是其抢救性收藏。吴某的上述抗辩和陈述，已承认李某是涉案油画作品的作者。吴某提出李某创作涉案油画要履行审批手续，应当有登记，应当有作者当年的原始手稿或实物照片等问题，不是认定作者的必备根据。《著作权法实施条例》第 13 条规定："作者身份不明的作品，由作品原件的所有人行使除署名权以外的著作权。作者身份确定后，由作者或者其继承人行使著作权。"根据本案现有证据可认定的事实，在无其他确实、充分相反证据的情况下，在本判决生效后，涉案油画作品的作者可确定为李某，名称可确定为《毛主席在延安》，创作作品的时间可确定为 1976 年，各方应当按照有关法律规定行使相关权利。此前吴某对涉案油画作品未署明作者、名称和时间，不应认定为侵权。

第二，关于涉案油画作品的著作权人。1990 年颁布的《著作权法》第 9 条规定："著作权人包括：（一）作者；（二）其他依照本法享有著作权的公民、法人或者非法人单位"；第 16 条第 1 款规定："公民为完成法人或者非法人单位工作任务所创作的作品是职务作品，除本条第 2 款的规定以外，著作权由作者享有，但法人或者非法人单位有权在其业务范围内优先使用。"1976 年，举办了纪念毛主席在延安展览会。李某作为原黑龙江省展览馆的专业美术工作者，为完成原黑龙江省展览馆的工作任务，主要利用原黑龙江省展览馆的物质条件，创作涉案油画作品《毛主席在延安》，故可认定涉案油画作品系职务作品。跨国采购中心在《证明材料》中已经申明，《毛主席在延安》是由李某创作的，作者享有著作权等，跨国采购中心支持他们向吴某索要自己的作品。即跨国采购中心已将涉案作品的著作权确认给李某。李某关于跨国采购中心明确表示李某享有涉案油画作品的著作权，已不存在职务作品问题的主张成立。吴某关于涉案油画作品是李某职务作品的主张，不能否定李某享有涉案油画作品《毛主席在延安》的著作权。李某是涉案油画作品的著作权人。

第三，关于涉案油画作品原件所有权是否应当归李某所有，吴某是否侵犯了李某的展览权。1990年颁布的《著作权法》第18条规定：“美术等作品原件所有权的转移，不视为作品著作权的转移，但美术作品原件的展览权由原件所有人享有。”虽然已可认定李某享有涉案油画作品的著作权，但不能据此就认为李某当然享有涉案油画作品原件的所有权。李某起诉状中称展览结束后《毛主席在延安》油画一直存放在黑龙江省展览馆，表明李某在1990年以前是知道原黑龙江省展览馆所有、占有、保管涉案油画作品的，并且认同原黑龙江省展览馆是涉案油画作品当时的权利人，故原黑龙江省展览馆是当时职务作品《毛主席在延安》的著作权人和所有权人，对涉案油画作品享有占有、支配、处分的权利。追索他人收藏的艺术品，只证明自己是著作权人或自己曾是权利人是不够的，还必须证明系由于非法行为使该艺术品的原权利人失去了占有控制。诉讼中，李某没有举示发现涉案油画作品丢失后报案记录等有关证据，其举示的李士学、刘富智、王益章、张淑媛、李淑范、跨国采购中心等证人证言中对涉案油画著作权、物权归属等陈述属于猜测、推断或者评论性的意见陈述，应当排除，上述证人证言仅能证明李某创作了涉案油画作品，在展览后放在了原黑龙江省展览馆的仓库，而未能举示充分证据证明吴某是非法得到涉案油画作品。涉案油画作品并不是法律禁止可以归个人所有的财物，捡拾非法律禁止归个人所有的抛弃物并不违法。按照吴某关于涉案油画作品是其1989年在红太阳展览馆收发室外的废弃物中捡拾的陈述，不能认为吴某捡拾原黑龙江省展览馆扔弃的抛弃物非法。因李某不能证明吴某收藏涉案油画作品是非法取得，其关于吴某不是合法收藏涉案油画作品的主张不能认定，其主张涉案油画作品归李某所有的诉讼请求根据不足，不应支持。根据1990年颁布的《著作权法》第18条的规定，吴某享有涉案油画作品的展览权，其展览涉案油画作品合法，不能认定为侵权。并且，吴某展览涉案油画作品是免收参观费用的，不是以营利为目的，而是自己支付费用无偿进行正面宣传，没有贬损涉案油画作品及其作者。李某关于吴某侵犯了涉案油画作品展览权的诉讼请求不成立，不予支持。

第四，关于李某是否丧失了胜诉权。《民法通则》第137条规定：“诉讼时效期间从知道或者应当知道权利被侵害时起计算。但是，从权利被侵害之日起超过二十年的，人民法院不予保护。”李某已承认自2010年2月才向吴某主张对涉案油画作品的权利。自吴某1989年得到涉案油画作品，至李某于2010年主张权利，确已超过最长诉讼时效期间，李某已丧失胜诉权。

综上，一审法院判决驳回李某的诉讼请求。判后，李某不服，提起上诉。

二审法院认为：涉案油画《毛主席在延安》创作于1976年，当时正值

"文化大革命"时期，是我国法制遭受严重破坏，缺乏法律规范，忽视财产权属的特定社会历史时期。黑龙江省展览馆自成立之日起即具有很强的政治性，其主要职能为宣传、弘扬毛泽东思想。该展览馆举办纪念毛主席在延安展览系履行职能之行为。在当时特定的历史背景和政治环境下，因涉案油画的创作、展览而产生的政治风险及相应后果系由黑龙江省展览馆承担。现有证据证明，李某当时作为黑龙江省展览馆的美术创作人员，系按照黑龙江省展览馆的要求及安排，利用黑龙江省展览馆提供的物质技术条件，为展览活动创作完成的涉案油画，且该展览活动结束之后，涉案油画原件一直存放在原黑龙江省展览馆，由黑龙江省展览馆负责管理，故应当认定黑龙江省展览馆当时即为涉案油画的所有权人。李某当时并未也不可能向黑龙江省展览馆主张该画为其个人所有。现行《著作权法》于 1990 年 9 月 7 日公布，自 1991 年 6 月 1 日起施行，李某在此前长达十余年的时间内并未向黑龙江省展览馆主张取回涉案油画，表明其时已认可黑龙江省展览馆对涉案油画享有占有、使用、管理、处分的权利。根据现有证据，吴某于 1989 年持有涉案油画，其后，黑龙江国际博览中心即已不再占有该画，故黑龙江国际博览中心于 2004 年进行改制时，出资入股跨国采购中心的资产中并不含有涉案油画的相关财产权利。因此，跨国采购中心无权对涉案油画的所有权归属进行确认、处分。李某并非涉案油画原件的所有权人，其要求涉案油画目前的持有人吴某返还原物缺乏事实及法律依据，不予支持。一审判决认定黑龙江省展览馆是当时涉案油画原件的所有权人正确。

**[裁判结果]**

二审判决：李某关于涉案油画原件归其所有的主张根据不足，判决：驳回上诉，维持原判。

**[裁判思路]**

《著作权法》第 18 条规定："美术等作品原件所有权的转移，不视为作品著作权的转移，但美术作品原件的展览权由原件所有人享有。"美术等作品的著作权与作品原件的所有权是可以分离的，实践中，二者相分离的情形比较常见，故不能当然认定作品的著作权人即为作品原件的所有权人。特别是对于特定历史时期创作的美术作品，确认作品原件所有权时更应慎重对待，应当综合考虑创作意图、创作时利用的物质条件由谁提供、政治风险由谁承担等多重因素。

**[相关法律法规]**

《著作权法》第 18 条

## 006.如无相反证明，在被诉侵权作品上署名的公民、法人或者其他组织推定为出版发行者

【典型案例】

### 中国体育报业总社诉珠江电影制片公司白天鹅音像出版社、哈尔滨中央书店著作权侵权纠纷案

[案号]

（2013）哈知初字第104号，（2015）黑知终字第2号

[案情]

2011年6月27日，国家体育总局群众体育司与中国体育报业总社签订《第九套广播体操出版合同》，约定将第九套广播体操系列产品复制、出版、发行和网络信息传播权独家授予中国体育报业总社，中国体育报业总社独家拥有上述作品的复制、出版、发行和网络信息传播等专有权利。2012年5月1日，中国体育报业总社的委托律师在哈尔滨中央书店购买了包含第九套广播体操视频内容的涉案侵权音像制品，文字标明出版者为珠江电影制片公司白天鹅音像出版社（以下简称白天鹅出版社）。中国体育报业总社遂提起诉讼，请求判令：哈尔滨中央书店、白天鹅出版社立即停止侵权行为；白天鹅出版社赔偿经济损失、在报纸上刊登启事，消除影响等。

[法院认为]

一审法院认为：中国体育报业总社通过与第九套广播体操著作权人国家体育总局签订《第九套广播体操出版合同》，取得涉案第九套广播体操作品独家复制、出版、发行等权利，白天鹅出版社举示的广东省新闻出版局新闻出版管理处出具的《关于分配2010第一批（次）音像制品版号额度的通知》和《证明》，不能否定被诉侵权第九套广播体操光盘上署名白天鹅出版社的事实，不能否定其对被诉侵权第九套广播体操光盘应当承担出版者、制作者责任。在中国体育报业总社发表《中国体育报业总社严正声明》和致白天鹅出版社《律师函》后，在市场上仍然有售署名白天鹅出版社的被诉侵权第九套广播体操音像制品。白天鹅出版社不能举示证明其出版、制作被诉侵权第九套广播体操音像制品有合法授权，构成侵权，应当承担相应的法律责任。白天鹅出版社举示的广东省新闻出版局新闻出版管理处出具的《关于分配2010第一批（次）音像制品版号额度的通知》和《证明》，不能否定被诉侵权第九套广播体操光盘上署名白天鹅出版社的事实，不能否定其对被诉侵权第九套

广播体操光盘应当承担出版者、制作者责任。在中国体育报业总社发表《中国体育报业总社严正声明》和致白天鹅出版社《律师函》后，在市场上仍然有售署名白天鹅出版社的被诉侵权第九套广播体操音像制品。白天鹅出版社不能举示证明其出版、制作被诉侵权第九套广播体操音像制品有合法授权，构成侵权，应当承担相应的法律责任。哈尔滨中央书店销售被诉侵权第九套广播体操音像制品光盘，属于侵权行为，中国体育报业总社请求哈尔滨中央书店立即停止销售侵犯其涉案音像作品的行为合法，应予支持。哈尔滨中央书店销售的被诉侵权第九套广播体操光盘署名白天鹅出版社出版制作，中国体育报业总社没有举证证明哈尔滨中央书店是被诉侵权第九套广播体操光盘的出版制作者，没有举证证明哈尔滨中央书店收到了《中国体育报业总社严正声明》和致白天鹅出版社的《律师函》，没有举证证明哈尔滨中央书店明知被诉侵权第九套广播体操光盘系侵权制品而销售。依据《著作权案件适用法律解释》第 19 条的规定，哈尔滨中央书店可不承担赔偿损失等责任。判决：（1）白天鹅出版社于判决生效之日起停止出版、发行、销售侵犯中国体育报业总社对第九套广播体操作品所享权利的行为；（2）白天鹅出版社在《黑龙江日报》上刊登消除影响启事；（3）白天鹅出版社赔偿中国体育报业总社 10 万元；（4）哈尔滨中央书店停止销售侵犯中国体育报业总社对第九套广播体操作品所享权利的行为；（5）驳回中国体育报业总社的其他诉讼请求。判后，白天鹅出版社不服，提起上诉。

二审法院认为：中国体育报业总社提供了文字标注出版者为白天鹅出版社的被诉侵权音像制品，意在以此证明白天鹅出版社复制、出版、发行了被诉侵权出版物，实施了侵权行为，应承担侵权赔偿责任。但判断该证据能否足以证明中国体育报业总社的主张，还应结合涉案被诉侵权音像制品是否为合法出版物，其标明的文字信息是否真实等综合作出认定。在涉案被诉侵权音像制品为非法出版物，其标注的包括文字在内的信息的真实性无法确定的情形下，不能认定涉案侵权音像制品为白天鹅出版社系出版、复制，亦不能认定其实施了被诉侵权行为。中国体育报业总社关于白天鹅出版社应承担侵权赔偿责任的诉讼请求证据不足。

**[裁判结果]**

二审法院判决：驳回中国体育报业总社对白天鹅出版社的诉讼请求。

**[裁判思路]**

本案涉及侵害著作权案件中对图书音像制品的出版发行者的认定问题。依《著作权法》规定，如无相反证明，在作品上署名的公民、法人或者其他组织为作者。司法实践中，对于被诉侵权图书音像制品的出版发行者的认定，同样适用这一原则，即如无相反证明，在被诉侵权作品上署名的公民、法人或者其他组织推定为出版发行者，权利人无需另行举证证明该作品为署名者所出版发行。本案的典型意义在于明确，上述原则的适用需以该出版物为正规、合法出版物为前提，如依据出版物的书号、ISBN 编码等信息足以确定该出版物为非法出版物，则不能仅依据出版物上的署名认定出版发行者。权利人对于被诉图书音像制品的出版发行者，仍需承担进一步的举证责任，否则将承担相应不利后果。本案裁判充分考虑了我国目前图书音像市场仍较不规范，盗版现象仍一定程度存在的客观现实，较为公平合理地分配了双方的举证责任，具有一定的典型意义。

［**相关法律法规**］

《著作权案件适用法律解释》第 7 条

《民事诉讼法》第 64 条

《民事诉讼法司法解释》第 90 条

## 007.播放他人享有著作权的涉案录像作品，属侵犯著作权的行为

**【典型案例】**

### A 公司诉某广播电视台侵犯著作权纠纷案

［**案号**］

（2013）哈知初字第 17 号

［**案情**］

A 公司是《逗你乐翻天》（第 58 期）之《金曲联唱（串串烧）》、东北民间小调《纱巾扇》等作品的著作权人。某广播电视台未经许可，于 2013 年 3 月擅自播放了上述作品中的部分节目，A 公司遂起诉要求被告某广播电视台承担停止侵权、赔偿损失的民事责任。

［**法院认为**］

一审法院认为：A 公司是包括《金曲联唱（串串烧）》、东北民间小调《纱巾扇》《脱口秀》《江山无限》等作品在内的《逗你乐翻天》（第 58 期）录像作品的署名著作权人，并已进行版权登记。某广播电视台在播放广告的同时播放 A 公司享有著作权的涉案录像作品，没有举证证明其播放涉案作品得到

了著作权人的许可及支付了报酬，侵犯了A公司的著作权，应承担相应的责任。由于权利人的实际损失或者侵权人的违法所得不能确定，综合考虑涉案作品类型，某广播电视台使用涉案作品的内容和时长、电视节目的覆盖地域、播放节目的时间段、受众面，以及A公司为制止侵权行为所支出的必要费用等具体情节，酌定其赔偿数额。

**[裁判结果]**

一审法院判决：某广播电视台停止侵权，赔偿A公司经济损失1万元。

**[裁判思路]**

本案对于涉案录像作品类著作权的保护具有典型意义，通过本判决一定程度上纠正了传统媒体对作品的不规范使用行为，同时也为新传媒时代下著作权保护创造了环境。A公司是东北二人转文艺表演录像作品的著作权人，而在省县级电视台中长期普遍存在着一边播放广告，一边插播二人转文艺表演录像，且不向著作权人支付报酬的做法。该判决的作出，对我省电视台、尤其是县级电视台在播放录像作品时起到了警示宣传作用，对于维护知识产权人的合法权益，减少类似涉案侵权行为的发生起到了良好的促进作用。此外，本案判决还阐释了在计算此类著作权侵权案件赔偿数额时，应当综合考虑涉案作品类型，侵权人使用涉案作品的内容和时长、电视节目的覆盖地域、播放节目的时间段、受众面，以及权利人为制止侵权行为所支出的必要费用等具体情节，合理确定赔偿数额。

**[相关法律法规]**

《著作权法》第29条、第46条、第47条、第49条

《著作权案件适用法律解释》第25条

# 第三节 对著作权的限制及其他

## 008.根据出版物抄袭他人作品的显著程度，判断出版者是否尽到合理注意义务

**【典型案例】**

### 谢某诉A公司等侵害著作财产权纠纷案[①]

**[案号]**

（2011）穗越法民四知初字第519号，（2012）穗中法民三终字第347号

**[案情]**

1994年12月28日、1995年2月23日及6月8日，谢某与案外人世界图书出版公司广州分公司分别签订了三份《图书出版合同》，约定谢某将《简历指南》《求职信指南》和《招聘广告指南》的出版权授予后者，谢某保证上述三本书系谢某本人创作的，如发生剽窃等侵犯他人版权情况，谢某负全部责任，并适当赔偿世界图书出版公司广州分公司的经济损失等。随后，世界图书出版公司广州分公司分别于1995年5月和10月第一次出版了该三书，三书署名均为“谢某编著”。1998年12月30日，A公司与林某签订了一份《图书出版合同》，约定林某将《求职写作》一书在国内地区以图书形式出版上述作品的专有使用权授予A公司，林某保证拥有授予A公司的权利，如因上述权利的行使侵犯他人权益，林某承担全部责任并赔偿因此给A公司造成的损失，A公司可以终止合同。1999年1月，A公司第1次出版发行了《求职写作》一书。谢某认为《求职写作》一书抄袭了其《简历指南》、《求职信指南》和《招聘广告指南》三本书的内容，表示正文部分为43 975字，附录单词词汇部分为62 898字，合共106 873字，谢某就其认为抄袭的内容提交了内容比对和字数统计表。林某否认存在抄袭情况，表示：（1）林某在编著《求职写作》一书时参考了大量书籍，并非抄袭谢某，谢某指控侵权的部分

① 载知产力网，http://www.duyidu.com/a160884268，最后访问时间：2017年8月12日。

内容，林某已经做了相当的整理、加工，与谢某的表达不同；（2）谢某主张权利的部分内容，是来自案外的第三方作者，林某也是参考其他作者的书籍进行编著；（3）谢某指控侵权的部分内容为有限表达，谢某对此无权排除他人使用；（4）部分简历的范例内容属于通用表格，为人们普遍使用，这些通用表格不应受著作权保护；（5）从全书逐字计算，林某承认参照谢某书籍的字数不超过5000字，且大部分为简历表格。林某针对谢某的比对意见提交了对比分析和字数统计表，并当庭指出《求职写作》一书中被控内容与林某提交证据中的书籍和词典的近似之处。谢某承认在编著《简历指南》《求职信指南》和《招聘广告指南》三本书的过程中有参考其他书籍，但在具体细节内容上已经过自己的再加工和修改。

**［法院认为］**

一审法院认为：《简历指南》《求职信指南》和《招聘广告指南》属于汇编作品，其著作权由汇编人谢某享有。另外，三本书中还有一部分内容是谢某自行创作的。谢某是《简历指南》《求职信指南》和《招聘广告指南》三本书的编著者，依法享有相应的著作权利。一审法院认为案件的焦点在于《求职写作》一书（以下简称林书）是否构成对《简历指南》《求职信指南》和《招聘广告指南》三本书（以下简称谢书）的剽窃，从两者的写作目的来看，不可避免地存在相同之处；从目录的结构和内容来看，两者均属于汇编作品，内容的选取与结构的编排上存在不同，语言表达方式也存在区别；从具体内容比对来看，林书与谢书在语言表达、措辞等方面完全相同且确属参考借鉴谢书的部分数量非常少，较为零散，相似内容上多是为说明问题而造的例句，独创性不强，不足以影响林书的整体意思表达和内容阐述，故不宜将此认定为《著作权法》意义上的剽窃行为。谢某所主张的谢书附录中单词及其中文翻译并不属于《著作权法》规定的"作品"。判决：驳回谢某的全部诉讼请求。判后，谢某不服，提起上诉。

二审法院认为：（1）关于谢书和林书的作品性质问题。谢书属于汇编作品，但对于谢书中林某不能举证有出处且具备独创性的其他内容，应视为谢某自行创作的，谢某对其享有著作权。（2）关于本案侵权行为的性质及责任的承担问题。①关于林某的法律责任问题。从汇编作品角度看，两者在内容的选取和编排上均存在不同。从具体内容角度看，通过将谢书与林书进行对比，具体如下：关于第一种情形，单词及其中文翻译并不属于著作权法意义上的作品，故对谢某该方面的侵权主张，不予采纳。关于第二种情形，对于林某未能提供出处的范例，应认定谢某为其著作权人。林书多篇范例参照了谢书的内容，有些范例甚至仅变换了姓名、地址、日期等内容，故认定林书该部分内容抄袭了谢书。关于第三种情形，英文求职信的行文格式和英文简历的表格式版面均不属于著作权法意义上的作品，不应受到著作权法的保护。关于第四种情形，对于林某未能提供出处的部分，应认定谢某为其著作权人。对于该部分的内容，林某有些仅变更部分词语，有些仅变更地名、方位等要素，故应当认定林书该部分内容抄袭了谢书。综上，林某抄袭了谢书部分有独创性的内容，构成剽窃，应承担赔偿经济损失的法律责任。②关于A公司的法律责任问题。根据《著作权案件适用法律解释》第20条第3款的规定，出版者尽了合理注意义务，著作权人也无证据证明出版者应当知道其出版涉及侵权的，出版者承担停止侵权、返还其侵权所得利润的民事责任。出版者所尽合理注意义务情况，由出版者承担举证责任。A公司在出版林书前与林某签署了《图书出版合同》，并约定林某对林书保证拥有相关权利，由此可知A公司对林书的授权、稿件来源和署名部分尽到了合理的注意义务；对于林书的具体内容，林书与谢书在编排上存在不同，且林书对谢书具体内容的抄袭是有选择性的，并不十分明显。因此，除非将林书和谢书逐行逐句比对，否则难以发现林书存在抄袭谢书的现象。A公司虽然是专业的出版社，但要求其将林书与在先出版的同类型书籍按上述标准进行全面审查，未免过于苛刻。因此，A公司无论是对其出版行为的授权、稿件来源、署名以及所出版物的内容均尽到了合理注意义务。根据上述规定，A公司无需承担赔偿责任，但应当停止出版发行含有涉案侵权内容的林书并向谢某返还其侵权行为所得的利润。A公司和林某的行为并不构成共同侵权，应各自承担相应的赔偿责任。③关于本案赔偿数额的问题。法院酌定A公司应向谢某返还侵权所得利润5000元，林某应赔偿谢某经济损失及维权合理开支10 000元。

[**裁判结果**]

二审法院判决：（1）撤销一审判决；（2）A公司停止出版发行含有涉案侵权内容的《求职写作》一书；（3）A公司向谢某返还侵权所得利润5000元；（4）林某赔偿谢某经济损失及维权合理开支10 000元；（5）驳回谢某的其他诉讼请求。

[**裁判思路**]

根据《著作权案件适用法律解释》第19条的规定，出版者、制作者应当对其出版、制作有合法授权承担举证责任，发行者、出租者应当对其发行或者出租的复制品有合法来源承担举证责任。举证不能的，依据《著作权法》第46条、第47条的相应规定承担法律责任。该《著作权案件适用法律解释》第20条第4款规定："出版者所尽合理注意义务情况，由出版者承担举证责任。"出版者是否尽到了合理注意义务，这是对出版者主观上是否存在过错的判断，出版者对于出版物需要审查的范畴包括：出版行为的授权、稿件来源和署名、所编辑出版物的内容等方面。出版者主观上是否有过错，要通过其客观的行为及出版物的实际内容进行判断。在著作权侵权诉讼中，出版者对自己尽到合理注意义务的举证应当包括形式和实际审查两个方面的证据。其中对出版行为的授权、稿件来源和署名的审查属于形式审查的范畴，相对而言比较简单，在审查的过程中也会履行相应的手续和形成相应的材料，事后也容易举证；对所编辑出版物的内容的审查则属于实质审查的范畴，相对而言就比较困难，原因如下：（1）出版市场中的书籍汗牛充栋，即便遴选出与待出版物同类型的书籍，其数量也是非常可观的，如需要一一进行比对、查核，其难度和工作量是可想而知的；（2）出版社进行实质审查的目的是为了证明出版物没有抄袭其他作品，在一般情况下，证无的难度远大于证有，在民事诉讼中通常也是将举证责任分配给证有的一方，正是基于这点考虑；（3）对出版物内容的实质审查无须履行相应的手续，不会形成相应的材料，事后的举证也比较困难。基于上述情况，对于出版社形式和实质审查的义务，应当以不同的标准进行认定。对于形式审查方面，应当审查出版社有无相应客观的行为，如有无签订出版合同，审查作者的身份、授权等；而对于实质审查方面，应当主要从出版物的实际内容人手，如有无存在抄袭、抄袭的明显程度等，并进行综合评价。本案被诉侵权的林书出版者A公司，其在形式上与林某某签订了合同，合同中也约定了林某某保证拥有著作权，可以认定A公司已经履行了形式审查的义务：而对于实质审查方面，虽然林书确有抄袭谢书的内容，但鉴于抄袭是有选择性的，林书和谢书均有引用和借鉴其他书籍的情形，而且两者的体例编排不尽相同，若非将两者逐字逐句进行仔细比对，并参考其他在先出版的多本同类型的书籍，很难察觉林书有抄袭的现象。如果要求A公司在决定出版林书之前就审查出其存在抄袭的现象，未免过于苛刻，毕竟直接实施抄袭行为的是作者本人，而非出版社。因此，A公司无论是对其出版行为的授权、稿件来源、署名以及出版物的内容均尽到了合理注意义务，无须承担赔偿责任，但应当停止出版发行含有涉案侵权内容的林书并向谢某某返还其侵权行为所得的利润。

综上所述，出版者对所编辑出版物的内容是否尽到合理注意义务，可以根据出版物抄袭他人作品的显著程度来判断。抄袭现象不明显的，应当认定出版者尽了合理审查义务的。

**［相关法律法规］**

《著作权法》第46条、第47条

《著作权案件适用法律解释》第19条、第20条

## 009.为说明某一问题而整体性地引用他人作品不构成合理使用

### 【典型案例】

### 刘某诉A公司、李某著作权侵权纠纷案[1]

［案号］

（2013）沪二中民五（知）初字第115号，（2014）沪高民三（知）终字第42号

［案情］

2012年8月，刘某在某书城购得A公司出版的《演讲与口才教程》一书。刘某认为该书第264页至267页由李某编写的"'8'的深思"等部分的内容共计2000字左右的文字系抄袭了其享有著作权的《中学生口语交际自我训练》《教师口语—表述与训练》两书中相应的文字。故刘某以侵害其署名权、修改权、保护作品完整权、复制权及发行权为由，将A公司、李某诉至法院。

［法院认为］

一审法院认为：《著作权法》规定的合理使用制度仅是对著作权人享有的复制权等财产权利的限制，但不包括对著作权人署名权、修改权等人身权利的限制。即在符合《著作权法》规定的特定情形时，《著作权法》允许使用人不经著作权人许可使用其作品，也无需向著作权人支付报酬。但使用人不得侵害著作权人享有的署名权、修改权等人身权利。使用人是否指明作者姓名、作品名称并不是判断是否属于合理使用的构成要件。如果使用人符合合理使用的情形，构成合理使用，但未按照要求指明作者姓名、作品名称，仍可能侵害著作权人的署名权，但并不会导致原本属于合理使用的行为转化为剽窃等侵权行为。因此，在对使用人的行为进行性质认定时，应当先判断使用行为是否属于合理使用，如果不属于合理使用，则可能构成剽窃他人作品的侵权行为；如果属于合理使用，则仍应判断合理使用人是否侵害著作权人的署名权等人身权。

判断对他人作品的使用是否属于合理引用，应当综合考虑原作品是否已

---

[1] 载法律图书馆网，http://www.law-lib.com/cpws/cpws_view.asp?id=200402563099，最后访问时间：2017年6月12日。

经公开发表、引用他人作品的目的、引用的次数及所引用文字占整个作品的比例、所引用文字是否属于作品的核心或实质内容、是否会对原作品的正常使用或市场销售造成不良影响等因素予以认定。本案中，第一，从原作品的性质看，刘某主张的《教师口语——表述与训练》已经出版，属于已经发表的作品。第二，从引用他人作品的目的看，李某是在撰写被控侵权图书过程中，为了以案例的形式说明纵深思维的训练方法，而在被控侵权图书中使用"8"的深思。其目的是为说明某一问题，让纵深思维易于理解。第三，从引用次数及所引用文字的数量看，李某仅引用了刘某的作品一次，而"8"的深思共约420余字，无论是在刘某作品中所占的比例，还是在被控侵权图书中所占的比例都极小，在文字数量上属于适当地引用。第四，从所引用文字的质量看，刘某作品的核心内容是为了介绍"思维训练四法"即逆向思维训练、纵深思维训练、多向思维训练和综合思维训练。"8"的深思仅是作为案例对思维训练方法进行说明，并非刘某作品的实质或核心内容。被控侵权图书亦是一本介绍思维训练方法的作品，核心内容是演讲或思维的方法与技巧。"8"的深思在被控侵权图书中亦是作为案例对思维训练方法进行说明。因此，"8"的深思无论是在刘某主张的作品，还是被控侵权图书中都非核心或主要内容。第五，从引用是否会对刘某作品的正常使用或市场销售造成影响看，由于刘某主编的《教师口语——表述与训练》一书于1994年出版，被控侵权图书2012年出版，二者在市场上基本不会形成竞争；而且"8"的深思在刘某作品中所占比例极小，因此，李某在被控侵权图书中使用"8"并不会影响《教师口语——表述与训练》的正常使用或市场销售，也不会不合理地损害刘某的合法利益。合理使用人在使用他人作品时，应当指明作者姓名、作品名称。但未指明作者姓名、作品名称，是否一定构成侵害署名权，要结合合理使用的具体情形，具体案件的情况进行判断。本案中，李某使用"8"的深思属于《著作权法》第22条规定的合理引用，要求引用人指明作者姓名、作品名称更多的是基于学术规范的要求，指明所引用文字的出处或来源。由于"8"的深思在刘某作品中所占比例极小，李某在使用"8"的深思时未注明出处并不会割裂刘某作为作者和其所主编作品《教师口语——表述与训练》一书的身份关系，也不会对刘某作为作者的声誉造成影响。而且李某提供的证据表明其使用的"8"的深思来源于第三方网站，并没有证据证明李某知道"8"的深思来源于刘某主编的《教师口语——表述与训练》，而故意不指明刘某的姓名及作品名称。故本院认为李某在使用"8"的深思时没有指明作者姓名、作品名称等出处并不构成对刘某署名权的侵害，也没有证据证明李某侵害了刘某的修改权和保护作品完整权。综上，李某在被控侵权图书中使用"8"的深思属于合理使用，亦不侵害刘某的署名权等人身权。判决：驳回刘某的诉讼请求。判后，刘某不服，提起上诉。

二审法院认为：一审法院认定“8”的深思构成著作权法上的作品，且刘某对该作品享有著作权，并无不当。而被控侵权图书中的“8”的深思案例与刘某主张权利的《教师口语——表述与训练》中的文字基本相同，去除标点符号后，相同部分约为420字，一审法院对此的认定并无不当。对于李某的行为是否构成合理使用行为，首先，刘某作品虽字数不多，但已经是完整的文字作品，可以独立使用，享有完整的著作权，李某的这种行为将妨碍刘某对该作品的正常使用。其次，李某在使用刘某作品时并非为介绍、评论其作品，而是为说明其纵深思维内容时整体性的使用了作品，刘某出版书籍类型与被控侵权图书类似，其作品也是在其书籍中介绍纵深思维训练，两者间事实上存在市场竞争关系，李某的该行为已超过了适当的程度，势必会损害刘某的相应权利。再次，关于“8”的深思这一案例，刘某作品的表达方式并不是唯一的，存在着多种多样的表达方式，李某却直接使用了其作品，而不是自己再行创作，这一行为不具有合理性。最后，即使诚如李某所言，其是从云中书城网站上搜索取得了“8”的深思并获承诺可以免费使用，李某在使用该作品时也应当指明该作品出处是摘自云中书城网站，而李某现在的这种使用方式会使读者误认为该作品就是李某本人创作，当读者再读到刘某作品时就会对该作品的作者产生怀疑，进而损害到刘某的合法权益，李某这一行为与合理使用行为的目的已背道而驰。因此，李某对“8”的深思的使用不构成合理使用，已构成著作权侵权，侵害了刘某对其作品享有的署名权、复制权及发行权等权利。一审法院认定李某行为构成合理使用的定性不当，二审法院予以纠正。

**[裁判结果]**

二审法院判决：（1）撤销一审判决；（2）李某立即停止对刘某享有著作权的关于“8”的深思的案例的侵害；（3）李某应向刘某书面赔礼道歉；（4）李某应赔偿刘某经济损失2000元；（5）驳回刘某的其他诉讼请求。

**[裁判思路]**

引用他人作品应该具有适当性与合理性。涉案作品虽字数不多，但已经是完整的文字作品，作者对此享有独立的完整的著作权。对该独立完整的作品加以引用的时候，如果不是为了介绍、评论该作品，而只是为了说明某一问题，那么直接完整地引用该作品不能构成合理使用。此外，被控侵权人直接使用了本存在着多种的表达方式的作品，而不是自己再行创作，这一行为不具有合理性。完整引用他人的作品，应标明该作品的来源，否则会造成公众对作者产生质疑，进而损害其合法权益，影响合理使用的判断。

［相关法律法规］

《著作权法》第 22 条第 1 款第（二）项

《著作权法实施条例》第 21 条

## 010.根据演绎作品摄制并利用电影作品的行为受原作著作权控制的范围界定

**【典型案例】**

### 陈某等人诉 A 公司等著作权权属、侵权纠纷案[①]

［案号］

（2012）徐民三（知）初字第 598 号，（2014）沪一中民五（知）终字第 115 号

［案情］

莆仙戏《春草闯堂》是由陈仁鉴（执笔）、柯某、江某根据旧本《邹雷霆》改编，1960 年由福建省仙游县鲤声剧团演出。1963 年 1 月，福建人民出版社出版了莆仙戏《春草闯堂》剧本单行本，署名江某、柯某、陈仁鉴改编，陈仁鉴执笔。经著作权人的同意，丁某将莆仙戏剧本《春草闯堂》改编成黄梅戏剧本《春草闯堂》，该黄梅戏剧本后被拍摄成黄梅戏《春草闯堂》。后陈仁鉴、柯某和江某过世。2011 年 6 月，陈仁鉴的继承人陈某发现 A 公司出版发行了黄梅戏《春草闯堂》VCD 唱片，该剧的名称、人物、故事情节均与莆仙戏《春草闯堂》完全一致，该剧中的大部分台词和唱词也与莆仙戏《春草闯堂》相同或近似，但该剧没有署名原作品著作权人陈仁鉴、柯某和江某，仅在片尾署名改编人丁某，并标注了“根据福建省莆仙戏同名剧本移植改编”。某电视台和某影视有限责任公司（以下简称影视公司）系黄梅戏《春草闯堂》的制作单位，某联合光盘有限公司（以下简称联合公司）系黄梅戏《春草闯堂》VCD 光盘的复制单位。因柯某的继承人放弃参加本次诉讼，故陈某等十人以未经同意制作出版发行黄梅戏《春草闯堂》从而侵犯了权利人

① 载法律图书馆网，http://www.law-lib.com/cpws/cpws_view.asp?id=200402563297，最后访问时间：2017 年 6 月 12 日。

对莆仙戏《春草闯堂》享有的著作权为由，将A公司等四家单位共同诉至法院，要求判决：（1）A公司、联合公司、某电视台、影视公司立即停止侵权，即收回并销毁黄梅戏《春草闯堂》侵权光盘；（2）A公司、联合公司、某电视台、影视公司在公开报纸上刊登声明，赔礼道歉，消除影响；（3）A公司、联合公司、某电视台、影视公司共同赔偿原告经济损失50万元；（4）A公司、联合公司、某电视台、影视公司共同赔偿合理支出85 523元。

**[法院认为]**

一审法院认为：《著作权法》规定，公民对作品享有的发表权及财产权的保护期为作者终生及其死亡后五十年，合作作品截止于最后死亡的作者死亡后第五十年的12月31日；作者的署名权、修改权、保护作品完整权的保护期不受限制；著作权在新法施行之日尚未超过保护期的，依照新法予以保护。涉案作品莆仙戏《春草闯堂》属于合作的戏剧作品，其著作权仍在《著作权法》规定的保护期内，应受现行《著作权法》保护。关于黄梅戏《春草闯堂》的摄制及出版发行是否侵犯了著作权人对莆仙戏《春草闯堂》享有的著作权。陈某等人主张A公司侵害其发行权，联合公司侵害其复制权，影视公司和某电视台侵害其摄制权，上述单位均侵害了涉案作品原作者的署名权。根据《著作权法》关于法律溯及力的规定，新法施行前发生的侵权行为依照侵权发生时的法律处理，持续到新法施行后的侵权行为适用新法。本案中，黄梅戏《春草闯堂》摄制于2000年3月，该摄制行为是否侵权，应适用1990年《著作权法》；根据A公司和联合公司的自认，黄梅戏《春草闯堂》VCD系分批下单印制，其复制行为持续至2001年《著作权法》修改以后，发行行为持续至2010年《著作权法》修改以后，故该复制和发行行为是否侵权，应分别适用2001年修订的《著作权法》和2010年修订的《著作权法》。以下未特别注明的均指2010年修订的《著作权法》。针对陈某等人主张的摄制权、复制权、发行权和署名权，分别论述如下：

1. 摄制权。庭审中，各方当事人均认为涉案VCD中黄梅戏《春草闯堂》是以类似摄制电影的方法创作的作品。一审法院认为，以类似摄制电影的方法创作的作品是指摄制在一定介质上，由一系列有伴音或无伴音的画面组成，并借助适当装置放映或以其他方式传播的作品。涉案的黄梅戏《春草闯堂》系通过摄影、录音、剪辑、合成等创作活动，在一定介质上制成一系列有伴音的相关画面，凝聚了编剧、导演、演员、摄影、剪辑、服装、灯光、合成等创造性劳动，包含了制作者的智力创作，符合《著作权法》规定的作品独创性要求，属于以类似摄制电影的方法创作的作品（根据1990年《著作权法》的相关规定，涉案的黄梅戏《春草闯堂》应认定为录像作品）。经比对，莆仙戏《春草闯堂》与莆仙戏传统剧目《邹雷霆》在故事情节上有很大区别，台词和唱词也完全不同，因此莆仙戏《春草闯堂》在故事情节和台词唱词上均具有独创性。涉案VCD中黄梅戏《春草闯堂》的故事情节、人物、场次结构与莆仙戏《春草闯堂》完全一致，台词和唱词基本相同，前者在后者具有独创性的故事情节和台词唱词上构成实质性相似。因此，未经著作权人许可，将莆仙戏《春草闯堂》摄制成黄梅戏《春草闯堂》侵害了著作权人对莆仙戏戏剧作品《春草闯堂》享有的摄制权。

某电视台认为，涉案的黄梅戏《春草闯堂》系根据丁某改编的黄梅戏剧本《春草闯堂》所拍摄，而丁某的改编行为已获得莆仙戏《春草闯堂》著作权人的同意，因而黄梅戏《春草闯堂》的拍摄并未侵权。一审法院认为，1990年《著作权法》规定，改编已有作品而产生的作品的著作权由改编人享有，但行使著作权时不得侵犯原作品的著作权。由于根据在先作品创作的演绎作品同时包含原作作者和演绎作者的智力成果，而原作品著作权人享有改编权、摄制权等演绎权，故要将改编的作品拍摄成电影，必须同时经原作品著作权人和改编者的许可。因此即便丁某改写莆仙戏《春草闯堂》构成著作权法意义上的改编，且该改编行为已获得原作品著作权人的同意，黄梅戏《春草闯堂》的拍摄仍应取得莆仙戏《春草闯堂》著作权人的许可，否则即构成对涉案作品摄制权的侵害。

2. 复制权和发行权。2001年修订的《著作权法》和现行《著作权法》均规定，电影作品和以类似摄制电影的方法创作的作品的著作权由制片者享有，但编剧、导演、摄影、作词、作曲等作者享有署名权，并有权按照与制片者签订的合同获得报酬；电影作品和以类似摄制电影的方法创作的作品中的剧本、音乐等可以单独使用的作品的作者有权单独行使其著作权。据此，黄梅戏《春草闯堂》拍摄完成后，其著作权应由制片者享有，即黄梅戏《春草闯堂》VCD的复制和发行行为是由制片者所控制的，编剧、导演、摄影、作词、作曲等作者仅享有署名权，且仅有权向制片者主张报酬。因此，黄梅戏《春草闯堂》VCD的复制发行未侵害涉案作品的著作权。

3. 署名权。根据《著作权法》的规定，对于基于原作品而产生的演绎作品，原作品的作者仍然享有署名权，因此莆仙戏《春草闯堂》的作者对黄梅戏《春草闯堂》也享有署名权。作者的署名权应当与商业习惯相协调，并应考虑作品使用方式等因素。黄梅戏《春草闯堂》在片尾注明了“改编：丁某，根据福建省莆仙戏同名剧本移植改编”，该署名方式指明了原作品系莆仙戏《春草闯堂》，然未指明原作品的作者姓名。一审法院认为，黄梅戏《春草闯堂》在2000年出版发行时，我国著作权法律制度建立时间不长且并不完善，著作权保护意识也远远不如现今，在之后十几年中，我国《著作权法》经历了两次修改，相关法学理论和法律制度均有很大的进步和完善，用如今的眼光去评判十几年以前的行为，我们应抱有相对宽容的态度。黄梅戏《春草闯堂》在片尾仅指明原作品名称而未指明原作品作者姓名的做法，如果放在现在来看当属侵害了原作品作者的署名权，而在十几年之前，这种署名方式也未尝不妥，故不宜认定黄梅戏《春草闯堂》中的署名方式侵害了原作品作者的署名权。

判决：（1）影视公司和某电视台共同赔偿原告陈某等人经济损失 5 万元；（2）影视公司和某电视台共同赔偿陈某等人合理费用 4.5 万元；（3）驳回陈某等人的其他诉讼请求。判后，陈某等人和某电视台不服，提起上诉。

二审法院认为：署名权是表明作者身份，在作品上署名的权利，基于原作品而产生的作品，原作品的作者仍享有署名权。当然，作者的署名权应当与商业习惯相协调。黄梅戏《春草闯堂》系根据莆仙戏《春草闯堂》移植改编而来，故陈某、柯某及江某享有黄梅戏《春草闯堂》的署名权。黄梅戏《春草闯堂》的载体是 VCD 光盘，且莆仙戏《春草闯堂》作者人数有限，在光盘封面、片头、片尾均可对作者进行署名，并不违反商业习惯，故影视公司、A 公司、联合公司侵犯了陈仁鉴、柯某、江某的署名权。但由于陈某等人并无证据证明 A 公司、联合公司仍在发行、复制黄梅戏《春草闯堂》，故判决 A 公司、联合公司停止侵犯署名权已无必要。黄梅戏《春草闯堂》最早出版发行于 2000 年，一审法院以当时我国著作权法律制度建立时间较短，著作权保护意识不足为由，认定黄梅戏《春草闯堂》的署名并无不妥。二审法院认为，1990 年《著作权法》即规定了作者享有署名权，黄梅戏《春草闯堂》出版发行时，距离《著作权法》实施已经近 10 年，相关被上诉人作为专业机构，其应当具有一定的著作权保护意识，一审法院以上述理由，认定相关被上诉人的行为不构成侵犯署名权有误，二审法院予以纠正。

**［裁判结果］**

二审法院判决：驳回上诉，维持原判。

**［裁判思路］**

由于对演绎作品的利用要经过作者和演绎者的双重授权，因此本案中被告未经著作权人许可将莆仙戏《春草闯堂》剧本设置成黄梅戏《春草闯堂》，侵害了著作权人对莆仙戏戏剧作品《春草闯堂》享有的摄制权。由于电影作品和以类似摄制电影的方式创作的作品的著作权由制片者享有，因此黄梅戏《春草闯堂》VCD 的复制发行未侵害原作品的著作权。演绎作品中原作品的作者仍享有署名权，因此莆仙戏《春草闯堂》的作者对黄梅戏《春草闯堂》也享有署名权。但结合商业习惯和历史背景，不宜认定黄梅戏《春草闯堂》中的署名方式侵害了原作品作者的署名权。

［相关法律法规］

《著作权法》第 11 条第 4 款、第 15 条第 1 款、第 19 条第 1 款

《著作权法实施条例》第 9 条

《著作权案件适用法律解释》第 27 条、第 31 条

## 第四节　著作权侵权及法律责任

### 011.将图片作品进行比对时，如对被控侵权图片内容进行拉伸变形等技术处理，则图片内容的尺寸及比例发生改变，已经不能起到侵犯原图片作品权利的证明作用

【典型案例】

A 公司诉 B 公司侵害著作权纠纷案

［案号］

（2012）哈知初字第 20 号，（2012）黑知终字第 58 号

［案情］

1997 年，A 公司委托褚某等人创作了摄影作品图集《中国图片库》，其中包含以华表及天安门一角为构图的“北京天安门华表”图片一张。该 A 公司于 2009 年向国家版权局申请著作权登记，并取得《著作权登记证书》。B 公司在 2009 年 8 月至 10 月发行的报纸专栏版面配图中使用了从某网站下载的由华表、太阳、白鸽、彩带、建筑群等内容构成的图片，被 A 公司以未经授权擅自使用且未支付使用费用，侵犯了涉案作品的发行权、完整权和获得报酬权为由提起诉讼，请求判令该报赔偿经济损失 1 万元。法院在该案审理中，将被控侵权图片与涉案“北京天安门华表”图片进行了细致对比，在华表石柱及石柱顶部瑞兽完全重合的情况下，石柱上方横插的云板图像不能完全重合。如调整角度，使石柱上方云板重合，则石柱和瑞兽无法完全重合。

[法院认为]

一审法院认为：被诉著作侵权行为发生在2010年4月1日起施行的第二次修正的《著作权法》之前，故本案应适用第一次修正的《著作权法》。A公司合法享有《中国图片库》包括编号为0011、标题为“北京天安门华表”在内的涉案摄影作品的著作权。B公司举示的（2007）海民初字第9346号民事判决书不能否定A公司对涉案摄影作品享有著作权。著作权登记的时间并不是著作权产生的时间。B公司关于A公司2009年11月19日取得《中国图片库》著作权登记的时间晚于《生活报》上使用涉案作品的时间，被诉侵权行为发生时A公司尚未取得《中国图片库》及涉案摄影作品的著作权的主张与法律规定相悖，不成立。B公司承认在其主办的《生活报》版面刊登的《60年60人·生活记忆——谨以此专题献给新中国六十华诞》专题配图中使用了华表图片，称其使用的华表图片来源于昵图网，但没有举证证明从昵图网下载涉案华表图片的编号、原图格式、形成时间等基本信息，更没有举证证明已取得使用涉案华表图片的合法许可和署名著作权人及支付许可使用费等情况。昵图网已作出版权声明，昵图网不拥有图片的版权，若需商业使用，需获得版权拥有者授权。B公司举示的在《生活报》报眉上所使用图片的原始图片及有关以华表为素材的图片，均不能证明其使用涉案图片具有合法来源及系合法使用。经比对，B公司在《生活报》版面上使用的涉案华表图片与A公司享有著作权的《中国图片库》中编号为0011，名称为北京天安门华表的摄影作品中的华表部分相同，系同一图片。B公司未经权利人许可，擅自使用涉案摄影作品，未支付报酬，且未署名著作权人。B公司构成侵权，应承担赔偿A公司经济损失等相应的民事责任。考虑涉案作品类型和B公司实施侵权行为的主观过错、地域范围、使用涉案作品的方式、后果等情节，考虑本地经济文化实际状况等因素，酌情确定B公司应当赔偿A公司经济损失5000元。判后，黑龙江某B公司不服，提起上诉。

二审法院认为：哈尔滨某报所使用由华表、太阳、云彩、白鸽等要素组成的图片为PSD格式的分层图片，即使用Photoshop等专业图像处理软件，经编辑叠加等技术处理形成的。A公司主张该图片的华表部分复制了其享有著作权的摄影作品中的华表部分，但将两图片比对，无论如何调整角度，石柱、云板、瑞兽都无法实现完全重合。此外，A公司举示的涉案图片除华表外还有天安门一角及蓝天为背景，而被控侵权图片中并无天安门一角，天空亦为红色。根据现有证据，不能认定两张图片中华表的拍摄角度、拍摄用光、明暗阴影、曝光程度具有一致性。此外，天安门前伫立的华表属于标志性建筑，历来是摄影工作者和爱好者的取材对象，在报刊、互联网上相似题材的摄影作品较多，哈尔滨某报举示的诸多以天安门前的华表为素材的摄影作品，在视觉上都具有相似之处，不能仅以摄影画面中具有相同的取材对象即认定二者为同一摄影作品。由于A公司提供的证据不足以证明其关于哈尔滨某报侵犯其图片作品著作权的诉讼主张，法院依法驳回了A公司的诉讼请求。

**[裁判结果]**

二审法院判决：（1）撤销一审判决；（2）驳回A公司的诉讼请求。

**[裁判思路]**

在著作权侵权责任纠纷中，认定被控侵权人构成侵权的条件之一是被控侵权图片应与权利人享有著作权的图片完全相同。在对图片作品进行比对时，如需对被控侵权图片中的内容做以拉伸、变化角度等技术处理后，方能实现与原图片作品的整体重合或内容完全一致，此时经拉伸变形后的图像，已经改变了被控侵权作品所载内容的尺寸及比例，已经不能起到侵犯原图片作品权利的证明作用。且原告不能证实其为被控侵权人取得图片的权利人的情形下，对原告请求赔偿的诉讼请求不能支持。

**[引申思考]**

本案还涉及对摄影作品著作权的认定和保护问题。摄影作品凝聚了摄影作者的创作和劳动，体现了摄影作者独特的构思，通常情况下，自作品创作完成之日即当然受著作权法的保护。但同时，摄影作品系利用器械在感光材料上记录客观物体形象的艺术品，而非完全由作者加以想象的纯粹创作。本案中，涉案作品取材于天安门前的华表，背景为旭日东升时的天安门城楼一角。该摄影作品中最能体现作者独特构思的即为图片中各要素的组合、用光及各要素所占比例。在被控侵权图片中除华表外其余要素均未体现，而华表属于标志性建筑，不能体现作者的独特构思，对标志性建筑的简单复制无法体现作品的独创性，因而原告主张侵权的证据不足，依法不予支持。

**[相关法律法规]**

《著作权法》第17条

《著作权法实施条例》第6条

## 012.网站未经权利人许可，通过信息网络向公众提供权利人享有信息网络传播权的作品，构成侵权

**【典型案例】**

### 曹某诉某网站著作权侵权纠纷案

**［案号］**

（2013）哈知初字第204号

**［案情］**

原告曹某系《已婚女同事霸占我三年不让结婚》《百变娇妻痴迷扮靓让我近乎疯狂》《女人秒杀男人的五大技巧》等31篇作品的著作权人，并曾在新浪网上以“夏季紫罗兰”和“红粉佳人”的网名开通博客，通过微博发表《已婚女同事霸占我三年不让结婚》《百变娇妻痴迷扮靓让我近乎疯狂》等31部作品。某网站在未经曹某同意的情况下，擅自上传其在上述博客中发表的原创文章。故曹某向法院提起诉讼，认为该网站未经其本人同意，擅自上传涉案作品、转载过程没有标明作品作者的行为已侵犯了曹某的署名权、信息网络传播权、获得报酬权等著作权，请求法院判令该网站停止侵权、消除影响并承担赔偿责任。被告某网站认为，涉案作品内容低级，与社会主流价值观不符，损害社会公共利益，不应保护其著作权，且该网站与相关网络媒体签订了转载合作协议，包括转载涉案的31篇文章，应在合作协议框架内解决纠纷，法院对曹某的诉讼请求不应支持。

**［法院认为］**

一审法院认为：网络用户、网络服务提供者未经许可，通过信息网络提供权利人享有信息网络传播权的作品、表演、录音录像制品，除法律、行政法规另有规定外，人民法院应当认定其构成侵害信息网络传播权行为。被告某网站在二级和三级域名直接将曹某的涉案31篇文章置于信息网络中，其作为网站经营者，对将他人的作品置于网站依法负有注意义务。某网站称其转载的涉案文章主要来源于人民网、网易、凤凰网、腾讯网等相关网站，上述网站没有明确声明禁止转载，且该网站与国内的著作权管理保护机构有协议，转载网络文章每年需支付一定费用，但没有提供证据对该事实予以证明。被告某网站没有举证证明曹某涉案文章存在违反宪法、法律和损害公共利益的情形，且关于涉案文章违背社会公德，所传播的信息与社会主流价值取向不符的主张，证据不足，没有法律和事实根据，与其通过网站向公众提供涉案

作品的行为自相矛盾。该网站未经权利人许可，通过信息网络向公众提供曹某享有信息网络传播权的涉案作品，构成侵权。

**[ 裁判结果 ]**

一审法院判决：被告某网站承担停止侵权、消除影响和赔偿损失的民事责任。

**[ 裁判思路 ]**

本案具有典型性，为解决网络上侵害著作权纠纷案件提供参考。首先，网络媒体已成为当前重要的大众获取信息以及读书的形式，网络媒体上登载的文章、图片及视频数量很大，一方面为大众提供了方便快捷的服务，另一方面却存在大量侵犯知识产权、主要是著作权的现象。本案原告系网络写手，在博客领域小有名气，其文章被全国多家媒体擅自转载使用，其在各地诉讼，本案只是其中之一。网络媒体应该增强知识产权意识，规范自身登载文章等作品的程序，切实维护著作权人的合法权益。其次，虽然被告指称涉案文章违背社会公德，其所传播的信息与社会主流价值取向不符，但是没有举证证明涉案文章存在违反宪法、法律和损害公共利益的情形，其主张证据不足，没有法律和事实根据，与其通过网站向公众提供涉案作品的行为自相矛盾。网络媒体不能用自身的行为证明侵权有理。再次，作品的著作权自创作完成之日起即产生，作品是否经有关行政机关登记、审批，不影响权利人依法行使其民事权利。比如电影作品没有发行许可证，被网站登载供人浏览观看，亦可认定该网站对权利人构成侵权。

**[ 引申思考 ]**

谈到网络著作权，当前还有一个热点问题需要探讨，即微信公众号被控侵权的案件。微信是腾讯公司于 2011 年推出的一款快速发送文字和照片、支持多人语音对讲的手机聊天软件。微信公众号是开发者或商家在微信公众平台上申请的应用账号，通过公众号，商家可在微信平台上实现和特定群体的全方位沟通、互动。微信公众号分为订阅号和服务号，订阅号可由企业及个人申请，服务号则限于企业申请。自 2012 年 8 月上线以来，微信公众号已突破数百万个，其中不乏大量由企业运营的微信订阅号、服务号。微信公众号蕴藏无限商机，不少商家通过微信公众号进行产品服务的宣传推广，部分“大咖”更是利用自身的影响力收取推广费盈利。随着微信的炙手可热，大量公众号肆意抄袭转载的行为也越来越引起社会的关注。是不是只要在微信上发布了非原创的作品就构成侵权呢？这还要具体问题具体分析。

一、确定该行为侵权与否的前提是，先要确定公众账号上发布的作品是否属于著作权法保护的作品，在这个前提下才能讨论是否侵权的问题

《著作权法》的保护对象是作品，而作品的构成要件是具有独创性，并能以有形方式复制，该法第3条明确规定了包括文字作品在内的九类受保护的作品类型，因此虽然微信公众号转载的文章篇幅一般都比较短，但依然属于受著作权法保护的文字作品，擅自转载就可能构成侵权。如果微信公众号转载的文章属于《著作权法》第5条所列举的官方文件、时事新闻等，或者是内含色情、反动情节的，因该作品不属于著作权法保护的范畴，则不存在认定侵权的前提。此外，如被转载的作品本身就是剽窃他人的作品，不具有独创性，那么被转载的作品也不受著作权法的保护。需要特别指出，如果微信公众号对单纯的事实消息、报道进行了加工、整理、增加了自己的分析评论，这已不是单纯传播消息的时事新闻，而是独创性作品，随意转载可能引发著作权纠纷。

二、微信私人账号转发与微信公众号转载应区别对待

利益平衡是著作权法的基本精神。在网络环境下，尤其是移动互联网时代，信息的共享及快速传播和对创作激励的保护是著作权立法者、司法者需要同时兼顾的。因此，微信公众号的转载行为和普通个人用户的朋友圈转发行为应区别评判。

个人微信用户的朋友圈转发行为一般不以营利为目的，对著作权人一般也不会造成实质损害。在微信环境下，由于转发功能的普遍使用，用户在将作品发布到微信平台的时候，就理应预见到作品有被他人转发的可能；而且对于私人微信用户，由于作品仅仅在人数有限的私人朋友圈内转发，而私人朋友圈往往用于朋友之间的交流、欣赏，一般不属于向公众传播的行为，且个人在朋友圈内转发作品大多不具有盈利性质，不少作品的作者更乐见于这种传播，因此微信私人账号的转发行为只要符合著作权人的意愿（著作权人没有明确声明禁止转载），没有对著作权人的权益造成不当的损害，同时清楚署名作者及出处的，一般不宜认定侵犯著作权。

与微信私人账号不同，微信公众号是向微信用户发布信息的平台，只要微信用户关注了该微信公众号，随时随地可以通过信息网络获取该微信公众号上发布的信息。因此，微信公众号向微信用户发布信息的行为应该属于信息网络传播行为。微信公众号对著作权的侵权方式主要有两种：一是将他人的文字作品标以自己名字或匿名在网络上传播。该行为不仅侵害了权利人的署名权，同时对权利人的名誉权、荣誉权等人身权利造成了侵害。二是未经著作权人许可，在网络传播著作权人作品的行为。《信息网络传播权保护条例》第2条规定："权利人享有的信息网络传播权受著作权法和本条例保护。除法律、行政法规另有规定的外，任何组织或者个人将他人的作品、表

演、录音录像制品通过信息网络向公众提供，应当取得权利人许可，并支付报酬。”因微信公众号的转载不属于微信的通常功能，对此文章作者不能当然地预见，不能适用“默示许可”的原则。鉴于公众账号的营利目的及公众传播的性质，未经著作权人同意，在网络上私自传播著作权人的作品，已涉嫌侵犯了原作者的网络传播权。某些公众号的运营者打着学习或欣赏的旗号，以著作权法中的“合理使用”提出抗辩。但《著作权法实施条例》第21条对“合理使用”的标准作出明确规定：“依照著作权法有关规定，使用可以不经著作权人许可的已经发表的作品，不得影响该作品的正常使用，也不得不合理地损害著作权人的合法利益。”《信息网络传播权保护条例》第6条也明确规定了信息网络传播行为中合理使用的情形。对比上述合理使用的法定条件，微信公众号受众面大、传播范围广，传载文章很大可能对原文造成替代效应，微信公众号转载他人作品的行为不能落入法律明文列举的12种合理使用情形，也难以符合“三步检验法”的要求，因此微信公众号的转载行为不能构成合理使用。

值得注意的是，随着微信群人数的扩张，微信朋友圈的范围也不断扩大，也出现了基于某个专业领域设立的微信群，群内的“朋友”之间其实是临时认识的，大多从未谋面，此时私人账号的朋友圈上的转发与公共传播已经没有多少实质性差异。在这样的情况下，在私人圈内转发他人作品，是否仍可以主张免责，就值得商榷了。此外，如果微信公众号采用超文本链接的方式，并且链接的是原创作品著作权人的公众号，一般不认为侵权。

三、微信平台的管理者的责任问题

腾讯公司作为提供微信公众号服务的互联网企业，属于“为服务对象提供存储空间服务的网络服务提供者”。根据我国相关法律的规定，这种网络服务提供者在依法及时采取“通知删除”措施后一般不再承担侵权赔偿责任。但是微信和微信公众号为腾讯公司带来了巨大的社会效益和经济利益，腾讯公司作为微信公众号的服务平台提供者，面对公众号抄袭，应采取合理措施遏制抄袭，才能减少自身过错和责任。在微信中保护好知识产权，除了依靠微信用户的自律、权利人的维权意识的增强，微信平台也可以通过研发限制性技术手段、出台微信公众号的管理规则等措施来对转载行为进行规范，加强对侵权行为的打击；相关的管理部门也应尽快制定专门针对移动新媒体领域的版权保护条例，完善法律保护的外延。

**[ 相关法律法规 ]**

《信息网络传播权保护条例》第2条

《信息网络传播权适用法律规定》第3条

## 013.侵权人仅以被诉侵权作品系通过百度公司网站等搜索引擎查找、下载为由，抗辩其免除责任的，法院不予支持

### 【典型案例】

### A 公司诉 B 杂志社、C 协会侵害著作权纠纷案

［案号］

（2016）黑 01 民初 86 号，（2016）黑民终 449 号

［案情］

A 公司经授权，取得在大陆地区展示、销售和许可第三方使用展示于 www.imagemore.com.tw 等公司互联网网站上并享有著作权的所有图片，并可以自身名义提起维权诉讼的权利。A 公司通过签订《图片订购合同》向图片使用者收取费用，该公司曾先后与多家企业签订图片许可使用合同，收取的图片服务费为 5000~10 000 元不等。2015 年 7 月 7 日，某公证处出具《公证书》记载：sc.imagemore.com.tw 的网站网页载有编号为 10114063 的图片，图片名称：一位小姐在卧室放松按摩，拍摄日期：2006 年 3 月 15 日，网络发表日：2006 年 3 月 15 日。图片中心位置印有富尔特公司 Logo 及 IMAGEMORE 字样水印，图片底端印有 www.imagemore.com。图片下方显示如下著作权声明："A 公司经授权，有权办理该图片或影视素材的授权使用许可，如果您侵犯了该图片或影视素材的知识产权，A 公司有权依据著作权侵权惩罚性赔偿标准最高达 50 万元人民币的法定赔偿标准，要求您赔偿 A 公司的损失。A 公司保留未提及之所有权利，侵权必究。"此外，经法院查明，淘图网页面截图载有一幅图片，图片名称：做头部按摩的女人高清图片，编号：20110319103502，大小：3.2MB，尺寸：5288 × 5288 像素，更新：2011-03-19。百度图片搜索结果页面截图显示，包括淘图网网址在内的 6 家网站均载有一幅内容为"做头部按摩的女人"图片。上述图片内容与 A 公司要求保护的编号为 10114063 图片相比，除尺寸不一致外，其余特征均一致。

《家庭生活指南》杂志由 C 协会主管，B 杂志社出版。B 杂志社的机构类型为事业法人。2014 年第 5 期的《家庭生活指南》第 51 页右上方使用了一幅面积约 9 平方厘米的黑白图片。该图片与 A 公司要求保护的编号为 10114063 图片相比，除尺寸、色彩、清晰度存在差异外，人物、角度、构图等方面均一致。A 公司发现后遂提起诉讼，要求 B 杂志社立即停止侵权行为，删除侵权图片，并赔偿 A 公司经济损失 7000 元及维权费用 3000 元。

［法院认为］

一审法院认为：《著作权法》第 11 条第 4 款规定：“如无相反证明，在作品上署名的公民、法人或者其他组织为作者。”A 公司 sc.imagemore.com.tw 的网站载有编号为 10114063，标题为“一位小姐在卧室放松按摩”的涉案图片，涉案图片中心位置印有公司 Logo 及 IMAGEMORE 字样水印，底端印有 www.imagemore.com，同时还注明了网络发表日及著作权声明，声明其所享有的合法版权权利。A 公司在涉案图片中添加公司 Logo 及 IMAGEMORE 字样水印，以及发表的著作权声明，是著作权法意义上的署名行为，如无相反证据证明，A 公司即是涉案图片合法著作权人。虽然通过百度搜索，涉案图片在淘图网等多家网站中都存在，但这些网站搜索到的涉案图片没有任何著作权标识，不构成法律意义上的相反证据，不能否定 A 公司对涉案图片享有著作权。著作权自作品创作完成之日起产生，作品是否登记不影响作者或其他著作权人依法取得的著作权。B 杂志社关于 A 公司没有著作权登记证书，仅凭其在自己网站上展示的涉案图片及标注，即认为对涉案图片享有著作权没有任何依据的抗辩主张不成立。

根据《著作权法》第 47 条第（五）项和第（七）项的规定，剽窃他人作品及使用他人作品，应当支付报酬而未支付的，属于侵权行为，应当承担停止侵害、赔偿损失等民事责任。《著作权案件适用法律解释》第 20 条第 2 款的规定，出版者对其出版行为的授权、稿件来源和署名、所编辑出版物的内容未尽到合理注意义务的，应承担赔偿责任。B 杂志社承认所使用的涉案图片系其工作人员通过使用百度图片搜索，在淘图网下载取得，并辩称使用涉案作品时对著作权人不知情，因无法联系著作权人才未付稿酬。在淘图网已就涉案图片版权做出“所有的资源均为会员自行上传，淘图网不拥有此素材图片的版权，版权归原作者所有，请勿用于商业用途”的情况下，B 杂志社的承认及辩解，表明其明知出版者应当承担的义务，却擅自使用他人作品，没有尽到合理注意义务，且未支付报酬，构成侵权，应当承担停止侵害、赔偿损失的民事责任。鉴于侵权使用涉案图片的杂志发行时间及不特定的发行对象等因素，A 公司请求删除侵权图片的诉讼请求无法实现，一审法院不予支持。百度系网络搜索引擎服务提供商，提供互联网信息定位服务，即按照搜索指令将互联网中含有所被搜内容相关信息的网站呈现于自然搜索结果中。B 杂志社并未举证证明涉案图片系百度公司整理、上传，且百度是否侵犯涉案图片著作权不属于本案的审理范围。B 杂志社关于百度图片中对涉案作品未标注来源、出处及作者，该侵权人应为百度，而不应该为 B 杂志社的抗辩主张不成立。A 公司未举证证明 C 协会参与该杂志的编辑、出版、发行等工作，不能证明C协会实施了侵犯涉案图片著作权的行为。A公司要求C协会承担停止侵权、赔偿损失的请求，没有事实及法律依据，不予支持。一审法院判决B杂志社停止侵权行为，赔偿A公司1500元。判后，B杂志社不服，提起上诉。

二审法院认为：B杂志社未经许可使用A公司享有著作权的摄影作品，构成侵权，依法应承担停止侵害、赔偿损失等民事责任。百度公司系网络搜索引擎服务提供商，提供互联网信息定位服务，即按照搜索指令将互联网中含有被所搜内容相关信息的网站呈现于自然搜索结果中。B杂志社并未举证证明涉案图片系百度公司整理、上传，且百度公司是否侵犯涉案图片著作权不属于本案的审理范围。故B杂志社关于被诉侵权图片系通过百度公司网站下载，侵权人应为百度公司的抗辩主张不能成立，不予支持。

**［裁判结果］**

二审法院判决：综合考虑涉案作品类型和B杂志社实施侵权行为的主观过错、地域范围、使用涉案作品的方式、后果等情节，以及A公司为制止侵权行支付的律师费等必要合理开支，酌情确定B杂志社赔偿A公司经济损失1500元既符合法律规定，又符合本案实际。故驳回上诉，维持原判。

**［裁判思路］**

百度公司等搜索引擎依据关键词进行检索所提供的查找结果，并不能代表百度公司对该搜索结果所显示的作品享有著作权，在无进一步证据证明的情况下，不能得出百度公司参与共同侵权。当事人仅以被诉侵权作品系通过百度公司等搜索引擎查找、下载为由抗辩免除责任的，不予支持。

**［相关法律法规］**

《著作权法》第49条

《著作权案件适用法律解释》第25条

# 第三章　商标权纠纷裁判思路

# 导 读

认定商标侵权行为具体的步骤为：

第一步，要确定原告注册商标专用权的权利范围。依照《商标法》第 51 条的规定，注册商标专用权以核准注册的商标和核定使用的商品为限。因此，在确定原告的权利范围时，应当注意审查两个方面的内容：一方面是注册商标被核定使用的商品是什么。由于每一类别商品中具体还包含着不同的商品，因此，在确定核定使用的商品时，不仅要明确是第几类商品，还要具体说明被核准的是哪些商品，被特别排除了哪些商品。如果被核定使用的商品品种较多，在法律文书中也可以只列举与案件有关的商品内容。另一方面需要注意审查的内容是被核准的注册商标本身什么。如果是文字商标、字母商标，它的字体、字形是什么，是草书还是行书，是按照什么顺序排列的；如果是图形商标、数字商标、或者是文字、图形、字母等组合而成的商标，它们都是怎么构成的；注册商标的外观或者给人的视觉效果是怎样的，商标注册人赋予这个商标的内在含义是什么，涉及多音字的注册商标的读音是哪个，要求保护色彩的注册商标其核准的颜色是什么等等，都需要在审理案件中明确，在法律文书中加以描述。由于有些原告提供的商标注册证书复印件并不能全面客观地反映注册商标所指定的颜色、读音、含义等内容，为了确认这些内容，我们在审理案件中还要注意核对原告提供的商标注册证复印件与原件，要求双方当事人对各自使用的商标或者标识的相关内容作出合理解释。

第二步，要确定被诉侵权的对象是什么。这个环节是要求原告固定其诉讼请求及其提供的侵权证据，一是为下一步的对比判断做准备，同时也是为了确定案件的性质、法律关系和争议的焦点，避免原告针对被告的同一行为在一个案件中随意变更不同性质的诉讼请求，造成诉讼拖延。比如，《商标法》与《反不正当竞争法》相比较而言属于特别法，一个被诉行为依照《商标法》可能并不构成侵权，但却能构成反不正当竞争，依照《反不正当竞争法》应当承担侵权责任。有的时候，被告实施了多个相关行为，有的属于商标侵权性质，有的则属于不正当竞争行为。因此，必须要求原告明确，其主张的是被告的什么行为、在什么商品上使用了什么样的商标或标识、侵犯其什么权利。只有这样，才能进一步查清案件事实，对是否构成侵权作出判断。

第三步，是将原告主张的注册商标权利构成要素与被控侵权对象进行对比，依照法律规定的标准和原则进行判断。既要判断被控侵权的商标或者标识与注册商标是否相同或者近似，同时还要判断使用被控侵权商标的商品与注册商标核定使用的商品是否属于同一种或者类似商品。

最后，作出结论，认定被诉侵权行为是否侵犯了原告主张的注册商标专用权。

# 第一节 商标侵权行为及法律责任

## 001.对“停止使用企业名称”裁判需慎重决断，防止注册商标专用权人不当扩大其权利范围，形成市场垄断

**【典型案例】**

### 鹿港（上海）餐饮管理有限公司诉满某、哈尔滨市鹿港小镇美食有限公司侵害商标专用权、不正当竞争纠纷案

**［案号］**

（2011）哈知初字第108号，（2012）黑知终字第1号

**［案情］**

涉案“鹿港小镇”文字商标的注册有效期自2002年3月21日起，核定使用商品为第42类的提供食宿旅馆、咖啡馆、餐厅、饭店、自助餐馆、快餐馆、酒吧、流动饮食供应、茶馆、汽车旅馆。2008年，鹿港（上海）餐饮公司（以下简称鹿港上海公司）经授权独家使用该注册商标。2007年，满某投资成立哈尔滨鹿港小镇酒店，后于2011年注册成立哈尔滨鹿港小镇美食公司（以下简称哈鹿港公司）。该两家企业的牌匾、订餐卡、客人就餐消费单均载有“鹿港小镇”字样。2011年，鹿港上海公司以满某、哈鹿港公司未经其许可，开设鹿港小镇酒店，在酒店的宣传单、结账单等物品上使用“鹿港小镇”注册商标，侵犯其注册商标专用权；且满某与哈鹿港公司使用与“鹿港小镇”注册商标相同的文字作为企业字号构成不正当竞争为由，向法院提起诉讼。请求判决满某与哈鹿港公司停止侵犯商标专用权的行为和不正当竞争行为，赔偿经济损失50万元。

**［法院认为］**

一审法院认为：第1735930号“鹿港小镇”注册商标有效。鹿港上海公司受让取得的涉案注册商标专用权受法律保护。根据原注册人袁某出具的《委托书（权益转让书）》，鹿港上海公司有权对受让涉案鹿港小镇注册商标之前的侵犯涉案注册商标权的行为人行使权利。哈鹿港酒店与哈鹿港公司系先

后成立，哈鹿港酒店的经营者和哈鹿港公司的法定代表人均是满某，两者的经营场所相同，经营范围基本相同。满某作为法定代表人的哈鹿港公司系满某经营的哈鹿港酒店的延续，应共同承担责任。满某和哈鹿港公司对此未予否认，并共同答辩共同负责。故对满某和哈鹿港公司的责任一并阐述判定。

涉案“鹿港小镇”注册商标核定使用商品为提供餐厅、饭店等服务，满某的哈鹿港酒店和哈鹿港公司亦是提供餐厅、饭店服务，两者属同种商品。满某经营的哈鹿港酒店和哈鹿港公司在门面牌匾、订餐卡、客人就餐消费单上不规范简化使用企业名称，突出使用与鹿港上海公司注册商标相同的“鹿港小镇”文字，具有标示服务来源的作用，与鹿港上海公司的“鹿港小镇”注册商标相混淆，容易使相关公众产生误认，构成商标侵权。由于满某、哈鹿港公司因侵权所得利益和鹿港上海公司因被侵权所受损失均难以确定，考虑鹿港上海公司在哈尔滨市没有使用“鹿港小镇”商标进行经营，在满某和哈鹿港公司的经营区域内不存在利润损失，满某和哈鹿港公司并不是主要以侵权使用涉案注册商标获利，满某和哈鹿港公司已经更换了牌匾、招牌以及就餐流水单、订餐卡、候位卡、客人就餐消费单等经营用品，规范使用企业全称，停止突出使用企业字号，以实际行动停止并诚恳纠正了侵权行为，根据满某和哈鹿港公司侵权行为的性质、地域范围和所处商业区域、后果，鹿港上海公司涉案注册商标的声誉、为制止侵权行为所支付的包括对侵权行为进行调查取证的合理费用、符合有关规定的律师费用在内的必要合理开支等因素，酌定满某和哈鹿港公司的赔偿数额。鹿港上海公司举示的在满某和哈鹿港公司注册企业名称之后签订的《“鹿港小镇”特许商标授权合同》，与本案实际情况不同，不能适用于本案。鹿港上海公司请求赔偿的数额没有充分事实根据，不符合案件实际情况；所主张的律师费用明显不合理。鹿港上海公司请求赔偿的数额过高，对过高部分不予支持。满某和哈鹿港公司不当突出使用企业名称中的字号，侵犯了鹿港上海公司的注册商标专用权，鹿港上海公司请求满某和哈鹿港公司在当地报纸上公开消除影响，符合法律规定，应予支持。虽然鹿港上海公司的“鹿港小镇”商标注册在先，而满某的哈鹿港酒店和哈鹿港公司使用“鹿港小镇”文字注册企业名称在后，但并不能因此就可以简单地认为满某和哈鹿港公司构成不正当竞争侵权。在后企业名称对在先注册商标构成不正当竞争侵权，除了需要具备在后企业字号与在先注册商标相冲突，并足以引起相关公众对商标权利人与注册企业的混淆误认的客观要件外，还需要具备在后企业字号违反诚实信用原则，具有不当利用他人商誉的故意。服务商标不同于商品商标，由于服务企业经营地点相对固定，其服务商标一般会受到经营地域的局限。鹿港上海公司没有举证证明，在满某注册哈鹿港酒店之前，及至注册哈鹿港公司，“鹿港小镇”商标已具有一定的知名度及影响力，为普通消费者所熟知。即使按照鹿港上海公司提交的鹿港小镇餐厅统计表，在满某注册哈鹿港酒店之前，也只有上海市一家、北京市两家，显然不足以证明“鹿港小镇”商标已具有一定的知名度及影响力。鹿港上海公司在哈尔滨市乃至黑龙江省没有使用“鹿港小镇”商标进行经营，“鹿港小镇”商标在哈尔滨市并不为相关公众所熟知。哈尔滨市的相关就餐消费者并不了解鹿港上海公司的“鹿港小镇”商标及其经营的企业。满某和哈鹿港公司将《鹿港小镇》的歌曲名称作为企业字号注册哈鹿港酒店及其延续的哈鹿港公司，具有以“鹿港小镇”作为企业字号的正当理由。满某和哈鹿港公司的企业名称注册并不违法，其系由于不当突出使用企业名称中的字号侵犯了鹿港上海公司的注册商标专用权，判决满某和哈鹿港公司规范使用企业名称、停止突出使用行为已足以制止其侵权行为，故不宜判决其停止使用企业名称。一审法院据此判决：（1）满某、哈鹿港公司停止突出使用“鹿港小镇”侵犯鹿港上海公司注册商标专用权的行为，规范使用企业名称；（2）满某、哈鹿港公司赔偿鹿港上海公司人民币5万元；（3）满某、哈鹿港公司在《新晚报》上刊登消除影响的启事，如逾期不履行，鹿港上海公司可请求该院在《新晚报》上发表本判决的主要内容，费用由鹿港上海公司垫付，由满某、哈鹿港公司承担；（4）驳回鹿港上海公司的其他诉讼请求。判后，鹿港上海公司、满某不服，提起上诉。

二审法院认为：将与他人注册商标相同或者近似的文字作为企业字号在相同或者类似商品上突出使用，容易使相关公众产生误认的行为，属于侵害注册商标专用权的行为。本案满某、哈鹿港公司经营的餐饮服务与涉案注册商标核定使用的类别相同，虽然其经核准的企业名称中含有“鹿港小镇”文字，但因与权利在先的涉案注册商标文字相同，其在经营中不规范地简化、突出使用该字号的行为，客观上容易使相关公众误认为与“鹿港小镇”注册商标具有一定联系，因此构成侵犯注册商标专用权。然而，在判定将与他人注册商标相同或者近似的文字作为企业字号使用的行为是否构成不正当竞争时，除需审查认定被控侵权行为是否足以使相关公众产生混淆、误认外，依法还需对权利人主张的被侵权商品是否“知名”“知名”的地域范围，被控侵权人是否违背诚实信用原则，利用他人商品较高知名度或者商标信誉进行经营，是否具有“傍名牌”“搭便车”的故意进行审查。本案中，满某自2007年1月即开始使用“鹿港小镇”文字作为其企业名称，虽晚于“鹿港小镇”商标注册的时间，但鹿港上海公司提供的现有证据不能证明满某成立哈鹿港酒店之前，“鹿港小镇”注册商标在中国境内或者在黑龙江地域范围内已经具有一定的市场知名度，为相关公众所知悉。因此，不能认定满某在使用涉案企业字号之初具有攀附名牌的主观恶意，鹿港上海公司主张本案被控侵权行为属于不正当竞争，缺少事实与法律依据。鹿港上海公司至今尚未在哈尔滨乃至黑龙江省区域内使用或授权使用涉案注册商标，其提供的证据亦不能证明其商品或者商标在本地区具有较高的知名度，满某、哈鹿港公司在经营活动中规范使用其企业名称已足以区分其商品、服务来源，鹿港上海公司要求哈鹿港公司变更企业名称的上诉主张缺乏法律依据。

**[裁判结果]**

二审法院判决：满某、哈鹿港公司停止突出使用“鹿港小镇”注册商标专用权的行为，规范使用企业名称，满某、哈鹿港公司赔偿鹿港上海公司5万元，并在报纸上刊登消除影响的启事；驳回鹿港上海公司的其他诉讼请求。即驳回上诉，维持原判。

**[裁判思路]**

近几年来，注册商标权利人以其他企业之名称侵犯其注册商标专用权为由提起的侵权及不正当竞争诉讼日渐增多，且多以要求被控侵权人停止使用企业名称为主要诉讼请求。本案裁判要旨之一阐明了对“停止使用企业名称”裁判需慎重决断，防止注册商标专用权人不当扩大其权利范围，形成市场垄断。如果被诉侵权人没有违反诚实信用原则，不具有不当利用他人商誉的故意，规范使用企业名称即可达到制止侵权行为目的的，应当判决规范使用其企业名称。此外，本案判决还诠释了在计算侵权赔偿数额时，应当全面考虑涉案注册商标的知名度和影响力、侵权人的主观过错程度，以及侵权人因不当使用行为的获利在其经营利润构成中所占比例等诸多因素，依法准确确定赔偿数额。

**[相关法律法规]**

《反不正当竞争法》第6条

《不正当竞争司法解释》第1条、第4条

《商标、企业名称与在先权利冲突规定》第4条

## 【典型案例】

# 齐齐哈尔黑龙体育器材厂诉东莞黑龙体育用品有限公司侵犯商标权纠纷案

**[案号]**

(2010)齐民知初字第48号,(2011)黑知终字第8号

**[案情]**

黑龙江黑龙运动器材集团总公司(以下简称黑龙集团公司)自1996年起在国家商标局相继注册了中文“黑龙”、英文“Black Dragon”及英文缩写“BD”等文字、图形及图文组合商标,该公司生产的冰刀、轮滑等体育运动器材在国内外具有较高的知名度。达某在二十世纪90年代曾任黑龙集团公司欧洲分公司负责人,负责销售黑龙集团公司的“黑龙”牌产品。2007年,达某在香港设立黑龙实业有限公司,并在国外多个国家注册了“BD”“Black Dragon”商标。次年,达某任董事长的香港黑龙实业有限公司在东莞市独资设立东莞黑龙体育用品有限公司(以下简称东莞黑龙公司),生产和销售冰刀鞋、滑轮鞋等体育器材及零配件。齐齐哈尔黑龙体育器材厂(以下简称黑龙器材厂)发现东莞黑龙公司生产和销售与其商标权相同和相似的商品,遂诉至法院,请求判令东莞黑龙公司停止使用带有“黑龙”字样的企业名称;停止生产、销售带有与其注册商标相同或相近似标识的产品,并赔偿经济损失80万元。

**[法院认为]**

一审法院认为:1.关于黑龙器材厂是否享有“黑龙”系列商标的商标专用权,能否作为权利主体主张权利。涉案“黑龙”系列商标在国家商标局登记的权利人是黑龙集团公司,黑龙集团公司与黑龙器材厂签订的商标转让合同真实有效,黑龙集团公司同意黑龙器材厂使用该系列商标,其破产管理人也认可黑龙器材厂具有行使商标的合法权利。故黑龙器材厂有权通过诉讼方式维护商标权。

2.关于东莞黑龙公司的企业名称、网络域名是否构成侵权的问题。黑龙器材厂持有中文“黑龙”、英文“Black Dragon”及英文缩写“BD”等文字、图形及图文组合商标,上述“黑龙”系列商标,从上世纪90年代开始,在国内冰刀、轮滑类体育用品中已具有较高的知名度,东莞黑龙公司作为与黑龙器材厂经营同类商品的企业,应当知晓。且其投资方香港黑龙实业有限公司的董事长达健曾经是黑龙集团公司欧洲分公司的负责人,其更加了解“黑龙”

系列商标产品的市场知名度，故东莞黑龙公司的主观过错构成恶意。东莞黑龙公司在后选择使用黑龙器材厂早已为相关公众所知悉，具有一定市场知名度的商标的主要部分“黑龙”作为自己的企业字号，生产与黑龙器材厂相同及类似的产品，在销售范围上都集中在国内和欧盟国家及俄罗斯，极易导致相关公众误认。东莞黑龙公司应停止使用侵犯黑龙器材厂商标专用权的企业名称。由于东莞黑龙公司的网络域名为“b-dragongroup”，与黑龙器材厂持有使用的“黑龙”系列商标经过比对，并不相同，也不构成主要部分的近似，该域名不足以引起网络用户进行电子商务上的混淆，故对于黑龙器材厂要求东莞黑龙公司停止使用该网络域名的诉讼请求，不予支持。

3. 关于东莞黑龙公司和张殿军生产、销售带有与“黑龙”系列商标相同或相近似商品的行为，是否构成侵权的问题。东莞黑龙公司在部分商品中使用与黑龙器材厂持有的中文“黑龙”、英文“Black Dragon”及英文缩写“BD”等文字、图形及图文组合商标相近似的标识，构成侵犯商标专用权。东莞黑龙公司使用的“BD”和“Black Dragon”商标是否在国外注册，均不影响认定其生产行为构成侵权。东莞黑龙公司在其企业名称、标识、部分产品以及网站等宣传媒介上，使用与黑龙器材厂相近似的商标标识，极易使相关公众产生混淆，以致消费者误认商品的来源，或误认为黑龙器材厂与东莞黑龙公司存在某种关联，东莞黑龙公司的行为构成侵权。张殿军出售的是“佰德”牌的冰刀鞋，与黑龙器材厂的“黑龙”牌系列商标并不构成近似，不足以认定张殿军的销售行为构成侵权。

4. 关于侵权赔偿数额问题。由于黑龙器材厂主张的30万赔偿款，没有提交具体的损失证据及东莞黑龙公司的盈利证据，根据侵权行为的持续时间、情节、侵权产品的价格以及侵权行为的主观故意程度，酌定东莞黑龙公司的赔偿数额。

一审法院据此判决：（1）东莞黑龙公司停止使用带有“黑龙”字样的企业名称；（2）东莞黑龙公司停止生产、销售带有与中文“黑龙”、英文“Black Dragon”及英文缩写“BD”等文字、图形及图文组合商标相同或相近似标识的产品，并停止上述产品的广告宣传；（3）东莞黑龙公司赔偿黑龙器材厂经济损失20万元；（4）驳回黑龙器材厂的其他诉讼请求。

二审法院认为：将与他人注册商标相同或者近似的文字作为企业的字号在相同或者类似商品上突出使用，容易使相关公众产生误认的，属于给他人注册商标专用权造成其他损害的行为。“黑龙”注册商标已具有较高的知名度，东莞黑龙公司故意在企业名称中不正当使用，无论是否属于突出使用，均难以避免产生市场混淆，应认定其侵犯了涉案注册商标专用权。东莞黑龙公司自认其受欧洲黑龙公司的委托生产加工了标注“BD”商标的冰刀鞋，但是商标具有严格的地域性，一国或地区依照本国、本地区的商标法规所授予的商标权，仅在该国、该地区发生效力，对外没有必然约束力。

［**裁判结果**］

二审法院判决：驳回上诉，维持原判。

［**裁判思路**］

法律对将他人具有较高知名度的注册商标作为企业名称注册使用的侵权行为，规定了两种责任承担方式：一是规范使用企业名称；二是停止使用企业名称。本案裁判理由之一主要说明了除具备在后企业字号与在先注册商标相冲突，并足以引起相关公众对商标权利人与注册企业的混淆误认的客观要件外，还需要具备在后企业字号违反诚实信用原则，具有故意不当利用他人商誉的情形，才可判决侵权人停止使用企业名称。此外，对于贴牌加工是否构成侵权，目前我国理论界认识不一。本案诠释了对贴牌加工者责任认定的法律依据，即商标具有严格的地域性，一国或地区依照本国、本地区的商标法规所授予的商标权，仅在该国、该地区发生效力，对外没有必然约束力。因此，受托方进行贴牌加工，除需对委托人取得的商标是否合法予以审查外，还要对在国内受托加工标识国外商标产品的行为是否合法进行必要的考量。

［**相关法律法规**］

《商标案件适用法律解释》第1条

## 002.将与他人注册商标相同或者相近似的文字作为企业字号使用构成商标侵权或者不正当竞争的认定

### 【典型案例】

### 长沙金牛角王中西餐厅有限责任公司诉章某侵害注册商标专用权及不正当竞争纠纷案①

［**案号**］

（2013）永中法民三初字第22号，（2014）湘高法民三终字第71号

---

① 载盘古知识产权网，http://www.ip1840.com/case/trademark/t_violation/26411.html，最后访问时间：2017年7月12日。

［案情］

长沙金牛角王中西餐厅有限责任公司（以下简称金牛角王中西餐厅）于2006年1月14日将“金牛角王中西”注册为商标，取得第3656142号注册商标证，其核定服务项目为第43类，即住所（旅馆、供膳寄宿处）、咖啡馆、自助餐厅、饭店、酒吧、饭馆、日间托儿所、柜台出租（截止）。章某于2006年12月11日在永州市工商行政管理局冷水滩分局注册成立字号为“永州市冷水滩区金牛角中西餐厅”的个体工商户，其经营范围主要为餐饮服务。据此金牛角王中西餐厅认为，章某使用其注册在先的商标作为其企业名称并在门招上直接使用“金牛角”，已构成突出使用，侵犯了其注册商标专用权。一审法院认为：商标权与企业名称权同为合法权利，企业名称与商标中的文字相同或者近似，使他人对市场主体及其商品或者服务的来源产生混淆（包括混淆的可能性，下同），构成不正当竞争的，应当依法予以制止。在判断是否使消费者产生混淆时，应综合考虑行业、地域、消费群体、商标与字号相同或近似的程度、先权利的驰名或知名程度、双方所经营的商品或服务的类似程度及消费者购买时的注意程度、是否有利用或损害他人商誉的行为、是否已经造成了实际混淆等因素。原告于2006年1月14日取得第3656142号注册商标证，被告于2006年12月11日取得“永州市冷水滩区金牛角中西餐厅”这一企业名称。从时间上讲，原告取得第3656142号注册商标证的时间是在被告取得企业名称之前，金牛角王中西餐厅对该注册商标的专用权优先于被告的企业名称权；从内容上讲，章某企业名称中的字号与该商标中的文字具有相似性，章某的字号“金牛角中西”与金牛角王中西餐厅的注册商标“金牛角王中西”仅一字之差；从使用范围上讲，双方从事的都是餐饮服务，金牛角王中西餐厅取得的第3656142号注册商标与章某的企业名称都主要在餐饮服务行业中使用；从驰名度来讲，章某是长沙市餐饮十强企业，因长沙是湖南省的省会，故章某在全省范围内都具有一定的影响力，而“金牛角王中西”也被评为湖南省著名商标，在整个湖南省具有一定的知名度；从使用方式上，章某在其门招上使用“金牛角中西餐厅”，已构成突出使用。从以上几个方面综合分析，可以得知，章某的企业名称容易造成消费者将其提供的产品与服务误认为是金牛角王中西餐厅提供的产品与服务，从而产生混淆，章某使用“金牛角中西餐厅”的行为侵犯了金牛角王中西餐厅对“金牛角王中西”这一注册商标的专用权。判决：（1）章某立即停止使用“金牛角中西餐厅”字号；（2）章某赔偿金牛角王中西餐厅2万元；（3）章某赔偿金牛角王中西餐厅为制止章某的侵权行为所支付的合理开支5000元；（4）驳回金牛角王中西餐厅的其他诉讼请求。判后，金牛角王中西餐厅不服，提起上诉。

[法院认为]

二审法院认为：根据法律规定，突出使用行为构成商标侵权的情况下，应判令停止突出使用或规范使用字号，而非停止字号的使用。只有在认定将他人注册商标作为企业字号使用构成不正当竞争的情况下，才可判令停止使用企业字号。因此，一审法院在认定章某突出使用“金牛角中西”构成商标侵权的情况下判令章某停止使用该企业字号系适用法律错误，二审法院依法予以纠正，并对章某的行为重新认定。

1. 关于章某在店招上突出使用“金牛角中西餐厅”的行为是否构成商标侵权。本案中，金牛角王中西餐厅系“金牛角王中西”注册商标的商标注册人，其对该枚商标享有的专用权依法应受法律保护。章某在上述商标授权之后在其店招上突出使用“金牛角中西餐厅”字样，系商标意义上的使用。对于该突出使用行为是否构成对金牛角王中西餐厅注册商标专用权的侵害，要看是否具备三个条件：一是该突出使用的“金牛角中西餐厅”所指示的服务与“金牛角王中西”注册商标所核准的服务是否相同或类似；二是“金牛角中西餐厅”与“金牛角王中西”是否构成近似；三是是否容易导致相关公众的混淆和误认。二审法院认为，首先，根据本案查明的事实，章某经营的“金牛角中西餐厅”提供的是餐饮服务，与“金牛角王中西”注册商标核准使用的范围“饭店”系同一类服务。其次，章某在其店招中突出使用的“金牛角中西餐厅”与“金牛角王中西”商标构成近似。根据《商标案件适用法律解释》第10条的规定，认定商标相同或者近似，即要进行商标的整体比对，又要进行对商标的主要部分的比对，比对应当在比对对象隔离的状态下分别进行。从“金牛角王中西”商标构成来看，该商标中的“中西”更多的意义在于表现服务的特点，不具有太大的显著性和识别力；而按照中国人的文字使用习惯，“王”字往往用来体现商品或服务的品质和档次，按照人们的呼叫习惯，容易将“王”字忽略，因此，“金牛角王中西”商标中最具显著性的是“金牛角”，该三个字更容易让消费者识别服务的来源，因而具有更强的识别力。另，结合金牛角王中西餐厅2003年在饭店管理上申请注册的“金牛角王JONO”文字加图形商标，可以看出上诉人将“金牛角”作为识别服务来源的意图。同样，从章某在其店招上突出使用的“金牛角中西餐厅”标识来看，“餐厅”作为经营内容，不具有服务来源的识别功能，“中西”一般指提供服务的特点，仅“金牛角”能起到识别服务来源的效果。从整体比对来看，“金牛角王中西”系一枚完整的商标，该枚商标的使用往往与“餐厅”二字同时出现，章某使用的“金牛角中西餐厅”与金牛角王中西餐厅商标的使用习惯相比，仅少了一个“王”字，以相关公众的一般注意力为标准，除去餐厅这一指示经营类型没有来源识别力的字样外，“金牛角中西”和“金牛角王中西”在外形、所用文字的发音、基本含义上均存在较高的相似度，易使消费者对服务的来源产生误认或者认为章某与金牛角王中西餐厅有特定的联系。因此，无论从主要部分的比对还是整体比对，“金牛角中西餐厅”与“金牛角王中西”构成近似。再次，金牛角王中西餐厅于2001年在长沙市注册登记，“金牛角王中西”商标于2006年获准注册，该商标经过金牛角王中西餐厅的长期使用，被评为湖南省著名商标，在湖南省范围内具有了较高的知名度。虽然两个餐厅不在同一城市内，但均在湖南省内，且金牛角王中西餐厅在省会城市经营，还在全省有多家分店，结合“金牛角王中西”在省内获得了较高知名度的事实，章某在其店招中突出使用“金牛角中西餐厅”容易导致相关公众对服务来源产生混淆。根据《商标法》(2001年修订）第52条、《商标案件适用法律解释》第1条第（1）项的规定，章某在其店招上突出使用“金牛角中西餐厅”字样的行为构成对金牛角王中西餐厅注册商标专用权的侵害。

2. 关于章某将“金牛角中西”注册为企业字号的行为是否构成不正当竞争。企业字号与商标一样，也是区别不同市场主体的商业标识，任何人登记注册企业名称，均应遵守诚实信用和尊重在先权利的公平竞争规则，不得以合法的形式掩盖不正当竞争的目的。如果不正当地将他人在先注册商标作为字号注册登记为企业名称，即使规范使用仍足以产生市场混淆的，可以按照不正当竞争处理，判决变更企业名称。本案中，判断章某将“金牛角中西”注册为企业字号是否构成不正当竞争，关键要看是否具备如下条件：一是章某将“金牛角中西”注册为企业名称是否存在主观恶意，即是否有攀附“金牛角王中西”商标商誉的目的；二是是否足以造成市场混淆。首先，金牛角王中西餐厅的“金牛角王中西”商标注册在先，金牛角王中西餐厅则更于2001年6月开始在湖南省会长沙市经营，章某作为与金牛角王中西餐厅一样的大中型中西餐厅的同行开办者，理应知道省会长沙金牛角王中西餐厅，却仍将其注册商标中最具显著性的部分作为企业名称中的字号，使用在相同服务上。而且，章某在突出使用其企业字号时，亦采用了与金牛角王中西餐厅一样的蓝底白字店招，具有明显的攀附故意。同时，章某并不能合理解释其选择“金牛角中西”作为其企业字号的意图。由此可以认定，章某在注册其企业字号时具有攀附金牛角王中西餐厅商标商誉的故意。其次，章某注册“金牛角中西”企业字号易导致市场混淆。如前所述，金牛角王中西餐厅于2001年即开始使用“金牛角王中西”的企业字号，直至2003年8月1日申请注册商标专用权，2006年获得授权。“金牛角王中西”不管是作为企业字号，还是作为商标，均系金牛角王中西餐厅提供餐饮服务的标识，起到指示来源的作用，经过金牛角王中西餐厅长期持续的使用，本身就代表了金牛角王中西餐厅相对确定的菜品，服务类型、质量及等次，企业经营理念和企业文化等，且共同承载了由上述经营要素积累的、代表了服务质量和品质的商誉。这种商誉作为一种财产权，即可由企业名称体现，也可由商标体现，或由二者共同体现或相互承继，集中体现金牛角王中西餐厅“金牛角王中西”的品牌价值。本案中，在金牛角王中西餐厅已注册并长期持续使用“金牛角王中西”企业字号并有一定影响，后又注册使用“金牛角王中西”商标，企业字号的商誉由注册商标承载的情况下，章某仍将与“金牛角王中西”相近似的“金牛角中西”注册为企业字号并使用，并故意使用与金牛角王中西餐厅一样的店招形式，容易使相关公众误认为金牛角王中西餐厅与章某经营的餐厅之间有一定的联系；若“金牛角中西餐厅”提供的服务与“金牛角王中西餐厅”提供的服务在质量和档次上有较大差别的情况下，也容易导致上诉人商誉价值的减损。因此，章某将与“金牛角王中西”相近似的“金牛角中西”登记注册为企业字号，违反了作为市场经营者所应遵循的诚实信用原则，损害了金牛角王中西餐厅的合法权益，其行为构成不正当竞争。

**[裁判结果]**

二审法院判决：（1）维持一审判决第三项；（2）撤销一审判决第一项、第二项和第四项；（3）章某立即停止突出使用“金牛角中西”字号的行为；（4）章某变更包含“金牛角中西”字号的企业名称；（5）章某赔偿金牛角王中西餐厅12万元；（6）驳回金牛角王中西餐厅的其他诉讼请求。

**[裁判思路]**

将与他人注册商标相同或者相近似的文字作为企业的字号使用包括突出使用和规范性使用两种情形。突出使用构成侵犯注册商标专用权应具备三个条件：一是该突出使用所指示的商品或服务与注册商标所核准的商品或服务相同或类似；二是企业字号与注册商标构成近似；三是容易导致相关公众的混淆和误认。在突出使用行为构成商标侵权的情况下，应判令停止突出使用或规范使用字号，而非停止字号的使用。只有在认定将他人注册商标作为企业字号使用构成不正当竞争的情况下，才可判令停止使用企业字号。根据《反不正当竞争法》第6条的规定，规范性使用构成不正当竞争应具备两个条件：一是被控侵权人存在主观恶意，即有攀附商标荣誉的目的；二是足以造成市场混淆。

**[相关法律法规]**

《商标案件适用法律解释》第1条第（一）项

《商标、企业名称与在先权利冲突规定》第3条、第4条

## 003.判定不规范使用单位名称与侵害商标权和不正当竞争之间的边界，应考虑多重因素

### 【典型案例】

杨某等诉恒大足球学校等侵害商标权及不正当竞争纠纷案[①]

［案号］

（2013）清中法民三初字第3号，（2013）粤高法民三终字第630号

［案情］

杨某为“皇馬”注册商标权利人，核定服务项目为第41类“讲课；组织竞赛（教育或娱乐）；组织文化或教育展览；组织体育比赛；组织表演（演出）”，有效期限自2009年12月28日至2019年12月27日止。新范公司为文艺交流、教育咨询单位。2012年8月26日，杨某将“皇馬”商标以普通使用许可的方式许可北京新范文化有限公司使用。2012年12月23日，北京新范文化有限公司与案外人签订《“皇马”杯乒乓球大赛冠名赞助合同》，约定“皇馬”商标为本项赛事的唯一标志，并于25日在比赛的条幅及选手的服装上使用了该注册商标。

恒大足球学校是恒大地产开办的民办非企业单位，于2011年11月设立后，即在《人民日报》《中国青年报》等媒体以“恒大皇马足球学校”的名义发布招生广告，宣传其办学优势包括“皇马教练全权负责足球训练”，并在学校和公司的网站对“恒大皇马足球学校”进行宣传报道。2012年11月29日，杨某向恒大足球学校、恒大地产发律师函，称其为涉案商标权利人，恒大足球学校、恒大地产在近似服务上将与该商标近似的标志作为服务名称使用，构成商标侵权，要求联系以解决。未果，遂向法院提起诉讼，请求判令：恒大足球学校、恒大地产立即停止商标侵权及不正当竞争，赔偿15万元损失，在指定媒体和网站刊登说明、消除影响。

起诉后，2013年3月19日，西班牙皇家马德里足球俱乐部基金会主任出具声明：皇家马德里基金会在2012年与恒大足球学校签署了有效期为8年的合作协议，目的为在中国广东省建立和促进一所足球学校，在皇家马德里基金会的重视和教育经验及教育方式的基础下培养足球运动员。同日，皇家马

① 载北大法意网，http://www.lawyee.org/Case/Case_Display.asp?RID=7172320，最后访问时间：2017年7月21日。

德里足球俱乐部主席内阁主任也出具声明称皇家马德里基金会自成立以来可以使用皇家马德里足球俱乐部的名称与队徽、皇家马德里商标等。声明均经由中国驻西班牙大使馆办理了认证手续。一审法院认为：涉案商标几乎没有实际投入使用，未建立作为商标应有的商标信誉及具有较强的识别功能和显著特征。虽恒大足球学校将与涉案注册的商标中文近似的“皇马”二字使用于名称，且两者服务类型类似，但恒大足球学校使用的名称中除突出使用了“皇马”还突出使用了“恒大”，恒大地产为全国知名企业，“皇马”在中国是为相关公众所周知的“西班牙皇家马德里足球俱乐部”的简称，该使用行为不会造成相关公众的误认或混淆，不构成商标侵权。消费者不属于《反不正当竞争法》规定的经营者范畴，杨某主张的虚假宣传可能导致消费者产生的误认，不是对当事人双方之间关系的误认，未造成其权益受损，不构成不正当竞争。判决：驳回杨某等诉讼请求。判后，杨某等不服，提起上诉。

［**法院认为**］

二审法院认为：恒大足球学校并未将“皇马”二字作为商标使用，而是作为学校名称的组成部分使用，且恒大足球学校亦未将“皇马”二字突出使用，即未将“皇马”二字进行商标化使用。因此，恒大足球学校对“恒大皇马足球学校”的使用，不是商标意义上的使用，不会构成对“皇马”享有注册商标专用权者的侵害。同时，二审法院认为，根据民政部《民办非企业单位名称管理暂行规定》第10条的规定，民办非企业单位只准使用一个名称。恒大足球学校在开展业务活动时，应规范使用单位名称，即只能使用核准的名称“恒大足球学校”，不应使用核准之外的名称。“恒大皇马足球学校”并非其核准的名称，虽然恒大足球学校在宣传中使用“恒大皇马足球学校”具有合理性，未侵害杨某等人的民事权利，但仍应按照相关规定规范使用其名称。

［**裁判结果**］

二审法院判决：驳回上诉，维持原判。

［**裁判思路**］

本案的审理思路为：

一、是否商标性使用是判定是否构成商标侵权的前提

商标是区别不同商品或者服务来源的标志，由文字、图形或者其组合等要素构成：企业名称是区别不同市场主体的标志，由行政区划、字号、行业或者经营特点、组织形式构成，其中字号是区别不同企业的主要标志。商标专用权和企业名称权均是经法定程序确认的权利，分别受商标法律、法规和企业名称登记管理法律、法规保护。在商品或者服务上突出使用企业名称中

的字号，实际赋予了字号特殊的标识意义，将字号从企业名称的整体中剥离出来进行强化，作商标化使用，与商标的使用具有异曲同工之妙，故我国法律亦将其视为商标性使用。无论是商标的使用，还是将字号突出使用，构成侵犯注册商标专用权的基本行为必须是在商业标识意义上的使用，必须是将该标识作为区分商品来源的标志使用。倘若所使用的与他人注册商标相同或者近似的文字、图形等标识不具有区分商品来源的作用，这种使用就不是商标意义上的使用，不构成对于他人注册商标专用权的侵害，本案恒大足球学校并未将"皇马"二字作为商标使用，而是作为学校名称的组成部分使用，且恒大足球学校亦未将名称中的任何文字包括"皇马"二字予以突出使用，恒大足球学校的被诉侵权行为实为将单位名称不规范使用为"恒大皇马足球学校"的行为，不属将"皇马"作商标性使用行为，不具备商标侵权的前提。

二、对于近似商标侵权判定应坚持混淆标准

商标的基本功能在于区分和标识功能。根据《商标法》第57条的规定，在同一种商品上使用与其注册商标近似的商标，或者在类似商品上使用与其注册商标相同或者近似的商标，容易导致混淆的，属于侵害商标权的行为。在相同商品上使用近似商标、在类似商品上使用相同商标或者在类似商品上使用近似商标，商品类似与商标近似均须考虑混淆因素，且缺一不可。"恒大皇马足球学校"与涉案注册商标既不是相同也不是相近似"商标"。两者仅在其局部的组成部分中存在"皇马"二字的交集，且涉案注册商标基本未使用，其中的"皇馬"固有显著性不强。在足球领域，"皇马"即"皇家马德里"或者"皇家马德里足球俱乐部"的简称堪称众所周知。在"恒大皇马足球学校"名称中，"恒大皇马"均为"足球学校"的修饰语，表明该字号使用于足球教育行业，足球教育采用的是"学校"的组织形式。即便恒大足球学校使用"恒大皇马足球学校"进行宣传，相关公众仍可清晰区分，不会将"恒大皇马足球学校"与涉案注册使用人相混淆，或认为二者存在关联关系。

三、对于不正当竞争应坚持损害竞争者标准

《最高人民法院关于当前经济形势下知识产权审判服务大局若干问题的意见》规定，企业名称未突出使用但其使用足以产生市场混淆、违反公平竞争的，依法按照不正当竞争处理。构成引人误解的虚假宣传，可以是宣传对象的可责性，即虚假的事实，也可以是宣传方式的可责性，即语言带有歧义性，但无论是宣传内容还是宣传方式具有可责性，均应以足以造成相关公众误解为归依。民办教育有严格的市场准入要求和审批程序。恒大足球学校使用"恒大皇马足球学校"名称用于广告宣传，目的在于直观推介自己的业务特色，是建立在其由恒大地产创办且与皇家马德里足球俱乐部基金会进行教学合作的基础上，是对恒大足球学校办学主体和办学优势的客观表述，具有合理性。

四、违规不等于侵权

根据民政部《民办非企业单位名称管理暂行规定》第10条的规定，民办非企业单位只准使用一个名称。恒大足球学校在开展业务活动中将其核准名称不规范使用为“恒大皇马足球学校”，存在违规行为。但是，该违规行为并未损害原告的商标权。违规与侵权显属不同的概念范畴。违规是行政相对人违反行政法律规范的行为，是对行政管理秩序的违反，承担的是行政责任，由行政法律调整；侵权是不法侵害自然人、法人或者其他组织的人身权和财产权的行为，须以具体民事主体的具体民事权利受到侵害为前提，侵权责任是对侵害平等主体民事权利的救济，由民事法律调整。违规可能侵权也可能不侵权。违规不等于侵权。民事诉讼原告不能仅以被告存在违规、违法行为来代替对民事侵权行为的证明责任。只有该行为同时构成民事侵权的情况下，才涉及民事责任的承担问题。

**[相关法律法规]**

《商标法》第52条

《商标案件适用法律解释》第1条

《商标法实施条例》第3条

《反不正当竞争法》第2条、第8条、第17条

《不正当竞争司法解释》第8条

## 004.网络店铺在销售正牌商品时构成商标侵权的认定

**【典型案例】**

### A公司诉B公司侵害商标权及不正当竞争纠纷案①

**[案号]**

（2013）丰民初字第4391号，（2014）二中民终字第00291号

---

① 载北大法意网，http://www.lawyee.org/Case/Case_Data.asp?RID=3555222，最后访问时间：2017年7月21日。

**[案情]**

A公司系天狮集团的子公司，经授权使用天狮集团的“天狮”字号及多个注册商标。B公司在其经营的“韩雪贝儿食品专营店”天猫网店销售天狮集团的正牌保健品以及其他品牌的保健品。但是B公司在网店宣传中多次使用A公司的注册商标，展示加盖了B公司公章的属于天狮集团的产品检测报告，并且将标注“天狮产品授权经销店”的照片作为实体店照片进行展示。同时，B公司还作出“天狮集团淘宝唯一授权专卖店”“天狮保健品直销大品牌”“100%天狮产品保证”等宣传，并且承诺帮助消费者在天狮集团进行注册。A公司认为B公司的上述行为未经天狮公司的许可，侵害了其注册商标专用权，并构成不正当竞争，请求停止侵权、赔偿损失等。B公司答辩称其销售的是正品，其对天狮公司的注册商标及字号的使用系合理使用。一审法院认为：A公司经天狮集团有限公司及天津天狮生物发展有限公司的合法授权，享有第1619008、3254627、3254653、4589662、5970762号注册商标的商标权， 本案中，B公司未经商标权利人的许可，擅自在天猫商城其经营的“韩雪贝儿食品专营店”网站中栏目栏下方、“健康品牌”和“品牌分类”栏目中、宣传图片中使用“天狮”“TIENS”等标识，且其网站同时亦销售非天狮品牌的产品，并标有其他品牌的商标标识。因此，B公司使用上述标识的行为，在B公司的网站中除了标识其所出售产品的作用之外，亦具有了提高B公司所经营的天猫商城“韩雪贝儿食品专营店”公众认知程度及品牌推广的广告宣传作用。故B公司上述使用“天狮”“TIENS”标识的行为可以认定为一种广告行为，属于第3254627、3254653、4589662、5970762号所核定使用的服务类别。B公司未经商标权利人的许可，擅自在其网站中使用“天狮”“TIENS”标识的行为，侵犯了上述商标的商标权。第1619008号注册商标在其核定使用的第30类非医用营业液；非医用营业粉；非医用营养胶囊商品上被认定为驰名商标，且该商标与第3254653号注册商标标识相同，相关公众易对上述两个商标形成相同的整体认知。因此，B公司在其网站中使用“TIENS”标识的行为，亦侵犯了第1619008号注册商标的商标权。判决：（1）B公司立即停止涉案侵权行为；（2）B公司赔偿A公司经济损失及合理费用共计10万元；（3）驳回A公司的其他诉讼请求。判后，B公司不服，提起上诉。

**[法院认为]**

二审法院认为：B公司在天猫商城经营的网店名称为“韩雪贝儿食品专营店”的网站中的栏目栏下方、“健康品牌”和“品牌分类”栏目中、天狮品牌产品的宣传图片中使用“天狮”“TIENS”等标识，用于向消费者推介其网站有天狮集团有限公司旗下的天狮品牌产品出售，实际起到推广天狮品牌产品的作用，应为广告服务。被诉侵权标识使用的服务类别与3254627、3254653、5970762号注册商标所核定使用的服务类别均构成相同。同时，鉴于B公司使用“TIENS”标识推销宣传的是天狮品牌产品，易使消费者认为该产品推销广告行为与天狮品牌产品之间存在特定联系。因此，使用“TIENS”标识推销天狮品牌产品的广告行为与第1619008号注册商标的商品类别构成类似商品和服务。综上，B公司未经商标权利人的许可，擅自在相同或类似服务类别上使用与涉案商标相同的标识的行为，侵害了A公司享有的涉案注册商标专用权。

叙述性使用系对商品或服务的质量、原料、功能、用途、重量、数量等特点进行直接描述，B公司使用的“天狮”“TIENS”等标识并非系对其许诺销售、销售的天狮品牌产品的质量、原料、功能、用途、重量、数量等特点的描述，“天狮”“TIENS”等标识亦非公有领域的标识，B公司对上述标识的使用不构成叙述性使用。同时，B公司使用“天狮”“TIENS”等标识亦不构成其他合理使用，因为B公司使用上述标识已经超出指示商品和服务真实信息的用途，使消费者误认为B公司获得了销售天狮品牌产品的合法授权或者与天狮集团有限公司及其旗下子公司包括A公司存在关联关系。因此，B公司使用“天狮”“TIENS”等标识亦不构成其他合理使用的情形。

[**裁判结果**]

二审法院判决：驳回上诉，维持原判。

[**裁判思路**]

在网络店铺中不恰当使用他人注册商标销售商品以及实施具有误导性的行为，即使销售的是正品，如果未经注册商标权利人的许可，而且不构成合理使用，并最终造成相关公众的混淆，仍可认定为侵犯了注册商标专用权，并且构成不正当竞争。

[**相关法律法规**]

《商标法》第57条

## 005.使用与他人注册商标字样相近似的商业标识，且足以造成相关公众混淆误认的，构成商标侵权及不正当竞争

### 【典型案例】

### 甘肃大禹节水集团股份有限公司诉黑龙江省大禹泰和节水灌溉科技有限公司侵害商标权、不正当竞争纠纷案

［案号］

（2013）哈知初字第142号，（2014）黑知终字第16号

［案情］

甘肃大禹节水集团股份有限公司（以下简称甘肃大禹公司）成立日期为2005年1月，主营节水灌溉设备，在全国范围内具有一定的市场知名度，拥有包括驰名商标在内的多个大禹及图商标。黑龙江省大禹泰和节水灌溉科技有限公司（以下简称黑龙江大禹公司）成立于2012年4月，与甘肃大禹公司经营领域及经销的商品均相同或类似，在经营中将“大禹”及含有“大禹”字样的商业标识在网页、宣传册及手提袋上使用。甘肃大禹公司认为黑龙江大禹公司的行为侵犯了甘肃大禹公司的注册商标专用权，同时构成不正当竞争，给甘肃大禹公司造成了经济损失。请求判令黑龙江大禹公司停止侵权、变更含有“大禹”字样的企业名称、刊登声明及赔偿经济损失20万元。

［法院认为］

一审法院认为：黑龙江大禹公司的行为属于侵犯甘肃大禹公司涉案注册商标专用权的行为，构成商标侵权。甘肃大禹公司企业名称中的字号“大禹”，具有一定的市场知名度、为相关公众所知悉。黑龙江大禹公司与甘肃大禹公司的经营领域及商品相同或类似，其擅自使用与大禹公司企业名称相同的“大禹”字号，并用于商业活动，引人误认为是甘肃大禹公司的商品，造成混淆，根据《反不正当竞争法》第5条第（三）项[①]的规定，黑龙江大禹公司的行为属于不正当竞争行为，构成不正当竞争侵权。因黑龙江大禹公司以甘肃大禹公司的涉案注册商标和企业字号“大禹”为其企业字号，不停止黑龙江大禹公司使用“大禹”字号就不足以防止市场混淆误认，故黑龙江大禹公司应当承担停止使用带有“大禹”字样企业名称的民事责任。甘肃大禹公司请求黑龙江大禹公司变更企业名称，不得在企业名称中使用“大禹”字样

① 此条新《反不正当竞争法》修订为第6条。

合法有据，应予支持。判决：（1）黑龙江大禹公司停止侵犯甘肃大禹公司涉案注册商标专用权和企业名称权的行为，停止使用带有“大禹”字样的企业名称；（2）黑龙江大禹公司赔偿甘肃大禹公司5万元；（3）黑龙江大禹公司在《中国消费者报》上刊登消除影响的启事；（4）驳回甘肃大禹公司的其他诉讼请求。判后，黑龙江大禹公司不服，提起上诉。

二审法院认为：“大禹”字样既是甘肃大禹公司的注册商标，也是甘肃大禹公司企业名称的主要部分。黑龙江大禹公司在企业名称中使用“大禹”字样，并使用含有“大禹”字样的商业标识进行宣传，足以使相关公众造成混淆误认，构成商标侵权及不正当竞争。

**［裁判结果］**

二审法院判决：驳回上诉，维持原判。

**［裁判思路］**

本案与通常的商标侵权案件不同之处在于，黑龙江大禹公司销售的并非假冒产品，其经营范围仅限于销售其他品牌的节水灌溉设备，其在进行产品宣传时亦使用了产品各自的商标和企业名称。但黑龙江大禹公司在企业名称中使用“大禹”字样并在经营中将“大禹”及商业标识在网页、宣传册及手提袋上使用，目的是为其企业的推广、宣传及区别于其他企业，其使用“大禹”及商业标识的行为属于商标法意义上的给他人注册商标专用权造成损害的行为。本案的另一典型意义在于，黑龙江大禹公司使用的商业标识与甘肃大禹公司的注册商标的外观整体对比，在图形设计上虽然存在一定的区别，但甘肃大禹公司的注册商标具有较高的市场知名度，根据注册商标的具体特征及其称呼习惯，“大禹”文字部分因有着较高的使用频率而具有较强的识别力，构成注册商标的主要部分，在节能灌溉设备市场上与甘肃大禹公司的节能灌溉产品形成了固定的联系。黑龙江大禹公司使用的商业标识中“大禹”字样对视觉的冲击力和醒目程度足以使相关公众忽略该标识图形设计的区别，而误将黑龙江大禹公司与甘肃大禹公司联系起来，造成相关公众的混淆。

**［相关法律法规］**

《商标法》第52条第（五）项

《商标案件适用法律解释》第1条

《反不正当竞争法》第6条

《商标、企业名称与在先权利冲突规定》第4条

## 006.老字号企业对其商标及字号的合理使用应予保护，但若不规范简化使用则可能构成侵权

### 【典型案例】

### 上海鼎丰酿造食品有限公司诉哈尔滨老鼎丰食品有限公司侵害商标权及不正当竞争纠纷案

［案号］

（2012）哈知初字第62号，（2015）黑知终字第6号

［案情］

上海鼎丰酿造食品有限公司（以下简称上海鼎丰公司）创建于1864年，于1993年在冰淇淋等商品上核准注册了第635374号“ ”商标;1996年在饺子、馒头、花卷等商品上核准注册了第878241号“ ”商标。哈尔滨老鼎丰食品有限公司（以下简称哈尔滨老鼎丰公司）创建于1911年，于1982在糕点上核准注册了第157379号“ ”注册商标；2004年在冰淇淋等商品上核准注册了第3324466号“哈老鼎豐”注册商标；2008年在蛋糕、甜食等商品上核准注册第4625229号“老鼎豐”注册商标；2010年在蛋糕、甜食等商品上核准注册了第5975224号“老鼎豐”注册商标。上海鼎丰公司以哈尔滨老鼎丰公司使用“老鼎丰”商标及字号，且在其“老鼎豐公司”企业网站网页上使用“鼎丰月饼、鼎丰糕点、鼎丰面包、鼎丰汤圆”等字样，构成商标侵权及不正当竞争为由向法院提起诉讼，请求判令哈尔滨老鼎丰公司立即停止侵权及不正当竞争行为，并赔偿经济损失50万元。

［法院认为］

一审法院认为：哈尔滨老鼎丰公司使用“鼎丰”字样，与上海鼎丰公司的企业字号及涉案注册商标中的文字部分相同，属于“以改变显著特征、拆分方式”使用哈尔滨老鼎丰公司注册商标，与上海鼎丰公司涉案注册商标近似的情形，是未经商标注册人上海鼎丰公司许可，在同一种商品或者类似商品上使用与上海鼎丰公司注册商标近似的商标的行为，构成商标侵权；同时，哈尔滨老鼎丰公司以歧义性语言和引人误解的方式进行商品宣传，构成不正当竞争。判决：（1）哈尔滨老鼎丰公司于判决生效之日起停止侵害上海鼎丰公司涉案注册商标专用权的使用“鼎丰”字样进行经营活动的行为；（2）哈尔滨老鼎丰公司赔偿上海鼎丰公司5万元；（3）哈尔滨老鼎丰公司在企业网站首页登载消除影响的启事；（4）驳回上海鼎丰公司的其他诉讼请求。判后，

上海鼎丰公司和哈尔滨老鼎丰公司均不服，提起上诉。

二审法院认为：上海鼎丰公司和哈尔滨老鼎丰公司均系具有悠久历史的“中华老字号”，并分别拥有各自的注册商标和各自主要经营内容和范围。上海鼎丰公司和哈尔滨老鼎丰公司经过长期经营使用，使得各自的商标在各自的经营区域内具有一定的知名度和影响力，形成了各自的品牌形象，相关公众在客观上能够将哈尔滨老鼎丰公司的“老鼎丰”商品与上海鼎丰公司的“鼎丰”商品区别开来，“鼎丰”与“老鼎丰”在商标形式上的近似并不会使相关公众对商品的来源产生误认，哈尔滨老鼎丰公司对“老鼎丰”字号及商标的使用系合理使用，并不构成商标侵权。但哈尔滨老鼎丰公司在其公司网站宣传中不规范使用其“老鼎丰”商标及字号，而简化为“鼎丰”字样，则难免使相关公众产生混淆误认，构成商标侵权及不正当竞争。

**［裁判结果］**

二审法院判决：哈尔滨老鼎丰食品有限公司停止网站宣传中的侵权及不正当竞争行为，消除影响及赔偿经济损失 5 万元。

**［裁判思路］**

本案系典型的南北两家老字号企业在字号及商标使用过程中产生的权利冲突及争议。双方当事人的字号和商标均具有一定时期的历史传承，在各自地域及行业内具有较高知名度。通过司法裁判，法院在充分肯定两家老字号企业历史传承及其字号、商标的合法性基础上，明确了解决老字号企业权利冲突的裁判规则，即在充分尊重历史的前提下，根据诚实信用原则，对被诉方的合理使用部分予以充分保护，对不规范简化使用部分行为予以确认侵权赔偿，进一步规范了老字号企业的字号和商标的使用管理，合理地解决了争议。

**［相关法律法规］**

《商标法》第 52 条第（一）项、第（五）项

《商标法实施条例》第 3 条

《商标案件适用法律解释》第 1 条第（一）项

## 007.未经商标权人许可，委托他人制作侵犯注册商标权的商品并在经营中对外赠送，属侵犯注册商标权的行为

### 【典型案例】

### 北京乐扣乐扣贸易有限公司诉招商证券股份有限公司、招商证券股份有限公司哈尔滨长江路证券营业部侵害商标权纠纷案

**［案号］**

（2012）哈知初字第74号

**［案情］**

韩国株式会社乐扣乐扣系商标专用权人。2010年10月22日，韩国株式会社乐扣乐扣与原告北京乐扣乐扣贸易有限公司（以下简称乐扣乐扣公司）签署《知识产权使用授权书》，授权乐扣乐扣公司在中国境内使用商标，并约定在中华人民共和国内发生侵权纠纷时，乐扣乐扣公司可以自己的名义针对该类行为进行鉴定提起诉讼、索赔或行政处理。2010年，招商证券股份有限公司哈尔滨长江路证券营业部（以下简称哈尔滨营业部）委托某礼品商行制作了一批印有和LOCK & LOCK标识的保鲜盒三件套装。2011年6月底，乐扣乐扣公司发现哈尔滨营业部在办理客户开立账户业务时，向客户赠送印有LOCK & LOCK标识的保鲜盒。随后，乐扣乐扣公司三次致函招商证券股份有限公司（以下简称“招商证券公司”），要求说明所赠送保鲜盒产品来源等情况并进行处理。由于招商证券公司未正面提出解决侵权纠纷的具体方案，乐扣乐扣公司遂以招商证券公司和哈尔滨营业部为被告，向法院提起诉讼，要求停止侵权行为、消除影响并承担赔偿责任。

**［法院认为］**

一审法院认为：哈尔滨营业部委托制作并向客户赠送的保鲜盒，使用了与涉案注册商标相同的商标标识，并与涉案注册商标核定使用商品属同种商品，侵犯了乐扣乐扣公司的商标权，应对委托制作被控侵权物承担责任。此外招商证券公司是设立哈尔滨营业部分支机构的企业法人，应当对哈尔滨营业部的经营行为承担责任。

**［裁判结果］**

一审法院判决：二被告承担停止侵权、消除影响、赔偿损失的民事责任。

**［裁判思路］**

本案是一起典型的因赠与礼品侵害他人注册商标专用权引发的纠纷。通

过本案，不但明确了在委托加工行为中，发生侵害商标专用权时的责任主体，也明确了《商标法》意义上的商标使用行为。通过本案可以发现，侵害商标专用权的主体不仅限于被控侵权产品的直接生产者与销售者，还可能包括委托制造被控侵权商品的行为人。本案中，被告哈尔滨营业部委托他人制作被控侵权商品供其在开立证券账户时向客户赠与，其涉及的问题为侵害商标权是否以有偿的交易行为为必要。《商标法》中的商标使用行为是指将商标用于商品、商品包装或者容器以及商品交易文书上，或者将商标用于广告宣传、展览以及其他商业活动中，用于识别商品来源的行为。由此可知，《商标法》并未规定商标使用必须以有偿的方式进行，只是从使用目的的角度规定了《商标法》意义上的商标使用行为。结合本案，招商证券公司哈尔滨长江路营业部未经涉案商标权人许可，在相同的商品上，使用与乐扣乐扣公司涉案注册商标相同的商标，委托制作并在经营中对外赠送被控侵权物，表明被告有意使受赠被控侵权商品的客户知晓商品来源，该行为完全符合《商标法》第52条第1项规定的侵犯注册商标权专用权行为，即未经商标注册人的许可，在同一种商品或者类似商品上使用与其注册商标相同或者近似的商标。因此，法院认定被告的行为构成侵犯注册商标专用权。

**[相关法律法规]**

《商标法》第52条、第56条

《商标案件适用法律解释》第16条、第17条

## 008.对既未依法定程序向公证机构申请复查，又未能举示相反证据予以反驳的公证事项，应当作为认定事实的根据

**【典型案例】**

### A公司诉吴某侵害商标权纠纷案

**[案号]**

（2013）哈知初字第50号，（2013）黑知终字第23号

**[案情]**

A公司享有第5639389号“mG”注册商标专用权，核定使用商品为第3类，包括化妆品、洗面奶、美容面膜等，注册有效期限自2009年10月28日至2019年10月27日止。经哈尔滨动力公证处公证，A公司工作人员在吴

某经营的化妆品商店内购买了一套假冒“mG”注册商标的面膜产品，并以吴某销售假冒其注册商标的产品为由，向法院提起诉讼，请求判令吴某立即停止侵权行为，并赔偿经济损失 2 万元。

**[ 法院认为 ]**

一审法院认为：被诉侵权面膜形状和面膜表面的文字与 A 公司的商品相同，使用与 A 公司涉案注册商标相同的“mG”商标，属于 A 公司涉案注册商标核定使用范围中的商品。吴某未经涉案注册商标权利人许可，销售使用了与涉案注册商标相同商标的同种商品，侵犯了涉案注册商标专用权，应立即停止侵权行为。故对 A 公司要求吴某立即停止销售侵害 A 公司商标权的商品的诉讼请求，予以支持。吴某销售了侵犯 A 公司注册商标专用权的商品，应当承担赔偿责任。由于吴某因侵权所得利益和 A 公司因被侵权所受损失均难以确定，根据吴某侵权行为的性质、地域范围、所处商业区域、后果，销售侵权商品的价格、数量及拒不承认实施侵权行为的主观过错情况，根据 A 公司涉案注册商标的声誉和为制止侵权行为所支付的合理开支等因素，确定吴某的赔偿数额。A 公司请求赔偿的数额没有充分事实根据，不符合案件实际情况，主张由吴某赔偿全部律师代理费不合理，其请求赔偿的数额过高，根据不足，对非必要不合理及没有根据等过高部分不予支持。判决：（1）吴某停止销售侵犯 A 公司第 5639389 号“mG”注册商标专用权的商品；（2）吴某赔偿 A 公司 6000 元。判后，吴某不服，提起上诉。

二审法院认为：A 公司拥有的第 5639389 号“mG”注册商标合法有效，依法应予保护。经对比，应认定涉案商品为假冒“mG”注册商标的产品。被告吴某认为涉案公证违反法定程序，且并未销售被控侵权产品，但其既未依法定程序向公证机构申请复查，又未能举示相反证据予以反驳，故法院对该公证予以采信并判令被告吴某立即停止侵权行为并赔偿 A 公司经济损失。

**[ 裁判结果 ]**

二审法院判决：驳回上诉，维持原判。

**[ 裁判思路 ]**

在商标侵权纠纷案件中，查清被控侵权行为的事实是确定案件基本事实的前提条件。同其他证据相比，公证书具有较强的证明力，但并不能仅依据被控侵权行为经过公证即当然认定侵权事实客观存在。当事人对公证事实表示异议的，法院应重点审查公证程序是否符合法律规定。对于公证程序合法，当事人亦无相反证据足以推翻该公证事实的，应对公证事实予以采信。如公证确实存在严重违反《公证法》及《公证程序规则》的情形，或当事人举示证据足以证明公证内容不符合客观事实的，应依法不予采信。

［**相关法律法规**］

《商标法》第 52 条

《公证程序规则》第 14 条、第 54 条

## 009.对既涉及商标侵权又涉及不正当竞争的被诉侵权行为应逐一定性

### 【典型案例】

### 拉菲罗斯柴尔德酒庄诉孙某侵害商标权及不正当竞争纠纷案

［**案号**］

（2014）哈知初字第 80 号

［**案情**］

拉菲罗斯柴尔德酒庄（以下简称拉菲酒庄）系“LAFITE”“CHATEAU LAFITE ROTHSCHILD”商标的注册人，核定使用的商品为第 33 类“含酒精饮料（啤酒除外）”。孙某是哈尔滨市南岗区拉菲利尔酒庄黄河店经营者，2014 年 9 月 29 日变更登记企业名称为哈尔滨市南岗区艾斯康帝酒庄黄河店。店面牌匾原为“法国拉菲利尔酒庄 CHATEAU LAFITEVILLE”，现已更改为“法国艾斯康帝酒庄 CHATEAU SAINT_JACQUES”。拉菲酒庄调查发现，孙某在其销售的葡萄酒商品、门店店头、宣传手册、商品包装盒，店内招牌等处，使用了“CHATEAU LAFITEVILLE”商标。拉菲酒庄认为孙某的上述行为构成商标侵权及不正当竞争，请求法院判令孙某停止侵犯拉菲酒庄的注册商标专用权并立即停止相应的不正当竞争行为。孙某认为，其使用的企业名称系经合法工商登记注册，名称中含有“拉菲”字样有合理依据，且经营销售的被诉侵权产品名称中含有的“CHATEAU LAFITEVILLE”“LAFITEVILLE”系出于对其合法购进的拉菲利尔葡萄酒销售宣传的需要，具有合法事由，不构成不正当竞争。

［**法院认为**］

一审法院认为：孙某经营销售的“拉菲利尔 LAFITEVILLE”葡萄酒与拉菲酒庄涉案注册商标核定使用的商品属于同一种商品。“LAFITE”是拉菲酒庄涉案第 1122916 号“LAFITE”注册商标的主体部分，是拉菲酒庄涉案第

1122917号“CHATEAU LAFITE ROTHSCHILD”注册商标的主要组成部分。孙某未经商标注册人的许可，在同一种商品上使用与其注册商标近似的商标，导致混淆，侵害了拉菲酒庄涉案第1122916号“LAFITE”和第1122917号“CHATEAU LAFITE ROTHSCHILD”注册商标权，依法应当承担相应的责任。拉菲酒庄的“拉菲”葡萄酒等商品在我国酒品市场已享有较高的知名度和影响力，系具有一定的市场知名度、为相关公众所知悉的知名商品，“拉菲”已成为拉菲酒庄所生产销售葡萄酒等酒品的知名商品特有的名称。孙某在经营销售“拉菲利尔LAFITEVILLE”葡萄酒的同时，还销售拉菲酒庄的“拉菲LAFITE”葡萄酒，在酒瓶、包装盒、宣传页、名片、销售单据、信誉卡等处使用“拉菲利尔”“拉菲利尔酒庄”“法国拉菲利尔酒庄”字样，在原店面牌匾上使用“法国拉菲利尔酒庄”字样，其中包含拉菲酒庄知名商品特有的名称“拉菲”，属于擅自使用拉菲酒庄知名商品特有的名称，造成和拉菲酒庄的知名商品相混淆，使购买者误认为是该知名商品的不正当竞争行为。

**[裁判结果]**

一审法院判决：孙某停止侵权和不正当竞争行为，赔偿拉菲酒庄经济损失3万元。

**[裁判思路]**

不正当竞争行为同商标侵权行为相比，主要区别有两点：一是行为人是否具有主观过错。构成不正当竞争一般要求行为人主观上是故意或过失，即主观是否具有通过不正当手段获取竞争优势的意图。而商标侵权判定，主观过错只影响赔偿数额，不影响商标侵权是否成立。二是商标侵权判定一般遵循“商标对商标”“商品（服务）对商品（服务）”的双重对应原则，其他违反双重对应原则的行为则构成不正当竞争。被诉侵权行为既涉及商标侵权又涉及不正当竞争，法院应将被诉侵权行为逐一定性，准确把握不同法律关系之间的差异，合理划定商标侵权与不正当竞争的边界。本案中被告实施的被诉侵权行为表现形式多样，既涉及商标侵权又涉及不正当竞争，法院将被诉侵权行为逐一定性，准确把握不同法律关系之间的差异，准确适用相应法律规范，合理划定了商标侵权与不正当竞争的边界，较具典型意义。

**[相关法律法规]**

《商标法》第57条

## 010.被许可人在商标许可使用合同终止后对商标及字号的继续使用行为构成商标侵权及不正当竞争

### 【典型案例】

### 哈药集团三精制药有限公司诉北京三精日化有限公司侵害商标权及不正当竞争纠纷案

**［案号］**

（2015）哈知初字第155号

**［案情］**

2007年1月1日，哈药集团三精制药有限公司（以下简称哈药三精公司）与北京三精日化有限公司（以下简称北京三精日化公司）签订《品牌使用协议》，将第3396525号“三精”商标及正在申请注册的核定使用在第3类染发剂、护发素、烫发剂、焗油膏等商品上的“三精”商标、“ ”图形商标许可给北京三精日化公司在中国非独占性使用，并许可北京三精日化公司使用“三精”字号，期限为2007年1月1日至2012年12月31日。许可期限届满后，哈药三精公司终止了北京三精日化公司对三精系列商标及“三精”字号的使用。后北京三精日化公司于2013年7月8日更名为北京中科精彩日用品有限公司（以下简称北京中科公司），2015年5月6日更名为北京三精公司。北京三精公司使用“三精”字号，并一直以“三精”品牌在全国范围内进行宣传和销售，在其网站企业简介中表述“其作为三精制药向日化领域扩张的平台”“以‘制药’的严谨态度开发”“拥有三精医药研发的深厚实力”。精彩染发店销售了北京三精公司生产的被诉侵权商品。哈药三精公司认为，北京三精公司的行为构成商标侵权及不正当竞争，北京三精公司与精彩染发店应当停止侵权并连带承担赔偿责任。

**［法院认为］**

一审法院认为：北京三精公司于2015年11月12日在其网站上宣传其植物染发、植物清凉柔顺洗发液等美发护发商品时，使用了“三精”“ ”标识，其行为构成商标法意义上的使用。北京三精公司在《品牌使用协议》到期后，违反哈药三精公司的授权许可和承诺，使用与涉案注册商标相同或者近似的标识，生产与涉案注册商标核定使用商品同种或者类似的被诉侵权商品，既构成违约，亦构成侵权。北京三精公司是在明知《品牌使用协议》到期后其无权使用“三精”字号，且已经为履行终止协议相关约定而终止使用“三精”字号，并将字号变更为“中科精彩”的情况下，又再次变更企业名称为北京三精公司，其再次更名使用“三精”字号，既构成违约，亦构成不正当竞争。精彩染发店销售北京三精公司生产的侵犯涉案注册商标专用权的被诉侵权商品，侵害了涉案注册商标专用权，构成商标侵权。精彩染发店不知道被诉侵权商品系侵犯涉案注册商标专用权的商品，能够证明被诉侵权商品系合法取得并能说明提供者，其关于不应承担赔偿责任的抗辩主张成立，予以支持。

**[裁判结果]**

一审法院判决：北京三精公司于判决生效之日起停止使用以“三精”作为字号的企业名称、停止生产、销售被诉侵权商品；精彩染发店停止销售被诉侵权商品；北京三精公司赔偿哈药三精公司经济损失及合理费用支出合计50万元；驳回哈药三精公司的其他诉讼请求。

**[裁判思路]**

商标使用许可合同与其他合同一样，受《合同法》的调整。《合同法》规定合同履行完毕或终止后，当事人应遵守诚实信用原则，协助许可人妥善处理合同终止后的各项事务。本案中商标使用许可合同终止后，被许可人负有相应的不作为义务，即不得实施任何损害或可能损害被许可使用商标的行为，违反此项义务给许可人造成的损害，应根据侵权行为的性质确定其责任。该案较好地利用合同法原理解决了商标使用许可合同终止后，合同双方当事人的权利义务关系，准确划分和认定责任，具有较好的示范作用。

**[相关法律法规]**

《商标法》第58条

《反不正当竞争法》第2条第1款、第8条第1款

《商标、企业名称与在先权利冲突规定》第4条

## 011.商标评审委员会以“易混淆误认”为由裁定撤销的注册商标自始无效

### 【典型案例】

### A公司诉刘某、B公司及C公司侵害商标权纠纷案

［案号］

（2014）哈知初字第117号，（2016）黑民终358号

［案情］

A公司是“窗友”商标的权利人，核定使用商品为：聚氨脂；氯丁胶；工业用胶；填漏剂；填隙剂；墙砖粘合剂；工业用粘合剂；未加工的人造合成树脂；酯；硅酮，有效期限为2008年12月14日至2018年12月13日。2010年11月28日，刘某获准注册“窗友”商标，核定使用商品为：膨胀接合填料；非金属软管；绝缘材料，有效期限为2010年11月28日至2020年11月27日。2011年10月1日，刘某与C公司签订《商标使用许可合同》，C公司为其产品的生产商。2012年3月6日，A公司对刘某的“窗友”商标申请复议。国家工商行政管理总局商标评审委员会（以下简称商标评审委员会）认为：刘某的“窗友”商标与A公司的“窗友”商标在文字构成、呼叫方面相同；刘某的“窗友”商标核定使用的膨胀接合填料商品与A公司的“窗友”商标核定使用的填隙剂等商品功能、用途关联密切，如刘某的“窗友”商标使用在上述核定商品上，易使消费者对商品的来源产生混淆误认。裁定：刘某的“窗友”商标在膨胀接合填料商品上予以撤销。2012年9月14日，刘某作为唯一股东投资成立了B公司，经营范围为经销五金、建材、保温材料、装饰材料、汽车配件。A公司向法院提起诉讼称：刘某许可C公司生产并自行销售“窗友”聚氨酯泡沫填缝剂，属于A公司“窗友”商标核准使用商品范围，属商标侵权行为。B公司、C公司作为侵权产品的监制、生产方，应承担赔偿责任。A公司请求法院判令：刘某、B公司、C公司立即停止侵害A公司的“窗友”注册商标权的行为，赔偿A公司损失1 464 000元及维权合理开支57 103元，合计1 521 103元，并负担本案诉讼费用。刘某、B公司辩称：刘某的“窗友”注册商标系合法取得，刘某委托C公司生产及销售“窗友”商品合法。

［法院认为］

一审法院认为：刘某使用“窗友”商标的被诉侵权膨胀接合填料实质上

是与A公司第4732578号“窗友”注册商标核定使用商品相同或者类似的商品。刘某恶意侵害A公司已经取得的“窗友”注册商标的在先权利，利用A公司“窗友”注册商标已有的知名度和影响力，在与A公司“窗友”注册商标核定使用商品相同或者类似的被诉侵权膨胀接合填料商品上使用与A公司注册商标相同的“窗友”商标，不加区分，制造混淆，“傍”A公司的“名牌”，“搭”A公司的“便车”，并在被诉侵权商品瓶体上使用与A公司近似的装潢，进一步造成相关公众对商品来源的混淆误认，获取非法利益，属于《最高人民法院关于审理注册商标、企业名称与在先权利冲突的民事纠纷案件若干问题的规定》第1条第2款规定的超出核定商品范围使用注册商标的情形，刘某构成商标侵权，应当承担相应的责任。B公司既是刘某投资开办的一人有限责任公司，又是被诉侵权商品膨胀结合填料剂的监制单位，应当与刘某承担连带责任。C公司明知刘某经营“窗友”膨胀接合填料的行为已被工商行政管理机关查处，却仍然进行生产以及提供给刘某，事实清楚。C公司构成商标侵权，应当停止涉案侵权行为，并承担赔偿责任。判决：1.刘某、B公司、C公司停止侵害A公司“窗友”注册商标权的行为；2.刘某、B公司赔偿A公司损失及为制止侵权行为所支付的合理开支150万元，C公司对其中的50万元承担共同赔偿责任；3.驳回A公司的其他诉讼请求。判后，刘某、B公司及C公司均不服，提起上诉。

二审法院认为：商标评审委员会已于2014年4月14日作出裁定，对刘某的“窗友”商标在膨胀接合填料商品上予以撤销，在此情形下，刘某、B公司、C公司的抗辩事由不成立。A公司的“窗友”注册商标核定使用的商品为：聚氨脂；氯丁胶；工业用胶；填漏剂；填隙剂；墙砖粘合剂；工业用粘合剂；未加工的人造合成树脂；酯；硅酮。刘某、B公司生产、销售的被诉侵权产品的名称为“膨胀接合填料”，但该商品名称不是国家有关部门审定的商品名称，亦没有相关的产品标准。被诉侵权产品从成分、功能、主要用途以及消费群体上看，均与A公司的“窗友”注册商标核定使用的商品有较大的关联性。故刘某、B公司、C公司生产、销售的被诉侵权产品与A公司的“窗友”注册商标核定使用的商品构成类似。“窗友”是无固定含义的臆造词，具有较强的固有显著性。经多年经营和宣传，A公司生产的“窗友”聚氨酯泡沫填缝剂已经具有了较高的市场知名度，为相关公众所熟知。刘某、B公司、C公司作为该商品领域的生产、销售商，应知晓A公司“窗友”聚氨酯泡沫填缝剂产品的知名度，刘某在此情况下成立B公司，并在其生产、销售的产品上使用“窗友”商标，易使相关公众将被诉侵权产品与A公司的产品混淆，或认为产品来源于A公司。

［裁判结果］

二审法院判决：驳回上诉，维持原判。

［裁判思路］

被告的注册商标被商评委以“易混淆误认”为由裁定撤销后，被告以被诉侵权行为发生时享有商标权抗辩，此种情形下，被告的注册商标自始无效，其抗辩不成立，仍然构成商标侵权。

［相关法律法规］

《商标法》第57条第（二）项、第（三）项

《商标案件适用法律解释》第11条第1款

## 012.能够提供合法来源但知道其所售商品系侵权商品的销售者仍需承担赔偿责任

【典型案例】

### A公司诉B公司侵犯商标权及专利权纠纷案

［案号］

（2015）齐知民初字第10号，（2016）黑民终242号

［案情］

2002年12月21日，A公司拥有第1919913号“海洋王”注册商标，2012年4月27日，“海洋王”商标被认定为驰名商标。2004年7月至2009年8月，B公司的委托代理人朱某在A公司工作。2005年11月11日至2005年12月31日，朱某任A公司大庆服务中心大庆一服务部经理。2014年12月1日，大庆油田公司与B公司签订《投光灯等买卖合同》，约定：合同标的金额为248 765.40元，合同标的物名称、规格型号、数量、技术标准等均见附表。合同附表中，大庆油田公司购买的“物资名称规格”项下多个产品名称标注有“海洋王”字样。合同双方已履行完毕。A公司向法院提起诉讼称：B公司未经商标权人许可，擅自销售侵犯“海洋王”商标的产品，请求判令停止侵权并承担赔偿责任。

［法院认为］

一审法院认为：B公司销售给大庆油田公司的灯具是B公司从温岭市海洋王照明工程有限公司处购得，对此事实A公司亦认可。A公司虽主张经浙

江省温岭市人民法院（2014）台温知初字第 60 号民事判决书、浙江省台州市中级人民法院（2015）浙台知民终字第 5 号民事裁定书确认温岭市海洋王照明工程有限公司侵犯了 A 公司的商标权，但就 B 公司而言，其销售涉案产品时，浙江省温岭市人民法院（2014）台温知初字第 60 号民事判决书、浙江省台州市中级人民法院（2015）浙台知民终字第 5 号民事裁定书尚未作出，其不知道销售的是侵犯注册商标专用权的产品，且其能够证明该产品是其合法取得并能说明提供者为温岭市海洋王照明工程有限公司，B 公司作为销售者依法不应承担赔偿责任。判决：驳回 A 公司的诉讼请求。判后，A 公司不服，提起上诉。

二审法院认为：1. 关于 B 公司是否存在侵权行为及应否承担侵权责任的问题。本案中，A 公司主张 B 公司向大庆油田公司出售投光灯等灯具产品的行为构成商标侵权，并提供了 B 公司与大庆油田公司签订的买卖合同，足以证明该合同中所约定买卖的商品品牌中含有“海洋王”字样。依照《商标法》第 48 条的规定，商标法所称商标的使用，是指将商标用于商品、商品包装或者容器以及商品交易文书上，或者将商标用于广告宣传、展览以及其他商业活动中，用于识别商品来源的行为。大庆油田公司与 B 公司签订的《投光灯等买卖合同》附表中，“物资名称规格”项下多个产品名称标注有“海洋王”字样，该字样标注的目的是明确合同中所售产品的品牌，B 公司在该合同中使用“海洋王”字样的行为应认定为商标使用行为。涉案第 1919913 号“海洋王”注册商标核定使用商品的种类为：安全灯；车辆灯；灯；电灯泡；聚光灯；矿灯；喷灯；汽灯；探照灯；提灯（截止），大庆油田公司与 B 公司签订的《投光灯等买卖合同》所售商品为投光灯等灯类商品。B 公司在《投光灯等买卖合同》中使用的“海洋王”文字与涉案第 1919913 号“海洋王”注册商标相同。据此可以认定，B 公司存在在同一种商品上使用与 A 公司第 1919913 号“海洋王”注册商标相同的商标的行为。依照《商标法》第 57 条第 1 项的规定，未经商标注册人的许可，在同一种商品上使用与其注册商标相同的商标的行为属侵犯注册商标专用权的行为。因此，B 公司的行为侵犯了 A 公司的注册商标专用权，应承担商标侵权责任。依照《商标案件适用法律解释》第 21 条的规定，人民法院在审理侵犯注册商标专用权纠纷案件中，可以判决侵权人承担停止侵害、排除妨碍、消除危险、赔偿损失、消除影响等民事责任。A 公司关于 B 公司停止销售侵权商品的上诉主张符合上述法律规定，二审法院予以支持。

2. 关于 B 公司应否承担赔偿责任及赔偿数额的问题。依照《商标法》第 64 条第 2 款的规定，销售不知道是侵犯注册商标专用权的商品，能证明该商品是自己合法取得并说明提供者的，不承担赔偿责任。根据上述法律规定，销售者构成侵权但不承担赔偿责任应同时具备两个条件：一是不知道销售的商品系侵权产品；二是能够证明该商品合法取得并说明提供者。本案中，B公司的销售经理朱某曾在A公司任职，并负责大庆油田区域的灯具销售工作，对市场中相关产品的品牌应当知晓。A公司第1919913号“海洋王”商标系中国驰名商标，B公司应当知晓“海洋王”的品牌知名度及所表明的产品来源，在此情况下，B公司从温岭市海洋王照明工程有限公司购入并销售涉案产品的行为，不属于《商标法》第64条第2款规定的不承担赔偿责任的情形，应承担赔偿责任。依照《商标法》第63条第1款、第3款、《商标案件适用法律解释》第16条第2款的规定，侵犯商标专用权的赔偿数额，按照权利人因被侵权所受到的实际损失确定；实际损失难以确定的，可以按照侵权人因侵权所获得的利益确定；权利人的损失或者侵权人获得的利益难以确定的，参照该商标许可使用费的倍数合理确定。侵权人因侵权所受到的实际损失、侵权人因侵权所获得的利益、注册商标许可使用费难以确定的，由人民法院根据侵权行为的情节判决给予300万元以下的赔偿。人民法院在确定赔偿数额时，应当考虑侵权行为的性质、期间、后果、商标的声誉，商标使用许可费的数额，商标使用许可的种类、时间、范围及制止侵权行为的合理开支等因素综合确定。本案中，A公司因被侵权所受损失、B公司因侵权所得利益及涉案注册商标许可使用费均难以确定，人民法院应根据侵权行为的情节判决赔偿数额。综合考虑涉案商标的知名度、B公司侵权行为的性质、持续的时间、后果，以及A公司为制止B公司侵权行为所支付的必要合理开支，A公司主张B公司赔偿30 000元未违反法律规定，数额合理，二审法院予以支持。

**[裁判结果]**

二审法院判决：B公司停止销售并赔偿A公司3万元。

**[裁判思路]**

销售者构成侵权但不承担赔偿责任应同时具备两个条件：一是不知道销售的商品系侵权产品；二是能够证明该商品合法取得并说明提供者。

**[相关法律法规]**

《商标法》第57条第（一）项、第64条第2款

《商标案件适用法律解释》第21条

## 013.商场经营者对商场内商标侵权行为承担责任的条件

**【典型案例】**

### 路易威登马利蒂诉A公司侵害注册商标专用权纠纷案

［案号］

（2013）哈知初字第174号，（2015）黑知终字第23号

［案情］

路易威登马利蒂是第240996号“LOUIS VUITTON”注册商标、第241081号“”注册商标、第241012号“”注册商标、第3226108号“”注册商标、第241017号“LOUIS VUITTON”等注册商标的商标注册人。A公司经营范围为柜台租赁、购销百货等。2011年10月25日，路易威登马利蒂的委托代理人在A公司三层B15、四层A23、二层B37等8个商铺购买了假冒LV商品。2012年10月30日，路易威登马利蒂的委托代理人在A公司一层B27、二层B35、三层B03等9个商铺购买了假冒LV商品。2012年12月25日~26日，路易威登马利蒂的委托代理人在A公司三层B03、四层B08、五层A20、二层A65等8个商铺购买了假冒LV商品。同时，哈尔滨市工商行政管理局道里分局也多次发现A公司内有商户销售假冒LV商品，并对此依法进行了查处。路易威登马利蒂遂提起诉讼，请求判令金太阳商场停止侵权行为，赔偿经济损失30万元。

［法院认为］

一审法院认为：一审法院认为根据A公司与涉案商户关于不得出售假冒伪劣商品的约定，以及A公司举示的在1~6层楼梯口和商管台张贴维护知识产权及打击知识产权侵权等材料的照片，可知A公司清楚知道，其作为市场的经营管理者，应当对在其经营场所的经营者的经营行为及其所经营的商品施以必要的注意，督促商品经营者尽到经营真实商品的诚信义务，防止并不得为经营者经营假冒商品提供便利。虽然A公司积极大力开展各种维护知识产权活动，在商城每层显著位置张贴彩色大幅宣传单，还定期在营业期间以广播形式，宣传知识产权法律法规和知识产权主管部门的举报电话、管理规定等，并举示了张贴宣传单等材料的照片，但只能证明A公司对其商场的经营者没有施以应有的注意，没有采取切实有效措施尽到防止并不得为经营者经营假冒商品提供便利的法定义务，所采取措施无效，不能因此减轻其责任。A公司在工商行政管理机关查处和收到路易威登马利蒂的警告函后，主观上

未采取足够有效的防范和管理措施，客观上为相关商铺利用其商场销售侵权商品提供了便利，属于为经营假冒涉案注册商标商品提供便利条件的侵犯涉案注册商标权的行为，应当承担侵权责任。判决：一、A公司停止侵犯路易威登马利蒂涉案注册商标专用权的行为；二、A公司赔偿路易威登马利蒂经济损失和为制止侵权行为所支付的合理开支人民币20万元；三、驳回路易威登马利蒂的其他诉讼请求。判后，A公司不服，提起上诉。

二审法院认为：A公司内销售假冒“LV”商品的现象并非偶然、个别现象，而是长期、持续存在的，A公司对此应该是明知的。A公司负有维护金太阳商城经营秩序、制止侵权行为发生的法定义务，亦有能力采取加强管理、解除其与售假商户租赁合同等措施阻止侵权行为的继续发生，但其怠于行使管理责任，放任部分商户的售假行为，仅采取了发送警告通知书、要求商户签署承诺书等宣示性、常规性的管理手段，并未采取更加积极有效的监管措施以遏制侵权行为的发生。依据《商标法实施条例》第50条第（二）项的规定，不仅直接生产、销售侵犯他人注册商标专用权的商品是违法行为，虽未直接生产、销售侵权产品，但故意为侵犯他人注册商标专用权行为提供便利条件的，同样属于侵犯他人注册商标专用权的违法行为。A公司明知其商场内售假严重而未能有效禁止商场侵权行为的发生，主观上具有放任的故意，客观上为售假商户实施侵权行为提供了经营场所等便利条件，违反了《商标法实施条例》第50条第（二）项的规定，构成商标侵权。本案中，从A公司的侵权性质看，被诉侵权行为系为A公司的商户侵犯注册商标专用权的行为提供便利条件，并非直接的侵权行为，在确定赔偿数额时应当与实施生产、销售侵权产品的直接侵权行为有所区别；从A公司的主观过错程度看，A公司并未积极推动商户侵权行为的发生，只是怠于行使管理职责，采取放任、不作为的消极态度，在确定赔偿数额时应当考虑其主观过错较轻的因素；从A公司的侵权获利情况看，A公司与商户之间是租赁关系，按年收取固定租金，并未从侵权行为中获得额外利益。综合以上因素及路易威登马利蒂为制止侵权行为所支付的必要合理开支，二审法院酌情确定A公司赔偿路易威登马利蒂人民币5万元。

**[裁判结果]**

二审法院判决：（1）维持一审判决第1、3项；（2）变更一审判决第2项为A公司赔偿路易威登马利蒂经济损失及为制止侵权行为所支付的合理开支人民币5万元。

**[裁判思路]**

商场经营者怠于行使管理责任，未采取积极有效的监管措施，放任其商场内商户的售假行为，致使商场内长期、持续存在侵害他人商标专用权的行为，属于为侵犯他人注册商标专用权行为提供便利条件，应承担侵权责任。

［引申思考］

一、专业市场开办方的性质及实际经营者的关系

专业市场开办方的概念在法律上并无确切定义，从字面意思理解，是指经工商行政管理部门许可取得市场经营许可证、可依法开办专业市场的经营主体。从现实情况来看，市场开办方一般不从事市场所限定商品（如服装、玩具等）的销售业务，而是以市场内场地出租、物业管理等为经营主业，主要是通过收取铺面租金和物业管理费的方式获取利益，其不参与承租场地的商贩（实际经营者）的经营，双方不会分享收益，也不存在共担经营风险的问题。而对于一般消费者来说，市场开办方仅是提供经营场地，不具有销售者身份，也不会将场内档口的实际经营者的销售行为认定是市场开办方的行为。至于实际经营者是否领取了工商营业执照，只是实际经营者自己是否是无证经营的问题，这一问题是工商行政管理部门为规范市场经营秩序而需要处理的问题，并不会影响到实际经营者与市场开办方之间的关系定位。

综上，市场开办方的地位类似房东，其与实际经营者的关系主要是场地租赁关系和物业服务关系。虽然市场开办方往往还具有市场管理职责，但这种职责与工商行政管理部门的市场监管职责性质不同，效力也相去甚远，这种职责不能当然转化为侵权民事责任，还需要具备一定的条件。

二、司法实践中对市场开办方侵权责任承担的不同认识和做法

司法实践中，对市场开办方的侵权责任认定是分歧比较大的老问题。目前比较普遍的共识是，市场开办方不从事具体销售行为，不是侵权行为的实施者，一般不认定市场开办方直接实施侵权行为，而应当以间接侵权理论为指导，以《商标法》第 57 条第 6 项的规定来认定市场开办方的侵权责任。但在具体处理上，基于对过错标准和侵权行为性质的不同认识，又有数种不同的具有代表性的意见：

第一种意见认为，市场开办方对场内经营者具有监督和管理的义务，一旦发生侵权则可认定或推定其未尽到监管责任，具有主观过错，应与侵权的实际经营者承担连带责任。北京市第二中级人民法院在 2006 年判决的“朝外们购物商场案”中即持该种观点，虽然该观点在北京法院已被后来的“秀水街案”所修正，但在实践中，仍有不少法官出于加强权力保护、监督市场开办方积极管理净化市场和有利于判决执行的角度，倾向于采用该种意见判决。但该意见最大的问题是，这种观点是以认定市场开办方有查找、预防实际经营者侵权行为的义务为前提的。但从之前的分析我们可以得出结论，市场开

办方对其场内经营者的行为没有法定和约定的审查义务，仅承担合理注意义务，因此，对其苛以过重的注意义务，是不公平的，与其仅收取固定租金的利益也不相一致。

第二种意见认为，市场开办方应对场内经营尽到合理注意义务，在明知实际经营者侵权的情况下，市场开办方仍不采取措施予以制止，可视为市场开办方与实际经营者构成共同侵权，应对实际经营者的实际侵权行为承担连带责任。北京法院自“秀水街案”后一直以该观点对类似案件进行裁判。这种观点值得商榷的地方在于，既然是以间接侵权的理论来认定侵权，为何又将市场开办方视为共同侵权人，而事实上，市场开办方与实际经营者并无共同侵权的意思表示，市场开办方也没有实施销售的侵权行为，认定共同侵权是否关于牵强？

第三种意见认为，间接侵权的构成要件为：一是主观上是故意、明知或应知；二是客观上实施了为侵权行为提供便利的帮助行为。因此，若市场开办方不明知或应知实际经营者侵权，则不应承担任何责任。若市场开办方明知或应知实际经营者侵权，却不采取合理措施制止，并继续提供场地的，可适用该条款，认定市场开办方构成侵权，再根据《侵权责任法》关于“教唆、帮助他人实施侵权行为的，应当与行为承担连带责任”的规定，判定市场开办方对实际经营者的赔偿数额承当连带责任。值得考虑的是，《商标法》上规定的“提供便利条件，帮助他人实施侵权”与《侵权责任法》上的“帮助侵权”行为是否是同一概念？从侵权要件上判断，《侵权责任法》上的帮助侵权成立的前提是帮助人与行为人具有一致的主观意图，但市场开办方和实际经营者是租赁关系，它只是获得固定的租金收入，并不能从实际经营者的销售活动中直接获利，而且实际经营者销售也会导致工商查处，对卖场的声誉造成影响，主观上应不具有侵权或帮助实际经营者侵权的意图，这种主观意图与《侵权责任法》中的帮助侵权的主观意图还是存在区别的。现实当中，有些市场开办方担心过于严格的管理导致租户减少，市场人气不旺，而对侵权行为“睁只眼闭只眼”，这种主观意图能否参照刑法理论理解为“放任侵权发生的故意”，从而适用帮助侵权的规定，值得进一步思考。

第四种意见同意第三种意见关于间接侵权的认定，但认为间接为独立的侵权行为，应独立承担责任。二审采纳了这种观点，主要理由是：从概念上分析，间接侵权与直接侵权相区别，有其自己的特征。间接侵权虽然以直接侵权的存在为前提，但本身是法律规定的独立于直接侵权的一种侵权形式，与直接侵权不能等同。这一点立法已予以了确定，2013 年《商标法》修订时在第 57 条第（六）项单独规定了“故意为侵犯他人商标专用权行为提供便利条件，帮助他人实施侵犯商标专用权行为的”属于侵犯注册商标权的行为。

就本案而言，间接侵权是市场开办方基于法律规定而承担的一种法定责任，与实际经营者实施的直接侵权行为属于不同的行为方式，主观意图、行为后果均不一致：市场开办方是将场地租赁给实际经营者，其主观目的是收取租金而非将场地提供给实际经营者用于侵权；实际经营者在经营行为中自行实施了侵权行为，与市场开办方没有直接联系，即使市场开办方明知场内存在侵权行为，但其主观意图也不会是将自有场地作为协助实际经营者侵权的工具，所以从主观状态上看，市场开办方不具有与实际经营者共同侵权的故意。市场开办方收取固定租金，也无法从实际经营者的侵权行为中获取直接利益。因此，市场开办方的间接侵权行为虽然和实际经营者实施的侵权行为相关联，但属于独立的侵权行为，应按照该行为的危害承担相应的赔偿责任。将间接侵权的责任与直接侵权的责任等同，不符合公平和权责统一的原则。从法律规定上看，间接侵权的条款规定非常原则，并没有明确责任承担方式的问题，但基于上述法理分析，似应独立承担责任为妥。

［相关法律法规］

《侵权责任法》第 6 条

《商标法实施条例》第 50 条第（二）项

## 第二节 商标侵权行为的抗辩

### 014.销售不知道是侵犯注册商标专用权的商品，如能证明是合法取得并说明提供者的，不承担赔偿责任

【典型案例】

A 公司诉 B 公司、C 公司侵害商标权纠纷案

［案号］

（2015）哈知初字第 2 号，（2015）黑知终字第 55 号

［案情］

深圳市九华生物工程开发有限公司（后更名为美嘉必成公司）系第

4218956号“柏美星”注册商标的商标注册人。该商标核定使用商品为第5类，主要包括人用药、针剂、片剂等。2007年12月17日，A公司与美嘉必成公司签订《注册商标使用许可合同》，以独占使用许可形式，取得第4218956号注册商标的专用权。2014年9月，A公司调查发现，B公司未经许可，擅自销售“柏美星”牌百蕊颗粒药品。经A公司鉴定，其销售的“柏美星”牌百蕊颗粒的外形、包装、内容物与A公司生产的“柏美星”牌百蕊颗粒均有差别。因B公司系C公司的分支机构，C公司对B公司的侵权行为产生的民事责任应承担连带责任。A公司遂提起诉讼，要求停止侵权，赔偿经济损失。

**[法院认为]**

一审法院认为：B公司销售的“百蕊颗粒”药品来源于曲某，事实清楚，证据充分。B公司在采购中并无违法行为，能够证明被诉侵权商品是自己合法取得并已说明了提供者，其确系销售不知道是侵犯注册商标专用权的商品。依照《商标法》第64条第2款的规定，B公司不应承担赔偿责任。但是，并不能因此认为B公司销售侵犯涉案注册商标专用权的商品不构成侵权。B公司关于不构成侵权，不应当承担民事责任的抗辩主张不成立。《商标案件适用法律解释》第17条规定：“商标法规定的制止侵权行为所支付的合理开支，包括权利人或者委托代理人对侵权行为进行调查、取证的合理费用。”B公司应当赔偿A公司为制止侵权行为进行调查、取证所支付的购买被诉侵权商品和公证费等合理费用2156元。C公司应当承担连带责任。判决：（1）B公司停止销售涉案药品；（2）B公司赔偿A公司2156元；（3）C公司对B公司承担连带责任；（4）驳回A公司的其他诉讼请求。判后，A公司不服，提起上诉。

二审法院认为：B公司未经涉案注册商标权利人授权许可，在同一种商品“百蕊颗粒”药品上使用与涉案“柏美星”注册商标相同的商标，销售侵犯涉案注册商标专用权的商品，侵犯了涉案“柏美星”注册商标专用权，应当停止侵权行为。B公司销售侵犯涉案注册商标权的商品，并且不能证明该商品是自己合法取得和说明提供者，应当承担赔偿责任。法院综合考虑B公司侵权行为的性质、地域范围、所处商业区域、后果，销售侵权商品的持续时间、价格、数量，涉案注册商标的声誉以及A公司为制止侵权行为所支付的合理开支等因素，综合确定B公司的赔偿数额。

**[裁判结果]**

二审法院判决：驳回上诉，维持原判。

[ **裁判思路** ]

同其他产品相比，食品、药品具有特殊性。因为这两者关乎人民群众的切身利益，也是最基本的民生问题。2001 年《药品管理法》修改以前，除了中药材和中药饮片外的其他药品，都必须使用注册商标。伴随《商标法》的出台和修改，逐渐确定了商标注册自愿原则，除特殊商品外，原则上不要求产品必须使用注册商标，故目前药品并不要求必须使用注册商标，这也便使得假冒、仿冒注册商标的药品逐渐在市场中显现。在考虑赔偿数额过程中，应适当加重被控侵权人的责任，落实国家关于食品药品安全的决策，保证人民群众吃放心食品，用放心药。本案中，法院在查明事实基础上，准确确定赔偿数额，既避免了过度维权现象的产生，又达到了惩罚、制止侵权行为的目的，较好地实现了法律效果与社会效果的统一。

[ **相关法律法规** ]

《商标法》第 64 条第 2 款

## 015.注册商标文字衍化为商品通用名称的认定

**【典型案例】**

### A 公司诉 B 公司侵害商标权、不正当竞争纠纷案

[ **案号** ]

（2010）哈知初字第 29 号，（2011）黑知终字第 10 号

[ **案情** ]

千思板国际有限公司是“千思板”等商标的注册人，其许可 A 公司使用其注册商标，授权其处理相关纠纷。A 公司在其网站及所生产板材包装上使用“特莱仕千思板”字样。B 公司拥有“都邦”注册商标，在其官方网站宣传自身产品的过程中大量使用了“都邦千思板”等文字。A 公司认为 B 公司使用了与其“千思板”商标相同或相似的标识，造成市场中产品来源混淆，构成侵权和不正当竞争，遂起诉到法院，请求判令 B 公司停止侵权、消除影响并赔偿经济损失 50 万元。

[ **法院认为** ]

一审法院认为：依据 A 公司产品宣传册的内容可以看出，该公司在实际经营中，一再反复清楚明确地将“千思板”作为一种建筑用板材商品通用名

称使用，并进行广泛宣传。同时，与千思板生产、销售、消费等有密切关系的相关公众，亦将“千思板”作为一种建筑用板材商品通用名称使用和宣传。虽然商标权人及利害关系人对淡化商标、侵犯商标权的行为可以依法主张权利予以制止，但在“千思板”成为商品通用名称失去商标显著性的过程中，千思板商标权人及利害关系人不仅是明知的，而且积极倡导、积极参与、积极推动。千思板商标权人及利害关系人将“千思板”作为商品名称已得到公认。在相关公众均已接受并公认“千思板”成为商品通用名称，该商标已淡化为商品通用名称后，A公司无权禁止B公司正当使用“千思板”商品名称，其起诉B公司构成商标侵权和不正当竞争不成立，不应予以支持。判决：驳回A公司的诉讼请求。判后，A公司不服，提起上诉。

二审法院认为：千思板国际有限公司作为第1652089号、第2018641号“千思板”，第1378339号“千思”，第1652088号、第1648977号、第1664198号“TRESPA”商标注册人，对上述注册商标依法享有专用权。A公司经商标注册人许可使用上述商标，并经其授权提起本案诉讼，符合《商标法》第3条及《商标案件适用法律解释》第3条的规定，二审法院予以确认。一审及二审中，双方当事人对上述注册商标合法有效均无异议，争议焦点集中于B公司在其网站中使用与A公司“千思板”注册商标相同的文字是否构成侵权，而双方对此的诉辩依据又集中于“千思板”是否为建筑行业同类板材商品的通用名称问题。所谓商品通用名称，一般是指在某一范围内约定俗成，被普遍使用的某一种类商品的名称，包括规范的商品名称，约定俗成的商品名称和商品简称。综合本案各方面辨析衡量，在B公司建立网站将“千思板”文字作为产品描述之时，“千思板”应当认定为商品通用名称。

首先，历史沿革及现实因素促成“千思板”成为本案所涉建筑板材的通用名称。住房和城乡建设部虽已公布了包括本案争议双方所生产的此类建筑板材的《行业标准》，住房和城乡建设部建筑制品与构配件产品标准化技术委员会出具的说明中，亦明确“千思板”为建筑幕墙用高压热固化木纤维板的一个品牌，即A公司“千思板”牌建筑板材的行业标准名称为建筑幕墙用高压热固化木纤维板。但对某一特定商品而言，判断其所具有的通用名称，除国家或者行业制定的标准以及专业工具书、辞典中已经列入的商品名称可以作为依据外，对于已为同行业经营者约定俗成、普遍使用的表示某类商品的名词，也应当认定为该商品的通用名称。亦即某一产品的行业标准名称与行业经营者约定俗成的名称基于产生环境和条件不同，在现实中既可以单独存在，亦可以同时并行，并不会产生非此即彼、不相包容的冲突。依前述《行业标准》的表述，建筑幕墙用高压热固化木纤维板在表面耐划痕、表面耐污染腐蚀、抗冲击、抗气候激变、阻燃等性能方面明显有别于传统的建筑板材。A公司于1998年即已成立，而《行业标准》至2009年9月方予发布，在此期间长达十余年的时间，对于建筑幕墙用高压热固化木纤维板这种新型的建筑板材并无规范的行业标准名称。而北京海波兰德科贸有限公司、上海汇丽千思板制造有限公司、青岛嘉达节能技术有限公司等其他企业所生产的类同于A公司“千思板”的板材，或是基于易于区分于其他类别产品，或是增加辨识度等因素考虑，亦将本企业产品称之为“千思板”。包括目前在互联网知名搜索网站谷歌、百度等搜索时，仍有企业对所生产的该类产品以括号形式标注为“千思板”“俗称千思板”等。经过生产企业、经营企业和购买者较长时间的称呼使用，使得A公司的注册商标“千思板”已经逐渐衍化为同类板材的通用名称。

其次，A公司的行为在客观上造成“千思板”注册商标的弱化，促使其成为通用名称。从涉案商标“千思板”汉字本身的含义来看，其对于指定使用的第19类建筑用非金属板、建筑用非金属板材、建筑用非金属隔板等商品的功能、用途等特点具有直接的叙述性，商标所载辨识性、显著性相对较弱。在缺乏行业标准名称、商标显著性又相对较弱的情况下，A公司更应规范、合理、审慎地使用其注册商标。但A公司自其1998年成立至今所一直使用的企业名称“特莱仕（上海）千思板制造有限公司”，与其于2009年获取的企业法人营业执照所核准的经营范围“生产、制造千思板”表述一致。依照《企业名称登记管理规定》中关于企业名称应当由字号（或者商号）、行业或者经营特点、组织形式组成的相关规定，该公司名称以及企业营业执照中的“千思板”文字一般应理解为行业或经营特点，从而得出“千思板”为某种建材产品通用名称的结论，而很难归结其为商标或者字号。此外，从A公司对其产品的宣传手段看，在A公司曾经发布的有关宣传图册中，排布于醒目位置的“TRESPA”注册商标后加注了®标志，而对“千思板”则未加任何表明其为注册商标或其他可以有别于商品通用名称的标识，宣传手册的具体内容亦着重强调千思板是一种……板材，该板材具有……的性能。此宣传手段虽不违反法律法规强制性规定，但在客观上亦容易造成相关公众作出其宣传的商品系一种注册商标为“TRESPA”、商品通用名称为“千思板”的建筑装饰材料的理解。对A公司上述行为的主观态度及意愿本院不予判断，但如前所述，其在企业命名、经营范围申报以及经核准登记予以公示的企业名称、经营范围的表述，客观上已经造成了将“千思板”作为一种商品通用名称实际使用的事实，亦难以避免地促成相关公众将“千思板”作为一种商品通用名称加以理解和使用，导致“千思板”注册商标被弱化成为商品通用名称。

鉴于前述案涉“千思板”文字已衍化为商品通用名称，故在判断B公司是否构成侵权或不正当竞争时，应当从B公司对“千思板”文字的使用范围、使用方式等方面综合考察其使用行为是否足以造成相关公众的混淆、误认。本案中，B公司并未在其产品及包装中使用与“千思板”相同或近似的标志，其使用范围仅限其公司网站；且在B公司网站中，首页明显位置即已标示其公司名称及“都邦”商标，产品图片中亦均有其公司名称的水印，该网站已反复、清晰地表明了其宣传产品的生产厂家为B公司，亦无其他内容明示或暗示B公司与A公司存在某种特定关联；网站产品介绍中的“都邦千思板”“都邦千丝板”“都邦纤丝板”均注明了其“都邦”注册商标，而商标加板材种类，如某某（牌）胶合板、某某（牌）三合板等，符合建筑装饰板材行业内对其产品宣传中的通常用法。“纤丝板”已为商标局明确确认为商品通用名称，“千丝板”虽与“千思板”读音相同，但其与“纤丝板”在读音及文字上更为接近。虽有“千思板节能板”“千思板难燃发泡板”等少数内容未注明“都邦”商标应予更正，但相类似的不规范表述在B公司网站页面所占比例极小，且不足以引起相关公众对网站介绍产品的来源产生混淆误认。依据《商标法实施条例》第49条关于注册商标中含有本商品的通用名称，注册商标专用权人无权禁止他人正当使用的相关规定，在“千思板”已为商品通用名称，B公司的涉案使用行为并无不当的情况下，A公司关于B公司侵犯其注册商标专用权、构成不正当竞争的诉讼主张缺乏事实和法律依据，二审法院不予支持。

**［裁判结果］**

二审法院判决：驳回上诉，维持原判。

**［裁判思路］**

本案主要涉及注册商标通用化的问题。商品通用名称是指在某一范围内约定俗成，被普遍使用的某一种类商品的名称，包括规范的商品名称，约定俗成的商品名称和商品简称。对某一特定商品而言，判断其所具有的通用名称，除国家或者行业制定的标准以及专业工具书、辞典中已经列入的商品名称可以作为依据外，对于已为同行业经营者约定俗成、普遍使用的表示某类商品的名词，也应当认定为该商品的通用名称。即便某一名称已被核准注册为商标，如因权利人不当使用、怠于行使权利等因素，客观上造成相关公众已约定俗成地将该商标文字作为某一类商品的通用名称，仅凭该商标文字已无法判断该商品生产来源，该商标文字即衍化为商品的通用名称。即便该注册商标仍然有效，权利人亦无权禁止他人正当使用该文字。如目前公众普遍使用的“优盘（U盘）”“兰贵人”等文字均属此种情况。本案也警示注册商标权利人应审慎、规范地使用其注册商标，避免自身注册商标显著性弱化。

［**相关法律法规**］

《商标法实施条例》第49条

## 016.在先权利与其他权利的冲突应以维护公平竞争和保护在先合法权利人利益为原则

**【典型案例1】**

### 北京天地一家餐饮有限公司诉黑龙江盈通投资管理有限公司、黑龙江盈通投资管理有限公司天地一家酒店侵害商标权及不正当竞争纠纷案

［**案号**］

（2013）哈知初字第18号，（2013）黑知终字第21号

［**案情**］

北京天地一家餐饮有限公司（以下简称北京天地一家公司）成立于2003年9月25日，于2008年3月21日经核准获得第3781455号注册商标（指定颜色），核定服务项目为第43类：备办宴席；咖啡馆；自助餐厅；饭店；餐馆等。哈尔滨天地一家酒店成立于2007年，性质为个体工商户，业主为李某。

2009年4月14日，北京天地一家公司以李某未经许可擅自以“天地一家”作为字号进行经营，并在店面牌匾等处突出使用“天地一家”字样侵犯其注册商标专用权为由提起诉讼。法院经审理认为，哈尔滨天地一家酒店成立时间早于北京天地一家公司涉案商标核准时间，李某对其酒店的企业名称权为在先权利，哈尔滨天地一家酒店正当使用其商户字号的行为未侵犯北京天地一家公司注册商标专用权。判决驳回北京天地一家公司的诉讼请求。

2010年7月30日，李某与案外人共同投资注册成立黑龙江盈通投资管理有限公司（以下简称盈通公司）。之后，李某成立黑龙江盈通投资管理有限公司天地一家酒店（以下简称盈通公司天地一家酒店），性质为盈通公司分公司，负责人为李某。盈通公司天地一家酒店的经营位置、装修风格、“天地一家”字样的使用方式等与哈尔滨天地一家酒店相比均无变化。2011年，李某将哈尔滨天地一家酒店注销。2013年，北京天地一家公司以盈通公司、盈通

公司天地一家酒店为被告提起诉讼，请求判令盈通公司天地一家酒店立即停止使用“天地一家”字样作为企业字号，变更企业名称，停止使用“天地一家”字样进行的一切经营活动，赔礼道歉，并赔偿经济损失 20 万元。

［**法院认为**］

一审法院认为：判定盈通天地一家酒店是否构成侵权的根本问题，是盈通天地一家酒店是否属于对李某哈尔滨天地一家酒店的延续承继。从原哈尔滨天地一家酒店到盈通天地一家酒店，虽然法律主体在形式上发生了变化，但企业字号、经营场所、经营范围、店徽图案、招牌、装潢装饰等各方面均没有改变，盈通天地一家酒店的负责人仍然是原哈尔滨天地一家酒店的负责人李某，其所属企业盈通公司的法定代表人亦是李某。盈通天地一家酒店实质上与哈尔滨天地一家酒店是同一企业，即使两者在一段时间内并存，也是同一企业同时使用两个名称，其企业名称、组成形式、企业性质等形式上的变化，并不能改变两者系同一企业、系同一法律责任主体的法律性质，两者是延续承继关系，而不是各自独立关系。北京天地一家公司拥有的第 3781455 号注册商标专用权和哈尔滨天地一家酒店商号权均为合法权利，当两项权利发生冲突时，应当适用维护公平竞争和保护在先合法权利人利益的原则处理。因北京天地一家公司 2003 年申请注册第 3781455 号商标，但其核准注册日期为 2008 年 3 月 21 日，晚于哈尔滨天地一家酒店的开办时间，故哈尔滨天地一家酒店商号权为在先取得的权利。因此，延续承继哈尔滨天地一家酒店的盈通公司天地一家酒店在其经营酒店的牌匾、餐饮发票等处使用“天地一家”企业字号文字规范，符合餐饮服务的常规做法，属于合理使用，不侵犯第 3781455 号注册商标专用权。同理，盈通公司天地一家酒店亦不构成侵犯第 3781456 号注册商标专用权。判决：驳回北京天地一家公司的诉讼请求。

二审法院认为：第一，盈通天地一家酒店是否侵犯北京天地一家公司、上海天地一家公司的注册商标专用权。北京天地一家公司、上海天地一家公司案涉第 3781455 号、第 3781456 号注册商标合法有效，依法应予保护。依据《商标案件适用法律解释》第 1 条第（一）项的规定，将与他人注册商标相同或者相近似的文字作为企业的字号在相同或者类似商品上突出使用，容易使相关公众产生误认的，属于给他人注册商标专用权造成其他损害的行为。本案中，第 3781456 号注册商标为商品商标，核定使用范围为第 30 类糕点、茶、年糕等，而盈通天地一家酒店经营餐饮服务，二者不属于相同或类似的商品或服务，盈通天地一家酒店未侵犯第 3781456 号注册商标专用权。第 3781455 号注册商标核定使用范围与盈通天地一家酒店营业范围相同，均为餐饮行业。该商标为图文组合商标，文字部分即为“天地一家”字样。盈通天地一家酒店的企业字号亦为“天地一家”，且该公司在牌匾、发票等处使用了“天地一家”字样。盈通天地一家酒店的企业字号及使用行为是否侵害了北京天地一家公司、上海天地一家公司第3781455号注册商标专用权，为本案中双方争议的重点。本案中，李某作为个体工商户业主经营的哈尔滨天地一家酒店的名称权为在先权利，哈尔滨天地一家酒店正当使用其商户字号的行为未侵犯北京天地一家公司注册商标专用权之事实，已经本院（2009）黑知终字第40号民事判决确认。但盈通天地一家酒店并不能当然取得继续使用该字号和“天地一家”字样的权利。哈尔滨天地一家酒店为个体工商户，李某是经营者，盈通天地一家酒店为有限责任公司分公司，李某是投资人之一，一审判决认定二者系同一企业、同一法律责任主体不当，二审法院予以纠正。但本院亦注意到：（1）个体工商户的设立主要依据《民法通则》《城乡个体工商户管理暂行条例》等法律法规，有限责任公司的设立主要依据《公司法》《企业法人登记管理条例》等法律法规，由于二者法律属性上的差别以及工商管理机关的有关规定，李某从个体工商户到有限责任公司投资人的变更过程无法在工商登记中得到体现，李某只能采用注册盈通天地一家酒店，再注销哈尔滨天地一家酒店的方式来实现经营主体组织形式的转变，这并不影响二者在经营业务上是承继关系的事实。（2）盈通天地一家酒店与哈尔滨天地一家酒店经营地址、经营范围、经营模式均相同，二者在牌匾、发票等处对“天地一家”字样的使用方式亦相同。且二者的经营活动是连续未间断的，盈通天地一家酒店完全承继了哈尔滨天地一家酒店的经营业务，未对哈尔滨天地一家酒店对“天地一家”字样的使用方式进行任何扩张使用。（3）哈尔滨天地一家酒店自2007年1月31日获得核准登记直至2011年10月25日正式办理注销手续，连续经营长达近五年时间，其在所在地域内长期经营所累积之商誉已与其享有的“天地一家”字号建立起固定关联，为当地公众知晓，盈通天地一家酒店继续使用“天地一家”字样并未给公众带来新的认知，亦不能造成公众对北京天地一家公司的混淆。盈通天地一家酒店继续使用天地一家酒店的字号、牌匾等，意在延续盈通天地一家酒店代表人李某经长期经营所累积的哈尔滨天地一家酒店的商业信誉，表明其与哈尔滨天地一家酒店在业务上的承继关系。综上，从尊重客观事实、维护公平竞争的角度，盈通天地一家酒店对“天地一家”字样的使用，具有正当理由和合法依据，不应仅以二者在法律上经营主体发生了变化为由，否定二者间的业务承继关系，进而认定盈通天地一家酒店侵害北京天地一家公司、上海天地一家公司注册商标专用权。一审判决认定盈通天地一家酒店未构成侵权，符合维护公平竞争和保护在先权利人合法利益的基本原则。同时，盈通天地一家酒店全称与北京天地一家酒店、上海天地一家公司在行政区划、组织形式等方面均有明显区别，其对“天地一家”字样的使用范围及使用方式完全延袭了哈尔滨天地一家酒店对“天地一家”字样的使用范围及使用方式，未对“天地一家”字样的原使用方式作任何改变，亦未将“天地一家”字样拓展至餐饮以外的其他行业进行扩张使用。在此情况下，盈通天地一家酒店的行为不属于《商标案件适用法律解释》第1条第（一）项规定的给他人注册商标专用权造成其他损害的情形，未侵犯北京天地一家公司、上海天地一家公司注册商标专用权。一审判决虽部分论述理由有误，但结论并无不当，二审法院予以维持。

第二，盈通天地一家酒店是否构成不正当竞争。依据《反不正当竞争法》第5条第（二）项、第（三）项[①]的规定，经营者不得擅自使用知名商品特有的名称、包装、装潢，或者使用与知名商品相似的名称、包装、装潢，造成和他人的知名商品相混淆，使购买者误认为是该知名商品，亦不得擅自使用他人的企业名称或者姓名，引人误认为是他人的商品。《不正当竞争司法解释》第1条第1款规定：“在中国境内具有一定的市场知名度，为相关公众所知悉的商品，应当认定为反不正当竞争法第5条第2项规定的‘知名商品’。”第6条第1款规定：“具有一定的市场知名度、为相关公众所知悉的企业名称中的字号，可以认定为反不正当竞争法第5条第3项规定的‘企业名称’。”依据上述法律规定，北京天地一家公司、上海天地一家公司主张盈通天地一家酒店构成不正当竞争，需证明其服务及字号具有一定的市场知名度，为相关公众所知悉。本案中，北京天地一家公司、上海天地一家公司虽主张其装修风格及字号具有极高的知名度，但不能举示报刊、杂志、宣传广告及所获荣誉证书等证据的原件，二审中亦未能对此进一步举示证据予以证明，对方当事人对此亦不认可。故北京天地一家公司、上海天地一家公司关于盈通公司、盈通天地一家酒店构成不正当竞争的诉讼主张缺乏事实及法律依据，二审法院不予支持。

**［裁判结果］**

二审法院判决：驳回上诉，维持原判。

**［裁判思路］**

本案为注册商标专用权与企业名称权相冲突的案件。商标是区别不同商品或者服务来源的标志，由文字、图形、声音等或者其组合构成；企业名称

① 此条新《反不正当竞争法》修订为第6条。

是区别不同市场主体的标志，由行政区划、字号、行业或者经营特点、组织形式构成，其中字号是区别不同企业的主要标志。注册商标专用权与企业名称权均是经法定程序确认的权利，分别受商标法律、法规和企业名称登记管理法律、法规保护。处理注册商标专用权与企业名称权相冲突的案件，应当适用维护公平竞争和保护在先合法权利人利益的原则。由于此前我国行政法规并未对经营形式由个体工商户转变为有限责任公司的情况作出具体规定，工商行政管理机关在处理此类经营形式转变时，均要求采取新设有限责任公司并注销原个体工商户的方法，即便个体工商户与有限责任公司的经营是连续的，其业务承继关系及经营的连续性亦无法在工商档案中得以体现。如仅以工商档案记载的主体承继关系确认在先权利，则因本案中哈尔滨天地一家酒店与盈通公司天地一家酒店在工商档案中系不同性质的两个主体，在先权利人的合法权益将难以得到保护。本案裁判结果较好体现了维护公平竞争和保护在先合法权利人利益的原则在司法实践中的具体运用，既合理保护在先合法权利人享有的权益，又对其业务承继者的权益范围进行了合理界定。

**［引申思考］**

一、商标权与商号权冲突成因

商标权与商号权权利易起冲突，本质成因是利益驱动，也因我国相关法律制度不足，同时司法救济机制不够健全、行政管理不够完善，在一定程度上也加剧了两者的冲突，总的来说主要原因有：

（一）利益驱动

一些优秀企业赢得消费者依赖和认同，侵权者往往在商标注册和商号登记时大做文章，“搭便车”，“傍名牌”，获取巨额利益。加之商标和商号识别功能的相似性，二者都可用文字构成，名称上易生混淆，又都具区别产品来源、企业主体及承载商事主体享有信誉等功能，消费者选择时，易将两者混同而致误购。

（二）制度不足

目前，我国相关法律制度不足主要有三方面：其一，现行法律管理制度不足。我国有专门的商标法对商标全方位保护；商号没有一部完全的法律予以保护，商号登记主要依据 1991 年《企业名称登记管理规定》和 1999 年《企业名称登记管理实施办法》，保护层次较低。其二，确权机关不同。商号登记和商标注册分属不同部门管理，商标由国家工商总局商标局实行全国统一注册制度；商号实行分级登记和属地登记制度，国家工商总局和地方各级工商局均是登记机关。其三，操作技术限制。判断是否混同主要依赖人为方式，注册、登记机关有较大自由裁量权，审批意见也因判断标准不同而有随意性，会出现操作人员审查认为属于非“近似”，而实际却造成两种权利冲突发生的情况。

二、商标权和商号权碰撞的法律应对

裁判二者冲突，应从主客观要件考虑：

（一）客观要件判断

1. 在先权利。在先权利是指在他人提出注册商标申请以前，已经依法取得或者依法享有并受法律保护的权利。本案中，原告受让取得商标时间虽晚于被告商号成立时间，但该涉案商标自身取得时间却早于被告商号成立时间，应认定原告取得涉案商标权利具在先性。

2. 禁止混淆。应考虑以下因素：（1）知名度。权利人所主张的商业标识(商号、商标)应在市场上或同行业中具一定知名度或影响力，在相关公众心目中有一定的“美誉度”，冲突时，相关公众才不会对两者产生误认。（2）行业特点和地域差别。通常，纠纷双方属于同行业竞争者、各自提供的商品(服务)相同或相似，且经营活动地区重合，才会引起相关公众对商品(服务)的来源产生误认。

3. 坚持突出使用相同或相似标识才构成侵权。《商标案件适用法律解释》第1条第（一）项规定，坚持突出使用是构成侵权的认定标准，实践中，要认真审查。

4. 反淡化。反淡化是对他人不正当使用驰名商标而可能给该商标权利人造成损害的一种救济方式。未经权利人许可，将与驰名商标相同或相似的文字、图形及其组合在其他不相同或不相似的商品或服务上使用，从而减少、削弱该驰名商标的识别性和显著性，损害、玷污其商誉的行为，实践中，要予以审查并制止。

（二）主观要件判断

1. 诚实信用。2014年5月1日实施的《商标法》第7条增加规定，申请注册和使用商标，应当遵循诚实信用原则。

2. 被告过错。权利冲突是否构成侵权，要考虑在后权利人是否有主观过错。因主观有过错对权利人造成损害的，法院可判令侵权人赔偿损失。

3. 利益均衡。对先商标、后商号利益冲突案件，要衡量对先商标权利人的保护，也要权衡后商号侵权人对产品所做的投入，以及市场影响力。对先商号、后商标利益冲突案件，如果被告被认定具在先权利，结合其使用行为性质，可排除其侵权责任。

4. 区别对待。对善意取得商号并登记在先的，如与驰名商标冲突，驰名商标所有人可对改变名称的企业进行适当民事补偿，以兼顾两者合法权益。

对于普通商标，在不“引起公众误认”的情况下，应允许两权同时存在，并分别得到法律保护。

**[ 相关法律法规 ]**

《商标案件适用法律解释》第 1 条第（一）项

《反不正当竞争法》第 6 条

《不正当竞争司法解释》第 1 条第 1 款、第 6 条第 1 款

## 【典型案例 2】

### 吕某诉哈尔滨银行股份有限公司侵害商标专用权纠纷案

**[ 案号 ]**

（2011）哈知初字第 128 号，（2012）黑知终字第 50 号

**[ 案情 ]**

2006 年，哈尔滨银行股份有限公司（以下简称哈尔滨银行）委托某广告公司进行文化、品牌设计，合同约定实现的成果均属银行所有。同年，以“HCBank”和“”为主要元素的设计完成，其后，哈尔滨银行以“HRBanK”作为作品图样参加 2006 国际设计博览会暨 IDE 中国品牌形象设计大奖评选，并荣获中国品牌形象设计大奖（服务类）。哈尔滨银行还于同年申请注册“HCBank”和“”组成的商标，当时，银行正处于更名阶段，由于名章不符，商标局未受理。2007 年，吕某申请注册“”商标，2010 年获得商标注册证，核定使用范围是金融服务业。后吕某以哈尔滨银行侵犯其注册商标专用权为由，向法院提起诉讼，请求判令哈尔滨银行停止侵权。

**[ 法院认为 ]**

一审法院认为：吕某于 2007 年 1 月 24 日向国家商标局申请注册“”图形商标，晚于哈尔滨银行取得“”和“HRBanK”商标设计作品著作权及以其参加 2006 中国北京国际设计博览会暨 IDE 中国品牌形象设计大奖活动和首次申请注册商标的时间。吕某主张哈尔滨银行大范围在其招牌、行徽、对外宣传资料、内部文件等诸多地方使用与其注册商标相同或者类似的标识，造成了广泛影响。哈尔滨银行亦承认大规模宣传使用了涉案商标。哈尔滨银行使用享有在先著作权的“”和“HRBanK”商标已产生较大的影响，具有一定的知名度。哈尔滨银行的“”和“HRBanK”商标所产生的商业价值，是哈尔滨银行长期使用、经营、宣传的结果。而吕某在庭审中自认其自申请注册商标注册至今是无业，既没有自己使用也没有许可他人使用其注册

商标。吕某持有的“”注册商标不具有商业品牌价值，其所称因享有商标专用权而可获得的经济利益受到损失没有根据。哈尔滨银行在先使用享有在先著作权的“”和“HRBanK”商标有合法根据，其关于不构成商标侵权的抗辩主张成立，应予支持。判决：驳回吕某的诉讼请求。判后，吕某不服，提起上诉。

二审法院认为：根据法律规定，“在先权利”包括姓名权、肖像权、著作权、外观设计专利权等民事权利。著作权自作品完成之时自动产生，注册商标专用权采取登记制度，经核准之后产生，二者均受法律保护。当两项权利发生冲突时，应尊重和保护在先权利。即要求在后权利的创设、行使均不得侵犯在此之前已存在并受法律保护的在先权利。因此，擅自将他人享有著作权的作品注册产生的商标权，是一种存在于他人合法在先权利基础上的有瑕疵的民事权利，将可能被认定无效或权利受到限制。当注册商标专用权与在先著作权发生冲突时，在先著作权人可以阻却商标注册申请，也可以据此申请撤销注册商标专用权。本案中，哈尔滨银行已向国家商标局提出异议申请，吕某的注册商标专用权已处于不稳定状态。虽然涉案商标专用权的效力需待行政机关最终作出确认，但并不影响本院对本案被控侵权行为是否构成商标侵权进行审查并作出认定。根据保护在先权利的基本原则，吕某作为在后注册商标专用权人无权限制著作权人对其作品的合理使用。

**[裁判结果]**

二审判决：驳回上诉，维持原判。

**[裁判思路]**

本案属于在先权利与注册商标专用权相冲突的典型案件。对于注册商标专用权而言，在先权利可能涉及著作权、外观设计专利权、企业名称权等。即使上述权利虽均系依法设立，但权利的行使必须在限制于法律设定的边界范围内。当两项权利发生冲突时，应尊重和保护在先权利。即要求在后权利的创设、行使均不得侵犯在此之前已存在并受法律保护的在先权利。对在先权利的尊重和保护体现了物权法中物权优先原则，也是知识产权领域中解决权利冲突的一项基本原则。本案的裁判还表明，在先权利的法律效力主要表现为两个方面：一是在先权利的存在可以成为阻却商标注册申请和撤销注册商标的事由；二是在先权利的存在可以限制其后取得的注册商标专用权。

**[相关法律法规]**

《商标法》第 9 条、第 31 条

《著作权法实施条例》第 6 条

## 017.对企业名称和字号的在先合理承继使用不构成商标侵权

### 【典型案例】

#### 韩某诉哈尔滨报达家政有限公司侵害商标权纠纷案

［**案号**］

（2014）哈知初字第33号，（2015）黑知终字第9号

［**案情**］

韩某于2006年5月12日申请，2012年经国家工商行政管理总局商标局核准注册第5343105号“报达家政 BAODA”商标。2012年9月，韩某成立哈尔滨市南岗区报达家政通达服务部并实际经营。2014年2月，韩某向法院提起诉讼称：哈尔滨报达家政有限公司（以下简称报达家政公司）于2009年3月17日成立，系在韩某申请“报达家政 BAODA”商标三年之后。报达家政公司使用“报达家政”字样易使公众产生误认，侵害了韩某的注册商标专用权。请求判令报达家政公司立即停止侵权行为，更改“哈尔滨报达家政有限公司”中的“报达家政”字样。

［**法院认为**］

一审法院认为：哈尔滨报达家政有限公司使用企业名称在先，是以“报达家政”为企业简称和字号的在先合法权利人。依照保护在先合法权利人利益的原则，韩某无权禁止哈尔滨报达家政有限公司在原使用范围内继续使用其企业名称。哈尔滨报达家政有限公司既没有使用韩某的“报达家政 BAODA”注册商标，也未使用不正当手段损害韩某的不正当竞争行为。故哈尔滨报达家政有限公司未侵犯韩某的“报达家政 BAODA”注册商标专用权，韩某的诉讼主张不成立。判决：驳回韩某的诉讼请求。判后，韩某不服，提起上诉。

二审法院认为：争议的焦点问题为哈尔滨报达家政有限公司是否侵害了韩某的“报达家政 BAODA”注册商标专用权。依照《商标法》第48条的规定，《商标法》所称商标的使用，是指将商标用于商品、商品包装或者容器以及商品交易文书上，或者将商标用于广告宣传、展览以及其他商业活动中，用于识别商品来源的行为。本案中，哈尔滨报达家政有限公司在企业宣传及经营活动中使用“报达家政”字样，其目的是为了将其提供的服务与其他经营者区别开来，应认定属于使用服务商标的行为。将哈尔滨报达家政有限公司在企业宣传及经营活动中使用的“报达家政”文字与韩某的涉案第5343105号

“报达家政BAODA”注册商标相比对，“报达家政BAODA”注册商标由汉字“报达家政”与拼音“BAODA”构成，但视觉冲击较强的部分是汉字部分“报达家政”；哈尔滨报达家政有限公司在企业宣传及经营活动中使用的“报达家政”字样与韩某涉案注册商标的汉字部分相同，应当认定哈尔滨报达家政有限公司在企业宣传及经营活动中使用“报达家政”服务商标与韩某的涉案注册商标构成近似。涉案第5343105号“报达家政BAODA”注册商标的核定服务项目为家政服务、提供保姆服务、保洁工（家政服务）、社区保安、月嫂（家政服务）、社交护送（陪伴）、护送、安全咨询、提供按小时计费的家政服务、家政服务信息咨询。哈尔滨报达家政有限公司的经营范围为：职业介绍、中介服务、家政服务、家政职业技能培训咨询服务。哈尔滨报达家政有限公司在经营活动及企业宣传中使用“报达家政”服务商标的服务范围与韩某第5343105号“报达家政BAODA”注册商标的核定服务项目亦构成类似。由此可以认定，哈尔滨报达家政有限公司存在在同一种商品或者类似商品上使用与注册商标相同或者近似的商标的行为。

依照《商标法》第59条第3款的规定，商标注册人申请商标注册前，他人已经在同一种商品或者类似商品上先于商标注册人使用与注册商标相同或者近似并有一定影响的商标的，注册商标专用权人无权禁止该使用人在原使用范围内继续使用该商标，但可以要求其附加适当区别标识。本案中，“报达”是无固定含义的臆造词，具有较强的固有显著性。从历史渊源看，报达家政服务中心、哈尔滨报达家政有限责任公司和哈尔滨报达家政有限公司虽企业名称几经变迁，但上述三家企业均系与哈尔滨日报B公司有限责任公司和哈尔滨报达集团有限公司有关联的家政企业，并始终在企业经营和广告宣传中使用“报达家政”字样，韩某仅以前述三企业不是同一家企业而否认“报达家政”字样在使用上的合理承继，与事实不符。经多年经营和宣传，在韩某2006年申请注册报达家政BAODA商标前，“报达家政”标识在哈尔滨市已经具有了较高的市场知名度，为相关公众所熟知。哈尔滨报达家政有限公司并不具有攀附韩某报达家政BAODA注册商标知名度的主观意图。同时，哈尔滨报达家政有限公司在使用“报达家政”字样时通常会附加“POTA”标识，而该标识系哈尔滨报达集团有限公司享有的21个“报达POTA”商标的主体部分，哈尔滨市内的普通消费者通常会将“报达家政”字样与哈尔滨报达集团有限公司、哈尔滨日报B公司有限责任公司联系起来，形成特定指向。一审法院关于哈尔滨报达家政有限公司享有在先权利，韩某无权禁止哈尔滨报达家政有限公司在原使用范围内继续使用“报达家政”服务商标的认定并无不当。韩某关于哈尔滨报达家政有限公司在企业宣传及经营活动中不得使用“报达家政”字样的上诉主张没有法律依据，二审法院不予支持。一审判决哈尔滨报达家政有限公司未侵犯韩某的注册商标专用权，驳回韩某的诉讼请求正确，二审法院予以维持。

[ 裁判结果 ]

二审法院判决：驳回上诉，维持原判。

[ 裁判思路 ]

本案的双方当事人位于同一城市，并均以“报达”之名从事家政服务，后因“报达家政”的商标与字号的权属问题而对簿公堂。原告韩某虽系报达家政 BAODA“商标的商标权人，且已使用该商标进行经营，但被告报达家政公司对”报达家政“字样的使用源于报达家政服务中心、哈尔滨报达家政有限责任公司多年的在先使用。在一、二审审理中，法院紧紧围绕商标法关于在先使用的构成要件，对报达家政公司是否构成在先使用进行了详细调查分析，最终明确了解决本案的关键在于报达家政公司对”报达家政”字样的使用系合法继承使用，拥有在先权利。本案的典型意义在于，通过司法裁判，保护了公平竞争，平衡了商标注册人和在先使用人的合法权益，避免给在先使用人造成不公平的后果。

[ 相关法律法规 ]

《商标法》第 9 条、第 32 条、第 59 条第 3 款

## 018.使用相同或者相近似企业字号的行为不必然构成商标侵权及不正当竞争

### 【典型案例】

### 咸阳市秦都区宝宇大连海鲜渔港诉黑龙江圣宝宇餐饮有限公司、黑龙江圣宝宇餐饮有限公司立都时尚分公司侵害商标权及不正当竞争纠纷案

[ 案号 ]

（2015）哈知初字第 141 号

[ 案情 ]

咸阳市秦都区宝宇大连海鲜渔港（以下简称秦都区宝宇海鲜渔港）是从事餐饮服务的个体工商户，于 2008 年 7 月 28 日注册了第 4396502 号“宝宇”商标，核定使用服务第 43 类，2014 年被评为“陕西省著名商标”。黑龙江圣

宝宇餐饮有限公司（以下简称圣宝宇公司）和黑龙江圣宝宇餐饮有限公司立都时尚分公司（以下简称圣宝宇立都分公司）在经营牌匾、宣传资料、名片、餐后结算单以及网络微博等处加以突出使用“宝宇”字样并进行企业宣传，秦都区宝宇海鲜渔港认为二被告使用商标及字号的行为构成商标侵权及不正当竞争，请求法院判令：（1）圣宝宇公司、圣宝宇立都分公司停止侵权行为，立即停止在企业名称中使用“宝宇”字号，销毁带有“宝宇”字样的商品宣传资料、店面招牌和商品外包装等装饰，停止并撤下相关网络宣传；（2）圣宝宇公司、圣宝宇立都分公司赔偿秦都区宝宇海鲜渔港经济损失300万元，其中包括律师费、公证费及调查取证等费用。

**[法院认为]**

一审法院认为：圣宝宇公司、圣宝宇立都分公司在网络宣传和实际经营中使用与涉案注册商标相同的“宝宇”“宝宇®”等字样，使用与涉案注册商标相近似的“宝宇餐饮®”“宝宇餐饮”“宝宇美食”等字样，构成商标侵权及不正当竞争。但不能认定圣宝宇公司、圣宝宇立都分公司使用“宝宇”或者“圣宝宇”作为企业名称中的字号系为了利用秦都区宝宇海鲜渔港的涉案注册商标及其字号的知名度以误导公众、混淆市场经营主体、“傍名牌”“搭便车”，获取不正当利益，故不能认定圣宝宇公司、圣宝宇立都分公司注册以“宝宇”或者“圣宝宇”为字号的企业名称构成商标侵权或者不正当竞争。

**[裁判结果]**

一审法院判决：圣宝宇公司、圣宝宇立都分公司停止使用带有“宝宇”字样的经营、宣传行为，停止并撤除相关的网络宣传，销毁带有“宝宇”字样的商品宣传资料、店面招牌和商品外包装等装饰，赔偿秦都区宝宇海鲜渔港20万元；驳回秦都区宝宇海鲜渔港的其他诉讼请求。

**[裁判思路]**

本案被控侵权行为表现形式多样，商标侵权与不正当竞争相互交织，如何适用法律是本案难点所在。在分属不同登记主管机关辖区的情况下，应结合涉案注册商标的知名度及市场混淆情况，判定被告对企业字号的使用是否构成商标侵权及不正当竞争，如不构成，对原告关于停止使用企业字号的诉讼请求应予驳回。法院通过对侵权行为进行归类、梳理，准确认定被控侵权行为的性质，据此寻找法律依据，较好地把握了商标侵权与涉商标不正当竞争之间不同的保护方法和裁判标准，对类似案件的审理具有较强指导意义。

**[相关法律法规]**

《商标法》第58条

《商标、企业名称与在先权利冲突规定》第4条

# 第四章　专利权纠纷裁判思路

# 导 读

对侵害发明、实用新型专利权的判定，分为相同侵权和等同侵权。相同侵权是指被诉侵权技术方案与权利要求中记载的全部技术特征一一对应并且相同，就可以认定其落入了专利权的保护范围。等同侵权是指被控侵权技术方案中有一个或者一个以上技术特征与权利要求中记载的技术特征相比，从字面上看不相同，但经过分析可以认定两者是相等同的技术特征。这种情况下，可以认定被诉侵权技术方案侵犯了专利权。

对外观设计专利权的判定，应当根据授权外观设计、被诉侵权设计的设计特征，以外观设计的整体视觉效果进行综合判断；对于主要由技术功能决定的设计特征以及对整体视觉效果不产生影响的产品的材料、内部结构等特征，应当不予考虑。

# 第一节　专利权的权属

## 001.实用新型专利权保护期限自公告之日起生效，而非专利申请日

【典型案例】

吴某诉赵某、于某侵害实用新型专利权纠纷案

［案号］

（2015）哈知初字第71号，（2016）黑民终406号

［案情］

吴某于2014年10月28日申请，2015年2月18日获得专利号为ZL 2014 2 0631539.2“一种箱式传动机构及包含该传动机构的水田筑埂机”实用新型专利权。2014年9月~10月，赵某自灌云县黄海机械有限公司、灌云新海机械有限公司购买20台水田筑埂机，从2015年2月8日开始销售。吴某以赵某销售的水田筑梗机侵害其实用新型专利权为由，向法院提起诉讼。

［法院认为］

一审法院认为：赵某、于某未经涉案专利权人许可，在涉案专利申请日之后和了解了专利产品的技术特征之后，为生产经营目的销售被诉侵权产品，构成专利侵权，应当立即停止专利侵权行为，并赔偿吴某经济损失。判决：1.赵某、于某停止侵犯吴某涉案实用新型专利权的行为；2.赵某、于某赔偿吴某经济损失8万元。判后，赵某和于某均不服，提起上诉。

二审法院认为：《专利法》第40条规定：“实用新型专利权自公告之日起生效。”第11条规定：“发明和实用新型专利权被授予后，除本法另有规定的以外，任何单位和个人未经专利权人许可，都不得实施其专利，即不得为生产经营目的制造、使用、许诺销售、销售、进口其专利产品，或者使用其专利方法以及使用、许诺销售、销售、进口依照该专利方法直接获得的产品。”依据上述规定，专利权人对他人在实用新型专利权公告日前实施该专利的行为，并不享有请求他人停止实施的权利。对于实用新型专利授权公告日之前

已经生产、销售完毕产品的后续行为，包括使用、许诺销售和销售，即便其行为延续至专利权授权公告日之后，也应得到允许。《专利法》第42条关于“实用新型专利有效期十年，自专利申请日起计算”的规定，为专利权有效期限的规定，并非专利保护期限的规定，不应将二者混淆。本案中，赵某、于某所销售的被诉侵权产品于吴某案涉专利公告日之前即已生产完毕并开始销售，不构成侵权。《专利法》第42条关于“实用新型专利有效期十年，自专利申请日起计算”的规定，为专利有效期限的规定，而非专利保护期限的规定。吴某援引该条以证明其专利权应自申请日起获得保护，属于对法律的错误理解，二审法院不予支持。因赵某、于某被诉侵权行为并不构成侵权，其二人关于现有技术、合法来源等上诉主张已无必要，二审法院于本案中不予审查。

**[裁判结果]**

二审法院判决：驳回吴某的诉讼请求。

**[裁判思路]**

《专利法》第40条规定：“实用新型专利权自公告之日起生效。”所以，专利权人对他人在实用新型专利权公告日前实施该专利的行为，并不享有请求他人停止实施的权利，亦无权要求赔偿经济损失。

**[相关法律法规]**

《专利法》第40条、第42条

## 002.专利权转让之前所引起的诉讼利益应由原专利权人享有并行使诉讼权利

**【典型案例】**

### 刘某诉A公司侵犯专利权纠纷案

**[案号]**

（2008）哈知初字第8号，（2009）黑知终字第19号

**[案情]**

王某等人于1997年3月申请，1998年4月获得ZL 97 3 06642.3“瓶盖”外观设计专利权。1999年12月，王某等人与上海某实业发展有限公司订立专利权转让合同，将此“瓶盖”外观设计专利权以30万元的价格转让给该公

司，并于2000年2月办理项目变更登记。后该公司将专利权转让给刘某，并于2007年6月办理变更登记。刘某于2006年在市场购买了A公司于2005年生产的45度425毫升浓香型老村长白酒、42度450毫升浓香型老村长白酒、45度250毫升浓香型老村长白酒。上述白酒瓶盖上都印有“老村长”字样；其生产的40度250毫升浓香型“章记”牌龙江村白酒，瓶盖上印有“章记酒业”字样。上述瓶盖与刘某拥有的ZL 97 3 06642.3“瓶盖”外观设计专利相同。刘某以A公司未经其同意，擅自制造了侵犯其专利权的多种产品，违反了《专利法》的相关规定，应承担赔偿损失责任为由，请求法院判令A公司赔偿经济损失30万元。

［**法院认为**］

一审法院认为：A公司的被控专利侵权瓶盖印有“老村长”“章记酒业”字样，显然，被控专利侵权瓶盖不是瓶盖生产者制造的通用瓶盖，也不是A公司购买取得的普通瓶盖，而是A公司委托加工特制的，是只有A公司才能使用的专用瓶盖，是A公司所生产瓶装白酒的必要组成部分。故被控专利侵权瓶盖是A公司委托加工生产取得，而不是普通购买取得。A公司作为被控专利侵权瓶盖的委托定作人，其委托定作行为属于A公司自己的生产制造行为，A公司是被控专利侵权瓶盖的委托生产者。A公司关于其系被控专利侵权瓶盖的购买者，其只是被控专利侵权瓶盖的使用者，而不是生产者，没有侵犯刘国琳专利权的抗辩主张，与案件事实及法律规定相悖，不成立。A公司在涉案专利权有效期限内，以生产经营为目的，未经专利权人许可，委托生产与涉案专利相同的瓶盖，已完全符合《专利法》第11条第2款规定的为生产经营目的制造、销售外观设计专利产品的侵权行为，构成专利侵权。A公司应独立承担与其行为相应的法律责任，赔偿专利权人的损失。判决：A公司赔偿刘某经济损失8万元。判后，刘某和A公司均不服，提起上诉。

二审法院认为：根据《专利法》第10条第3款的规定，转让专利申请权或者专利权的，当事人应当订立书面合同，并向国务院专利行政部门登记，由国务院专利行政部门予以公告。专利申请权或者专利权的转让自登记之日起生效。因此，专利权的转让依法应在登记后发生法律约束力，如无特别约定，专利权转让之前，因侵权行为引起的诉讼利益应由原专利权人享有并行使诉讼权利。本案中，上海某实业发展有限公司与刘某系于2007年6月办理涉案外观设计专利权转让的著录项目变更登记，故应认定刘某自2007年6月起取得该项专利权。而刘某起诉A公司的涉案侵权行为均发生在其受让取得涉案专利权之前。因刘某不是被控侵权行为发生期间的专利权人，没有提供证据证明其有权对涉案侵权行为提起诉讼，且刘某受让取得涉案专利权时，该项权利已经终止，故刘某的诉讼请求没有事实及法律依据，应予驳回。

［裁判结果］

二审法院判决：（1）撤销一审判决；（2）驳回刘某的诉讼请求。

［裁判思路］

在权利人与社会公众之间寻求权利与利益的平衡，是知识产权制度的重要目标和理论基础。知识产权法律制度一方面通过赋予权利人在一定期限、一定地域范围内对其创造的知识产品享有一定的专有权并加以保护，以达到激励创新的目的；另一方面则通过对知识产权权能、保护范围、保护期限的限制来保障公众拥有利用该知识产品的机会，以维护公共利益，促进社会进步。外观设计专利权的保护期限为自申请之日起十年，期限届满后，外观设计专利权利保护范围内的技术内容进入公有领域。专利权依法可以转让，受让取得专利权的，受让人自专利权转让登记之日起至期限届满止依法享有该权利。本案原告刘某受让取得涉案外观设计专利权时，该项权利的保护期限已经届满，而被控侵权行为均发生在其受让取得专利权之前。刘某不是被控侵权行为发生期间的专利权人，亦没有提供证据证明其有权对涉案侵权行为提起诉讼，故二审法院认定刘某的诉讼请求没有事实根据和法律依据，依法予以驳回。

［相关法律法规］

《专利法》第10条第3款

## 第二节　对专利权的限制

### 003.确认不侵权诉讼案件的审理思路

【典型案例】

A公司诉B公司确认不侵犯专利权纠纷案

［案号］

（2009）哈知初字第22号，（2011）黑知终字第41号

［案情］

B 公司于 2004 年申请，于 2005 年获得“单元式智能燃气脉冲吹灰装置”实用新型专利权。A 公司于 2005 年申请，于 2006 年获得“模块化智能控制脉冲吹灰装置”实用新型专利权授权。2005 年 12 月至 2006 年 9 月，A 公司分别在盘锦、阜新等地制造安装了模块化智能控制脉冲吹灰装置。2006 年，B 公司向上海某公司发出《告知函》，称 A 公司参标的“模块化智能控制吹灰装置”涉嫌侵权。2008 年 12 月 21 日，A 公司向法院提起诉讼，请求确认其产品没有侵犯“单元式智能燃气脉冲吹灰装置”实用新型专利权。

［法院认为］

一审法院认为：本案系确认不侵权之诉，判定涉案产品是否落入专利权的保护范围，应将被诉侵权产品的技术特征与涉案专利权权利要求书中记载的技术方案进行对比，如果专利权利要求书中记载的技术方案覆盖了涉案产品的全部技术特征，应当认定涉案产品落入专利权的保护范围。反之，如果涉案产品缺少专利权利要求记载的一个以上的技术特征，或者有一个以上技术特征不相同也不等同，应当认定涉案产品没有落入专利权的保护范围，则不构成侵权。本案中，A 公司明确请求确认其针对大型锅炉机组设计的不含有空气分配器、表面温度检测装置、特定空气压力范围、分路并联结构，通过分级控制的燃气脉冲吹灰器产品不侵犯 B 公司案涉实用新型专利权。根据 A 公司制造安装在阜新发电公司、抚顺石油三厂、盘锦热电公司、上海焦化新碳分公司和石家庄热电公司的模块化智能控制脉冲吹灰系统或装置与 ZL 2004 2 0089036.3“单元式智能燃气脉冲吹灰装置”实用新型专利独立权利要求对比，虽然二者的目的都是为了实现控制，但二者采用的技术手段既不同，亦不等同，应当认定涉案产品未落入该专利权利要求的保护范围。判决：（1）A 公司的模块化智能控制脉冲吹灰系统或装置产品不侵犯 B 公司的 ZL 2004 2 0089036.3“单元式智能燃气脉冲吹灰装置”实用新型专利；（2）B 公司停止宣传 A 公司的模块化智能控制脉冲吹灰系统或装置产品侵犯 B 公司的 ZL 2004 2 0089036.3“单元式智能燃气脉冲吹灰装置”实用新型专利，并停止前述警告行为；（3）B 公司在《中国电力报》上刊登 A 公司的模块化智能控制脉冲吹灰系统或装置产品不侵犯 ZL 2004 2 0089036.3“单元式智能燃气脉冲吹灰装置”实用新型专利的消除影响启事。判后，B 公司不服，提起上诉。

二审法院认为：B 公司向上海某公司发出关于 A 公司产品涉嫌侵权的警告后，在合理期限内并未提起专利权侵权诉讼，A 公司提起确认不侵权之诉符合法律规定。根据 A 公司制造安装在阜新等地的模块化智能控制脉冲吹灰系统或装置与“单元式智能燃气脉冲吹灰装置”实用新型专利独立权利要求对比，二者在空气分配器和控制结构、控制关系等处均存在不同。涉案产品的技术特征与“单元式智能燃气脉冲吹灰装置”实用新型专利权利要求保护的技术特征存在实质区别，应当认定涉案产品未落入该专利权利要求的保护范围。

**［裁判结果］**

二审法院判决：A公司与本案所涉模块化智能控制脉冲吹灰装置产品不侵犯B公司的“单元式智能燃气脉冲吹灰装置”实用新型专利权；B公司停止宣传A公司的模块化智能控制脉冲吹灰系统或装置产品侵犯其实用新型专利，并停止前述警告行为；B公司在报纸上刊登A公司不侵犯其实用新型专利的消除影响启事。

**［裁判思路］**

本案系确认不侵害专利权诉讼。与传统的民事侵权之诉不同，确认不侵权之诉是一种辅助的、非常态的新类型知识产权诉讼。在知识产权确认不侵权诉讼中，原告往往系因其实施的某种行为受到特定知识产权权利人的“侵权警告”或者“侵权威胁”，被权利人以“警告函”“律师声明”等形式表明构成侵权或者要求停止侵权，而该权利人却未在合理期限内依照法定程序以提起侵权之诉等方式解决有关争议，遂以该知识产权权利人为被告，请求确认其有关行为不构成侵权的诉讼。此类案件中，作为被告的知识产权权利人虽然没有直接实施加害原告合法权利的行为，但其向原告或者原告的利害关系人发出的“侵权警告”或者“侵权威胁”等行为，已经导致原告有关行为的性质是否构成侵权处于不确定状态，致使原告合法的商业利益和竞争地位受到影响。因此，法律特别赋予原告通过主动提起不侵权诉讼的方式来确认其行为是否侵权，从而消除原告合法权益所处的不稳定、受威胁的状态，防止知识产权权利人不当行使权利。

**［引申思考］**

关于确认不侵权之诉的实体审理，还有两点需要予以特别说明：

一、关于确认不侵权之诉的举证责任

确认不侵权之诉属于侵权类纠纷，如果按照《民事诉讼法》第64条规定的“谁主张、谁举证”原则，此类纠纷中原告就应对其“不侵权”主张全面提供证据，包括对此类纠纷中知识产权的存在、效力、内容等进行举证。但是，笔者认为，确认不侵权之诉从本质上来说属于一种消极的确认之诉，要求原告对“原被告之间不存在某种法律关系”进行证明，将对本来就处于不安境地的原告过于苛求。

在确认不侵权之诉中，判断原告主张是否成立的证据依据，关键有三个方面：一是被告确向原告发出侵权警告的证据，即证明是否有提起诉讼的必要；二是原告的经营行为是否具有合法依据的相关证据；三是被告具有知识产权权利的相关证据。在判断原告是否侵犯被告知识产权时，重点是将上述第二项、第三项证据进行对比，如审查原告的产品是否落人被告的权利保护范围。原告作为确认不侵权之诉主张的提出者，根据“谁主张、谁举证”的原则，应当在自己的能力范围内提供证据。由于确认不侵权之诉的前提是原告认为受到了不当警告，因此，原告应当就存在警告的基础事实提供证据应无疑义。对于原告的经营行为是否具有合法依据的相关证据，由于原告作为经营行为的主体，当然最方便地掌握了该部分证据并提供，因此，该部分证据应当由原告提供。

虽然由被告方承担知识产权权属等事实的举证，但这并不属于举证责任倒置，而是举证责任转移。举证责任倒置是免除应承担举证义务一方的举证责任。而举证责任转移仍然遵循一般的举证顺序，即应负举证义务的一方已经提供了充分的证据证实自己的主张，由于另一方要否定该主张，提出新的事实，则转由意图否定前一事实的一方提供相反证据。只要双方中的任何一方有新的事实，就会导致举证责任循环转换，直至没有新事实为止。对于确认不侵权之诉，在提供了自身经营行为具有所谓合法依据的证据后，即可认为其完成了初步的举证责任，如果被告以消极的态度抗辩，不提供反驳证据，则可认为原告的诉请成立；如果被告积极地反驳原告诉请，必然要提供自己系某项知识产权人的证据，并证明原告行为造成市场混淆等损害，此时举证责任已实际转移至被告。当然，被告提供反驳证据且理由成立的，如果原告认为其仍不构成侵权的，举证责任又转移至原告，由其进一步举证其行为的合法性。

二、确认不侵权之诉的裁判主文表述

确认不侵权之诉的目的是请求法院确认不存在侵权行为，裁判文书的主文应针对该诉请作出回应，而不能超出原告的诉请范围。实践中，需注意如下几种情形：第一种情形，如果原告行为确不构成侵权的，应当作出原告不侵犯被告某项知识产权的宣告判决。第二种情形，如果原告行为构成侵权，则不宜直接作出原告侵犯被告知识产权的宣告判决，而是作出驳回原告诉请的判决，否则超出原告诉请，违背了原告诉讼的目的。因为判决结论主要是针对原告诉请能否成立，如可以成立，作出支持的判决，如不能成立，则需作出驳回诉请的判决，绝不可以依职权主动扩展裁判结论的外延。第三种情形，如果被告拒不协助提供需要对比的知识产权证据材料，或者被告未到庭参加诉讼，导致侵权与否无法判断，对此我们认为，在判断原告是否构成侵权时，必然需要将原告行为与被告的知识产权内容进行对比查看，而在被告未提供其知识产权权利证明等证据时’，显然无法判断原告是否侵犯被告的权利，此时处于事实不清的状态，需要根据举证责任分配来承担诉讼风险。由于如上文所述，作为对比材料的知识产权权属、内容等证据，举证责任应由被告承担，在被告怠于提供这些证据时，应当承担不利的法律后果，即视为原告行为未构成侵权，法院应作出原告不侵犯被告知识产权的判决。

**［相关法律法规］**

《侵犯专利权司法解释》第7条

# 第三节　专利侵权行为及法律责任

## 004.适用等同原则对专利权保护范围的界定

**【典型案例】**

### 孙某诉A公司、张某及乔某侵害实用新型专利权纠纷案

**［案号］**

（2013）哈知初字第195号，（2014）黑知终字第15号

**［案情］**

孙某为ZL 2003 2 0112523.2“防粘连自动排气阀”实用新型专利权人。其权利要求书内容为：防粘连自动排气阀，包括壳体、浮球、阀座，壳体底部有进水口，进水口上有进水套，其特征在于进水口上的进水套高于壳体底部，进水套的上表面呈锥面，浮球下部落在进水套上，不与壳体接触。其说明书记载：本实用新型的目的在于提供一种具有防粘连功能的自动排气阀；由于浮球不与壳底接触，且进水套用铜制成，进水套的锥面与浮球为线接触，所以不会产生腐蚀，这样就防止了由于腐蚀造成的锈块粘连，避免了跑水事故的发生。A公司生产的排气阀产品，其进水套的上表面为平面，其余技术特征与孙某专利相同。孙某以A公司侵害其专利权为由提起诉讼，请求判令A公司停止侵权行为并赔偿其经济损失50万元。

［法院认为］

一审法院认为：被诉专利侵权产品“必安阁”牌排汽阀与涉案专利相比较，均包括壳体、浮球、阀座，壳体底部有进水口，进水口上有进水套，进水口上的进水套高于壳体底部，浮球落在进水套上，不与壳体接触等相同技术特征。所不同的是，被控专利侵权物进水套的上表面呈平面，浮球中部凸沿落在进水套上，而涉案专利权利要求中进水套的上表面呈锥面，浮球下部落在进水套上。涉案专利说明书记载：本实用新型的目的在于提供一种具有防粘连功能的自动排气阀；由于浮球不与壳底接触，且进水套用铜制成，进水套的锥面与浮球为线接触，所以不会产生腐蚀，这样就防止了由于腐蚀造成的锈块粘连，避免了跑水事故的发生。被诉专利侵权产品使用进水套的上表面呈平面、浮球中部凸沿落在进水套上的技术方法，与涉案专利进水套的上表面呈锥面、浮球下部落在进水套上的技术方法一样，都是为了实现进水套的上表面与浮球为线接触，不会产生腐蚀，防止由于腐蚀造成的锈块粘连。被控专利侵权物使用进水套的上表面呈平面、浮球中部凸沿落在进水套上的技术方法替换涉案专利进水套的上表面呈锥面、浮球下部落在进水套上的技术方法，是所属领域的技术人员通过阅读涉案专利权利要求书和说明书、附图，无需经过创造性劳动就能够联想到的特征，是以与涉案专利进水套的上表面呈锥面、浮球下部落在进水套上的基本相同的手段，实现进水套的上表面与浮球为线接触的基本相同的功能，达到防止由于腐蚀造成锈块粘连的基本相同的效果。足以判定，被控专利侵权产品具有的进水套的上表面呈平面、浮球中部凸沿落在进水套上的技术特征，与涉案专利权利要求书记载的进水套的上表面呈锥面、浮球下部落在进水套上的技术特征等同。被控专利侵权物落入了涉案专利权利要求的保护范围。A 公司、张某未经涉案专利权人孙某许可，生产、销售专利侵权物，构成专利侵权。A 公司是专利侵权产品的生产者和销售者，无论其是否知道或者应当知道其生产、销售的专利侵权产品侵害孙某涉案专利权，均应当依法承担赔偿责任。乔某在收到《关于侵犯长春市宽城锅炉排汽阀厂和孙某的 ZL 2003 2 0112523.2“防粘连自动排气阀”实用新型专利权的通知函》专利侵权警告后，已知涉案专利权的存在。乔某是专营水暖器材的经营者，能够辨别其所销售的专利侵权物侵害了孙某的涉案专利权，但其仍然销售专利侵权物。故乔某构成专利侵权，应立即停止专利侵权行为，并应对其侵权行为承担相应的赔偿责任。判决：（1）乔某赔偿孙某经济损失 1 万元；（2）A 公司、张某对乔某承担连带责任；（3）A 公司、张某赔偿孙某经济损失 49 万元。判后，A 公司、张某不服，共同提起上诉。

二审法院认为：第一，被控侵权产品的技术方案是否属于现有技术。《专利法》第62条规定："在专利侵权纠纷中，被控侵权人有证据证明其实施的技术或者设计属于现有技术或者现有设计的，不构成侵犯专利权。"第22条第5款规定："本法所称现有技术，是指申请日以前在国内外为公众所知的技术。"本案中，A公司、张某主张其实施的技术为ZL02280741.1号"带隔离架排气阀"和ZL95214321.6号"直推式自动排气阀"二专利已披露的公知技术。本院经审查，ZL02280741.1号"带隔离架排气阀"实用新型专利公告日为2003年10月15日，晚于孙某涉案专利申请日，故该项技术在本案中不属于现有技术。ZL95214321.6号"直推式自动排气阀"实用新型专利虽然于孙某涉案专利之前公告，但其公告的权利要求书中所表述的与被控侵权产品相对应的技术特征为："穿过所述壳体底面装有安装接头，它的上端高出壳体底面""所述浮体外壁与壳体内壁间距离为2~8mm"。判断被控侵权产品是否实施的是现有技术，应将被控侵权产品被诉落入专利权保护范围的全部技术特征与现有技术进行对比，而不能仅因被控侵权产品的部分技术特征已被披露即认定采用了现有技术。将被控侵权产品实施的技术与ZL95214321.6号"直推式自动排气阀"实用新型专利对比，ZL95214321.6号"直推式自动排气阀"实用新型专利中并未披露被控侵权产品所具有的"进水口上安装有一体式盖母""一体式盖母上表面呈平面"的技术特征，其说明书及附图所体现的工作原理亦是水流从进水口流入后直接冲击浮体，并未给出在进水口处设置上表面呈平面或锥面的帽状结构有关的技术启示。A公司、张某关于被控侵权产品实施的技术方案系现有技术的上诉主张不能成立，本院不予支持。

第二，被控侵权产品的技术方案是否落入孙某涉案专利权的保护范围。《侵犯专利权司法解释》第7条规定："人民法院判定被诉侵权技术方案是否落入专利权的保护范围，应当审查权利人主张的权利要求所记载的全部技术特征。被诉侵权技术方案包含与权利要求记载的全部技术特征相同或者等同的技术特征的，人民法院应当认定其落入专利权的保护范围；被诉侵权技术方案与权利要求记载的全部技术特征相比，缺少权利要求记载的一个以上的技术特征，或者有一个以上技术特征不相同也不等同的，人民法院应当认定其没有落入专利权的保护范围。"本案中，双方对被控侵权产品一体式盖母进水套上表面为平面，与涉案专利权利要求中"进水套的上表面呈锥面"这一技术特征不相同均无异议，双方的争议焦点在于二者是否属于等同的技术特征。《专利纠纷法律规定》第17条第2款规定："等同特征是与所记载的技术特征以基本相同的手段，实现基本相同的功能，达到基本相同的效果，并且本领域的普通技术人员无需经过创造性劳动就能够联想到的特征。"本案中，判断被控侵权产品一体式盖母上表面呈平面与涉案专利"进水套上表面为锥面”的技术特征是否为等同技术特征，首先应明确涉案专利的权利保护范围。《专利法》第 59 条第 1 款规定：“发明或者实用新型专利权的保护范围以其权利要求的内容为准，说明书及附图可以用于解释权利要求。”《侵犯专利权司法解释》第 2 条规定：“人民法院应当根据权利要求的记载，结合本领域普通技术人员阅读说明书及附图后对权利要求的理解，确定专利法第 59 条第 1 款规定的权利要求的内容。”本案中，涉案权利要求书明确记载：“进水套的上表面呈锥面”，说明书亦明确表述“进水套的锥面与浮球为线接触，所以不会产生腐蚀”。由此可以看出，“进水套的上表面呈锥面”不仅明确写入了权利要求之中，且在实现涉案专利目的方面具有独立的功能和作用，属于涉案专利的技术特征之一。故在解释权利要求时，不宜突破“锥面”这一明确的限定条件，以避免扩大专利权的保护范围，损害社会公众的利益。相对于进水套上表面呈“锥面”这一特殊形状，进水套上表面呈“平面”是最常见也是最容易联想到的常规方案。孙某涉案专利严格将进水套上表面限定为“锥面”，显然认为进水套上表面呈“平面”无法达到其发明目的，或者“锥面”具有更先进的功能和效果，故“进水套上表面呈平面”这一常规手段应当被排除在涉案专利的权利要求保护范围之外。在此情况下，不应认定二者属于“基本相同的手段”；被控侵权产品因一体式盖母上表面呈“平面”，故其无法实现孙某涉案专利所具有的“进水套的锥面与浮球为线接触”这一功能；相对于孙某涉案专利，被控侵权产品增加了“连接件内部设有挡网沿，挡网沿下部有过滤网”“一体式盖母侧立面边缘部设置有六个孔”“浮球为不锈钢材质”等特征，上述特征虽未被孙某涉案专利权利要求所限定，不应作为侵权判断的对比特征，但因上述特征的存在，被控侵权产品已有效降低了水中杂质的进入和积存，减少了浮球与一体式盖母的生锈粘连可能，其所要达到的效果为减缓水流和气流的流速，提高浮球的灵敏度和准确度，确保排气阀产品的安全性，孙某涉案专利所要实现“防止粘连”的技术效果并非被控侵权产品所要解决的重要问题，二者所达到的效果亦不相同。综上，因被控侵权产品“一体式盖母上表面为平面”的技术特征与孙某涉案专利“进水套上表面呈锥面”的技术特征相比，二者在采用的手段、实现的功能、达到的效果方面均不属于“基本相同”，故不应认定二者属于等同的技术特征。

因被控侵权产品“一体式盖母上表面为平面”的技术特征与涉案专利“进水套上表面为锥面”的技术特征既不相同也不等同，故被控侵权产品的技术方案未落入涉案专利权的保护范围。原审判决认定被控侵权产品落入涉案专利权的保护范围，构成侵权，属适用法律错误，二审法院予以纠正。因被控侵权产品未侵犯孙某涉案专利权，故对孙某关于 A 公司、张某、乔泰达赔偿经济损失并承担连带责任的诉讼请求，二审法院亦不予支持。

［裁判结果］

二审法院判决：驳回孙某诉讼请求。

［裁判思路］

等同原则是专利法律制度中的一项重要原则，亦是司法实践中专利侵权判定的难点和重点。一方面，在专利侵权判定中，等同原则是对专利权利要求字面保护范围的扩张，是对专利权字面侵权的适当补充，为专利权人提供了切实有效的司法保护；另一方面，专利制度本身要确保专利权的保护范围具有足够的法律确定性和可预见性，必须对等同原则的适用施加必要限制，兼顾专利权人和社会公众的利益，既要保护专利权人在现有技术基础上作出的技术贡献，又促进科学技术的进步。本案的典型意义在于，明确了适用等同原则时对专利权保护范围的界定，即专利申请时，某一技术特征有两项或两项以上常规技术方案，专利权人明确将该技术特征限定为其中特定一种常规方案，且结合权利要求书及说明书或附图，可确定采用该技术方案在整体专利发明中具有特定作用的，即意味着专利权人已将其余常规方案排除在专利权保护范围之外。公众采用与该专利技术特征不同的其他常规方案的，不应认定为等同技术特征。

［相关法律法规］

《专利法》第 22 条第 5 款、第 62 条

《侵犯专利权司法解释》第 2 条、第 7 条

《专利纠纷法律规定》第 17 条第 2 款

## 005.发明或者实用新型专利侵权认定中全面覆盖原则的适用

【典型案例】

### 孙某诉富某侵犯实用新型专利权纠纷案

［案号］

（2010）齐民知初字第 3 号，（2010）黑知终字第 39 号

［案情］

孙某于 2006 年 11 月 15 日、2008 年 1 月 16 日先后获得专利号为 ZL2005

20021443.5“一种耕整地用的农机具”和专利号为ZL200720115545.2“一种滑动式犁具牵引固定架”的两项实用新型专利权，均处于有效状态。2009年9月，孙某发现富某加工、出售整套犁具，产品完全按照孙某的专利技术特征加工制作。孙某要求富某停止生产、销售侵权产品，富某以自己使用的技术没有侵权为由而拒绝。2010年1月，孙某以富某生产、销售的产品与其ZL200520021443.5和ZL200720115545.2两项实用新型专利的技术特征完全相同，侵犯了其实用新型专利权为由，向法院提起诉讼，请求判令富某停止侵权，赔偿孙某经济损失及为制止侵权支出的合理费用1万元。

［**法院认为**］

一审法院认为：孙某的两项实用新型专利权合法有效，应受法律保护。富某没有提交证据证明其在孙某专利的申请日前已经制造相同产品、使用相同方法。富某辩称被控侵权产品的牵引架调节装置与孙某的专利不同，但两者的差异只是前者安装手柄，后者安装手轮，手柄与手轮的转动调节作用在原理和技术特征上相同。实用新型的法律概念是指对产品的形状、构造或者其结合所提出的适于实用的新的技术方案，且不排除利用已知物质的物理或几何特征结合产生的技术方案。富某关于滑动套管套在较细的套管上是公知的技术、其调节装置也是一般调节中常用技术的抗辩主张不成立。富某未经孙某许可，以生产经营为目的制作、销售已落入涉案专利保护范围的被控侵权产品，其行为侵犯了孙某的专利权，应承担停止侵害和相应的赔偿责任。判决：富某立即停止制造、销售侵犯孙某ZL200520021443.5“一种耕整地用的农机具”和ZL200720115545.2“一种滑动式犁具索引固定架”两项实用新型专利结合使用或分开使用的农机具；富某赔偿孙某经济损失及合理支出1万元。判后，富某不服，提起上诉。

二审法院认为：判定本案被控侵权产品是否构成侵权，应将其犁钩与牵引架的技术方案分别与涉案专利“一种耕整地用的农机具”和“一种滑动式犁具牵引固定架”的技术特征进行对比。通过将被控侵权产品与两项涉案专利进行对比可知，被控侵权产品所使用的犁钩与孙某的“一种耕整地用的农机具”在外形上均系弓形犁柱，即犁柱的中段及下段呈弓形向后弯曲，这是该项专利的发明点，有益效果是避免了犁柱直接与土地碰撞，减少了耕作阻力，也有益于防止土块上垅压苗现象的发生。富某辩称涉案专利产品是“5”字形犁柱而非弓形，与该专利权利要求书的内容不相符，其该项主张不能成立。富某抗辩称被控侵权产品犁底没有安装犁托，与涉案专利不同，但犁托是孙某针对低洼湿地耕作阻力大而设计的，属于从属权利要求，非必要技术特征，且孙某亦主张被控侵权产品侵犯其该项专利的必要技术特征，故应认定被控侵权产品的犁钩的技术方案落入ZL200520021443.5号“一种耕整地用的农机具”专利权的保护范围。富某关于被控侵权产品的犁钩与“一种耕整地用的农机具”专利技术不同的上诉主张不能成立。富某自认被控侵权产品的牵引架的结构与孙某的“一种滑动式犁具牵引固定架”专利技术的结构相似，二审法院经对比亦可认定被控侵权产品中牵引架完全覆盖了ZL200720115545.2号实用新型专利权利要求1的必要技术特征。富某自认两者区别在于尺寸略有不同、专利技术的机动车连接架两根纵梁之间是两根加固横梁，被控侵权产品是一根加固横梁、专利技术的前装具卡口位于纵梁中间，而被控侵权产品的前装具卡口位于前横梁上。但牵引固定架的尺寸不是该专利权利要求的内容，且机动车连接架的横梁起到连接纵梁与加固、承重的作用，涉案专利的权利要求为几根横梁，不排斥采用一根横梁，且采用一根横梁与两根横梁不存在实质区别，两者技术特征相等同。此外，前装具卡口位置亦不是涉案专利权利要求保护的范围，无论位于纵梁中间还是前横梁上，都是位于后横梁前，与位于后横梁上的若干后装具卡口等距离平行，且前装具卡口位置变化并不属于功能性的改变，故应认定被控侵权产品中牵引架的技术方案落入ZL200720115545.2号“一种滑动式犁具牵引固定架”专利权的保护范围。原审判决认定富某未经孙某许可，以生产经营为目的制作、销售已落入涉案专利保护范围的被控侵权产品，侵犯了孙某的专利权，应承担停止侵害和相应的赔偿责任正确。

**［裁判结果］**

二审法院判决：驳回上诉，维持原判。

**［裁判思路］**

本案的关键问题在于富某生产的被控侵权产品是否侵犯了孙某的两项专利权。人民法院判定被诉侵权技术方案是否落入专利权的保护范围，应当审查权利人主张的权利要求所记载的全部技术特征；被诉侵权技术方案包含与权利要求记载的全部技术特征相同或者等同的技术特征的，人民法院应当认定其落入专利权的保护范围。富某虽获得“自动犁”实用新型专利权，但孙某申请两项涉案专利的时间均早于富某提出专利申请的时间，故应当依据孙某涉案专利权的保护范围，审查富某制造的被控侵权产品相应技术特征是否完全覆盖孙某的涉案专利保护范围，判定是否构成侵权。将被控侵权产品与两项涉案专利进行对比，被控侵权产品的的技术方案落入了两项涉案专利权的保护范围。富某以其获得专利权作为不构成侵权的抗辩主张不能成立。

**［相关法律法规］**

《侵犯专利权司法解释》第7条

## 006.专利侵权案件中的技术特征比对

### 【典型案例】

### 白某诉A公司等侵害发明专利权纠纷案[①]

［案号］

（2012）一中民初字第12503号，（2014）高民终字第1053号

［案情］

白某是案涉发明专利号为ZL200410009322.9、名称为“一种在网络上保全数字文件原生状态的专用邮件系统和方法”的专利权人。该专利的申请日为2004年7月，授权公告日为2007年1月，该专利现尚处有效期内。被控侵权的“伊时代系统”是A公司开发推广的一款电子证据生成系统。本案中白某以权利要求1、7为基础指控A公司构成侵权，涉案专利的相关权利要求如下：

“1.一种在网络上保全数字文件原生状态的专用邮件系统，包括服务器端和客户端；两者通过互联网连接；其特征在于，所述服务器包括依次相连接的加密认证模块A、用户身份识别模块、邮件处理模块、文件保管模块A，以及保管箱；所述加密认证模块A，与客户端的加密认证模块B一起在服务端和客户端之间建立加密传输通道，使邮件的收发过程不被非法监听；所述用户身份识别模块，用于识别从客户端登录的用户的身份信息；所述邮件处理模块，根据邮件的类型对邮件进行处理，包括：错误邮件回复，邮件转发，邮件附件剥离保管以及将邮件交由文件保管模块A实现邮件保管；所述文件保管模块A，通过调用、访问保管箱，将文件存入保管箱进行保管；所述保管箱，对文件进行存储，并进行防删改处理，实现对文件的分级访问控制；所述客户端包括身份标识模块、邮件收发模块、文件保管模块B、加密认证模块B，以及时间系统模块；所述身份标识模块，用于生成和保存用户的唯一标志，用户登录时，进行身份认证；所述邮件收发模块，位于所述身份标识模块与所述加密认证模块B之间，用于供用户进行收发邮件；文件保管模块B，位于所述身份标识模块与所述加密认证模块B之间，将需要保管的文件作为附件，生成相应的邮件发送给服务器；所述加密认证模块B，与服务

① 载北大法宝网，http://www.pkulaw.cn/case_es/pfnl_1970324853363165.html?match=Exact，最后访问时间：2017年9月21日。

器端的加密认证模块 A 一起，在服务器端和客户端之间，通过互联网建立加密传输通道，使邮件的收发过程不被非法监听；所述时间系统模块，通过接受所述邮件收发模块或文件保管模块 B 的访问，采用标准时间系统以加盖时间邮戳来固定数字文件的时间属性。”

“7. 一种在网络上保全数字文件原生状态的方法，其特征在于，包括如下步骤：步骤一，用户通过客户端登陆专用邮件系统，接受系统的身份验证；步骤二，标准时间系统模块通过时间服务器进行时间同步校准；步骤三，用户生成目标文件后，将其封装成邮件加密发送到服务器；步骤四，服务器将邮件进行解密，剥离出目标文件；步骤五，服务器根据目标文件的属性，进行相应的防删改处理，或发送给另一个客户端并进行回执机制处理，或将目标文件存入保管箱。”

2013 年 7 月 22 日，一审法院组织各方当事人针对上述被控侵权行为进行了当庭勘验。经勘验：第一，各方认可“伊时代系统”中包含权利要求 1 限定的“服务器端和客户端；两者通过互联网连接”的技术特征。第二，白某认为“伊时代系统”中含有权利要求 1 限定的“加密认证模块 A”“保管箱”“加密认证模块 B”“文件保管模块 B”“时间系统模块”技术特征，且其中“身份识别模块”属于相同技术特征，“加密认证模块 A”“保管箱”“加密认证模块 B”“文件保管模块 B”“时间系统模块”属于等同技术特征。第三，关于权利要求 1 限定的“邮件处理模块”，白某认为：第 04861 号公证书记载有“本地文件保全证据保管到证据中心、本地屏幕录像证据保管到证据中心、本地网页取证证据包保管到证据中心、本地合同公证证据保管到证据中心”内容；第 04862 号公证书记载有“证据上传（2.3.1）目录下，包括：重要资料保全、操作录制、网页拍照形成文件的上传步骤”的内容；第 04863 号公证书记载有“证据包上传”的内容，上述内容可以证明生成的目标文件由客户端保管到服务器端证据中心的事实，因此，“伊时代系统”服务器端一定会有负责接收上传的目标文件的处理模块，该模块必然具有与权利要求 1 记载的该技术特征相关的功能。第四，关于权利要求 1 限定的“文件保管模块 A”。白某认为：第 04861 号公证书记载有“证据中心证据包使用说明”的内容，记录了在证据中心的证据包模块上，对证据包上的文件予以下载、删除、重命名的操作；第 04862 号公证书记载有“下载证据到本地”“重要资料打开”“网页拍照打开”“操作录制打开”的内容；有上述记载可知，不同类型的证据被分别保存在不同的对应文件夹之下，并可以进行不同的操作，均可证实服务器端存在文件保管模块。实际上，只要存在保管箱模块，就必定存在文件保管模块，因为文件保管的模块的作用就是对保管箱模块进行操作，以完成文件保管的功能。所以，“伊时代系统”中存在与该特征相同的技术特征；即便不构成相同的技术特征，亦应认定构成等同的技术特征。第五，关于权利要求1限定的“邮件收发模块”。白某认为：第04861号公证书记载有“本地文件保全证据保管到证据中心”“本地屏幕录像证据保管到证据中心”“本地网页取证证据包保管到证据中心”“本地合同公证证据保管到证据中心”的内容；第04862号公证书记载有“证据上传（2.3.1）目录下，包括：重要资料保全、操作录制、网页拍照形成文件的上传步骤”的内容；第04863号公证书记载有“证据包上传”的内容，上述内容可以说明生成的目标文件由客户端保管到服务器端证据中心的事实，因此，客户端一定会有负责上传目标文件的处理模块，“伊时代系统”中必然存在与该特征相同的技术特征；即便不构成相同的技术特征，亦应认定构成等同的技术特征。第六，关于权利要求7。白某认为基于对权利要求1相关技术特征的分析，“伊时代系统”在证据保全的过程中必然采取证据7所限定的步骤特征。一审法院认为：本案中涉案专利说明书在其具体实施方式部分充分说明了各功能模块架构的具体功能及其连接关系，且说明书中亦附有相应的流程图，在此基础上，所属领域的普通技术人员在阅读权利要求1后，结合说明书中记载的上述内容，已经能够实现权利要求1所请求保护的技术方案且合理、确定地界定其保护范围。因此，A公司等关于涉案专利说明书中缺乏相应的具体实施方式，专利权保护范围难以确定的主张，缺乏事实及法律依据。“伊时代系统”并不具备权利要求1所限定的“邮件处理模块”“文件保管模块A”以及“邮件收发模块”。虽然，白某主张根据第04861号公证书、第04862号公证书、第04863号公证书的相关记载可以推断出“伊时代系统”中具备与上述技术特征相同或等同的特征，但是，证据保全功能完全可能由客户端完成，即由客户端生成原始特征码并将该原始特征码进行数字签名后，整合形成证据文件，同时将证据文件的默认储存位置设置在客户端，在此基础上，白某的上述推断显然不具有必然性，其主张缺乏相应的事实基础。其次，关于“伊时代系统”的相应技术特征与权利要求1限定的“加密认证模块A”“保管箱”“加密认证模块B”“文件保管模块B”“时间系统模块”等技术特征是否相同或等同的问题。现有证据中并无直接证据证明“伊时代系统”中含有与涉案专利权利要求1限定的上述特征相同或等同的特征；同时，对于网络证据保全的方式可以采用涉案专利的方式，亦可能采用原审被告抗辩主张中所述的方式，白某推断“伊时代系统”中必然存在与权利要求1限定的上述技术特征相同或等同的特征的主张，缺乏事实依据。再次，基于上述相同的理由，在无直接证据证明“伊时代系统”含有权利要求1限定的技术特征，所属领域的普通技术人员亦不必然能够推定“伊时代系统”中含有上述技术特征的基础上，由于涉案专利权利要求7限定的方法步骤特征是与权利要求1限定的产品权利要求相对应的步骤特征，在“伊时代系统”缺乏上述技术特征而未落入权利要求1保护范围的基础上，其亦未落入涉案专利权利要求7的保护范围。判决：驳回白某的诉讼请求。判后，白某不服，提起上诉。

**[法院认为]**

二审法院认为：本案的焦点在于“伊时代系统”是否落入了涉案专利权利要求1、7的保护范围。《专利法》第59条第1款规定，发明或者实用新型专利权的保护范围以其权利要求的内容为准，说明书及附图可以用于解释权利要求的内容。《侵犯专利权司法解释》第7条规定：“人民法院判定被诉侵权技术方案是否落入专利权的保护范围，应当审查权利人主张的权利要求所记载的全部技术特征。被诉侵权技术方案包含与权利要求记载的全部技术特征相同或者等同的技术特征的，人民法院应当认定其落入专利权的保护范围；被诉侵权技术方案的技术特征与权利要求记载的全部技术特征相比，缺少权利要求记载的一个以上的技术特征，或者有一个以上技术特征不相同也不等同的，人民法院应当认定其没有落入专利权的保护范围。”

本案中，白某主张根据三份公证书的相关记载可以推断出“伊时代系统”中具备涉案专利权利要求1所限定的“邮件处理模块”“文件保管模块A”以及“邮件收发模块”相同或等同的特征，但是，“伊时代系统”中证据保全功能完全可能由客户端完成，即由客户端生成原始特征码并将该原始特征码进行数字签名后，整合形成证据文件，同时将证据文件的默认储存位置设置在客户端，在此基础上，被诉侵权技术方案中不具有“邮件处理模块”“文件保管模块A”以及“邮件收发模块”。白某的上述推断显然不成立。关于“伊时代系统”的相应技术特征与权利要求1限定的“加密认证模块A”“保管箱”“加密认证模块B”“文件保管模块B”“时间系统模块”等技术特征是否相同或等同的问题，“伊时代系统”进行证据保全的方式与涉案专利权利要求1存在巨大差异，其证据文件生成后，即使需要备份至服务器，也是通过在客户端直接向服务器通过HTTPS协议进行传输发送。而且，即使客户选择将证据文件备份至服务器端，在进行证据验证时，也不是由服务器直接调用客户所备份的证据文件，而是由客户将证据文件重新下载至客户端，然后通过比较特征码的形式，完成验证过程。因此，现有证据中并无直接证据证明“伊时代系统”中含有与涉案专利权利要求1限定的上述特征相同或等同的特征。白某关于被诉侵权技术方案落入本专利权利要求1保护范围的上述主张不能成立，不予支持。基于上述相同的理由，在无直接证据证明“伊时代系统”

含有权利要求 1 限定的技术特征，所属领域的普通技术人员亦不必然能够推定“伊时代系统”中含有上述技术特征的基础上，由于涉案专利权利要求 7 限定的方法步骤特征是与权利要求 1 限定的产品权利要求相对应的步骤特征，在“伊时代系统”缺乏上述技术特征而未落入权利要求 1 保护范围的基础上，其亦未落入涉案专利权利要求 7 的保护范围。“伊时代系统”并不具备权利要求 1 所限定的“邮件处理模块”“文件保管模块 A”以及“邮件收发模块”。白某关于被诉侵权技术方案落入本专利权利要求 7 保护范围的上述主张不能成立，不予支持。

综上所述，现有证据尚不足以确定“伊时代系统”落入涉案专利权利要求 1、7 的保护范围，一审判决关于“伊时代系统”没有落入涉案专利权利要求 1、7 的专利权的保护范围的认定正确，应予支持。白某关于被诉侵权技术方案落入本专利权利要求 1、7 保护范围的上诉主张不能成立，不予支持。

**[ 裁判结果 ]**

二审法院判决：驳回上诉，维持原判。

**[ 裁判思路 ]**

只有当被诉侵权技术方案包含了与权利要求记载的全部技术特征相同或者等同的技术特征，才能认定其落入专利权的保护范围。本案中没有直接证据证明“伊时代系统”含有权利要求 1 限定的技术特征，所属领域的普通技术人员亦不必然能够推定“伊时代系统”中含有上述技术特征。由于涉案专利权利要求 7 限定的方法步骤特征是与权利要求 1 限定的产品权利要求相对应的步骤特征，在“伊时代系统”缺乏上述技术特征而未落入权利要求 1 保护范围的基础上，其亦未落入涉案专利权利要求 7 的保护范围。

**[ 相关法律法规 ]**

《专利法》第 59 条第 1 款

《侵犯专利权司法解释》第 7 条

## 007.涉案专利保护范围限于权利要求的内容，专利权人对涉案专利技术进行的后续改进因未记载在权利要求中，不能纳入专利保护范围

### 【典型案例】

### 沈某诉薛某侵害实用新型专利权纠纷案

［案号］

（2012）哈知初字第51号，（2013）黑知终字第14号

［案情］

沈某于2007年5月31日申请、2008年4月30日经核准获得ZL200720116350.X“马铃薯播种机”实用新型专利权。薛某于2010年6月6日申请、2011年2月16日获得ZL201020219901.7“马铃薯种植机”实用新型专利权，并按该专利生产、销售2CM－2型马铃薯种植机。2012年，沈某以薛某生产的2CM－2型马铃薯种植机侵害其实用新型专利权为由，向法院提起诉讼。请求判令薛某停止侵权行为，并赔偿其经济损失30万元。

［法院认为］

一审法院认为：判定专利侵权，适用全面覆盖原则，即被诉侵权技术方案的技术特征包含了专利权保护范围的技术特征，可认定其落入了专利权的保护范围。被诉侵权技术方案是否包括其他增加的技术特征，在所不问。2CM-2型马铃薯种植机不具有与沈某涉案专利权利要求1记载的倒三角支架外周设置的后导种弯管相对应的技术特征，两者既不相同，也不等同。至于沈某关于被诉侵权物缺少后导种弯管，是相对于涉案专利变劣方案的主张，不仅不能作为判定侵权的根据，而且等于承认被诉侵权物缺少沈某涉案专利权利要求记载的技术特征，不能适用相同或等同原则，没有落入沈某涉案专利权保护范围。故薛某的被诉侵权物2CM-2型马铃薯种植机缺少沈某涉案专利权利要求记载的倒三角支架外周设置后导种弯管的技术特征，没有落入沈某涉案ZL200720116350.X“马铃薯播种机”实用新型专利权利要求保护范围，不构成侵权。判决：驳回沈某的诉讼请求。判后，沈某不服，提起上诉。

二审法院认为：沈某案涉ZL200720116350.X“马铃薯播种机”实用新型专利合法有效，依法应予保护。综合双方当事人诉辩主张及理由，本案争议焦点主要在于薛某所生产的2CM-2型马铃薯种植机是否侵犯了沈某涉案ZL200720116350.X“马铃薯播种机”实用新型专利权之问题。《专利法》第59

条第 1 款规定："发明或者实用新型专利权的保护范围以其权利要求的内容为准，说明书及附图可以用于解释权利要求的内容。"《侵犯专利权司法解释》第 7 条规定："人民法院判定被诉侵权技术方案是否落入专利权的保护范围，应当审查权利人主张的权利要求所记载的全部技术特征。被诉侵权技术方案包含与权利要求记载的全部技术特征相同或者等同的技术特征的，人民法院应当认定其落入专利权的保护范围。被诉侵权技术方案的技术特征与权利要求记载的全部技术特征相比，缺少权利要求记载的一个以上的技术特征，或者有一个以上技术特征不相同也不等同的，人民法院应当认定其没有落入专利权的保护范围。"依照上述法律及司法解释的规定，案涉 ZL200720116350.X"马铃薯播种机"实用新型专利的保护范围应当限定于其权利要求书中记载的内容。在涉案专利权利要求书中，涉及后导种弯管的部分已经明确载明该专利具有"倒三角支架外周设置前导种弯管和后导种弯管""前、后导种弯管之间设置补种滑道"的技术特征，根据上述内容，可以认定后导种弯管为涉案专利技术特征之一。并且，根据涉案专利说明书、附图，乃至沈某于本案诉讼中对其权利要求的解释亦可看出，涉案专利设置前、后两个导种弯管的目的在于防止种块在运行过程中滑落及震落。其中，后导种弯管在于保护种块由垂直方向运动转至水平方向的补种滑道时，不至于因运行方向发生改变而滑落及震落。因此，综合上述事实，"倒三角支架外周设置后导种弯管"应认定为涉案专利的技术特征之一。将被控侵权产品与涉案专利权利要求的全部技术特征相比较，被控侵权产品并不具备后导种弯管这一部件，亦不具备与后导种弯管所实现作用、功能相同或等同的部件，足以认定被控侵权产品缺少涉案专利权利要求"倒三角支架外周设置后导种弯管"这一技术特征。依前述所引规定，被控侵权产品因缺少涉案专利权利要求记载的一项技术特征，故未落入涉案专利保护范围。一审判决认定被控侵权产品未侵犯涉案 ZL200720116350.X"马铃薯播种机"实用新型专利权正确，本院予以维持。至于在二审庭审中，沈某所主张前后导种弯管并非实现其专利目的所必须，其在生产实践中已对涉案专利技术进行改进，去除前后导种弯管设置后，仍能实现其专利"无空穴播种"的目的。依据《专利法》第 59 条第 1 款规定，涉案专利保护范围限于其权利要求的内容，其对涉案专利技术进行的后续改进不能对抗其权利要求书记载并予对外公示的权利要求。故沈某关于"后导种弯管"为其涉案专利技术的非必要技术特征，被控侵权产品缺少此项技术特征并不影响其构成侵权的诉讼主张，与法律规定相悖，二审法院不予支持。

**［裁判结果］**

二审法院判决：驳回上诉，维持原判。

[裁判思路]

判断专利侵权时，应适用全面覆盖原则，即应当审查权利人主张的权利要求所记载的全部技术特征，如被诉侵权技术方案的技术特征与权利要求记载的全部技术特征相比，缺少权利要求记载的一个以上的技术特征，或者有一个以上技术特征不相同也不等同的，人民法院应当认定其没有落入专利权的保护范围。本案中，被控侵权产品不具有“倒三角支架外周设置前导种弯管和后导种弯管，前、后导种弯管之间设置补种滑道”的技术特征，故不构成侵权。此外，依《专利法》第59条第1款的规定，发明或者实用新型专利权的保护范围以其权利要求的内容为准，说明书及附图可以用于解释权利要求的内容。本案中，沈某抗辩因后导种弯管并非必要技术特征，其在实际生产经营中已去掉该项特征，因沈某并未将其改变后的技术方案申请专利，故在判断专利侵权时仍应以其公示的权利要求书的内容为准，不能作出扩张解释。

[相关法律法规]

《专利法》第59条第1款

## 008.被诉侵权设计已经被请求保护的涉案外观设计专利申请日之前申请的专利所记载，被诉侵权人可以比照现有设计抗辩制度进行不侵权抗辩

【典型案例】

### 李某诉黄某侵害外观设计专利权纠纷案①

[案号]

（2011）江中法知初字第64号，（2012）粤高法民三终字第298号

[案情]

李某于2009年7月3日申请了名称为“脚架”的外观设计专利，并于2010年5月12日获国家知识产权局授权，专利号为ZL200930081693.1，该专利至今有效。李某诉称，黄某的侵权行为严重侵害了李某某所拥有专利的

① 载北大法宝网，http://www.pkulaw.cn/case/adv/PAYZ?AdvSearchDic.LastInstanceCourt=2101，最后访问时间：2017年6月21日。

合法权益。为此李某于 2011 年 9 月向法院提起诉讼，请求判令黄某停止侵权并赔偿损失。一审法院认定黄某构成侵权。判后，黄某不服，提起上诉。

**[ 法院认为 ]**

二审法院查明：黄某提交的作为现有设计抗辩的对比文件是：网板折叠圆桌，ZL200830187853.6，申请日为 2008 年 12 月 5 日，公开日为 2010 年 1 月 27 日。对比文件中的外观设计专利处于有效状态。二审法院认为：黄某提交的对比文件为网板折叠圆桌，该外观设计专利的申请日在涉案专利申请日之前，上诉人可以援引该证据比照现有设计抗辩制度进行不侵权抗辩。将被诉侵权产品与对比文件相比对，被诉侵权产品为脚架，对比文件为网板折叠圆桌，被诉侵权产品为产品零部件，在此种情况下，应当将对比文件中与被诉侵权产品相对应的零部件部分作为判断对象，其余部分不予考虑。将对比文件与被诉侵权产品相对应的零部件部分作为判断对象，与被诉侵权产品相比较，两者均为整体上以圆形钢管组成的脚架，均由一长一短两组 H 形支架连接而成，打开状态下呈近似 x 形，较短的 H 形支架上以旋转式连接 –U 形支架，两者不存在实质差异，属于同样的外观设计。本案中，被诉侵权产品使用了申请在先的设计方案，并未侵害李某的专利权，应当认定其不侵权抗辩成立，无须承担侵权责任，一审法院认定被诉侵权产品的外观设计与上诉人黄某某提供的对比文件的外观设计在整体视觉效果上存在差异，不能认定为相同或近似，并据此认定黄某提出的现有设计抗辩不成立，认定有误，应予以纠正。

**[ 裁判结果 ]**

二审法院判决：驳回李某的全部诉讼请求。

**[ 裁判思路 ]**

本案是全国首例以在先申请比照现有设计抗辩制度作不侵权抗辩并予以认定的专利侵权案件。本案审理中，需要解决两个关键问题：

一、对比对象的问题

黄某提交的作为不侵权抗辩证据的外观设计专利是“网板折叠圆桌”，而本案涉案专利是“脚架”，涉案专利产品属于对比文件外观设计产品的零部件，两者是否可以进行对比。根据《专利审查指南》（2010 年版）第四部分第五章第 5.2.3 条的规定，在被诉侵权产品为产品零部件的情况下，仅将对比文件中与其相对应的零部件部分作为判断对象，其余部分不予考虑。因此，将对比文件中与被诉侵权产品相对应的零部件部分作为判断对象，与被诉侵权产品相比较，两者均为整体上以圆形钢管组成的脚架，两者不存在差异，可以认定两者为相同的设计。

二、在先申请是否可以比照现有设计抗辩制度进行不侵权抗辩

本案中，黄某提交的作为不侵权抗辩证据的对比文件外观设计专利在2008年12月5日即案涉专利申请日之前向国务院专利行政部门提出申请，并记载在案涉专利申请日以后公告的专利文件中，属于案涉专利的抵触申请。但是，本案涉案专利及对比文件的外观设计专利申请日均在2008年修正的《专利法》正式实施之前，因此，本案在不侵权抗辩部分应当适用2000年修正的《专利法》，而2000年修正的《专利法》中，针对外观设计专利权，并未对抵触申请进行规定，只规定如在发明和实用新型专利中出现抵触申请，则专利不具备新颖性，因此本案无法适用抵触申请的相关规定。因此，对比文件三仅能作为在先申请文件与本案专利进行比对。关于在先申请能否作为不侵权抗辩的证据的问题，在先申请作为影响专利新颖性的因素，此前一直不属于法院审理的事项，但是，专利侵权诉讼中现有技术抗辩制度的法理基础在于授予专利的发明、实用新型或外观设计必须具备新颖性和创造性，在先申请作为一项在专利申请日之前提出的专利申请，其已于专利申请日前进入公共领域，与抵触申请一样属于损害专利新颖性的因素，并可能导致在后申请不能获得授权，在这一层面上，其与现有设计的性质相同。因此，我们认为，被诉侵权人可以援引申请日在涉案专利申请日之前的外观设计专利，比照现有设计抗辩制度进行不侵权抗辩。本案中，我们将对比文件三作为在先申请，直接与被诉侵权产品进行比对，二者构成相近似。因此，本案被诉侵权产品使用了申请在先的设计方案，并未侵害李某某的专利权，应当认定其不侵权抗辩成立，无须承担侵权责任。

**[相关法律法规]**

《专利法》第62条

《侵犯专利权司法解释》第14条第2款

# 第五章　反不正当竞争纠纷裁判思路

## 第一节　不正当竞争行为的认定

### 001.经营者在销售的商品上标注与该商品实际不相符的虚假信息，不必然构成不正当竞争

**【典型案例】**

#### A 公司诉某大药房不正当竞争纠纷案

**［案号］**

（2015）哈知初字第 167 号

**［案情］**

2013 年 12 月 2 日，A 公司的奥妮橡胶避孕套被吉尼斯世界纪录有限公司认定为新的薄度纪录保持者。某大药房销售的“冈本”橡胶避孕套，生产日期为 2014 年，但仍然宣称是薄度纪录保持者，A 公司认为该商品构成虚假宣传，遂诉至法院，请求判决大药房停止不正当竞争行为，停止销售带有“薄度纪录保持者”标识的橡胶避孕套。

**［法院认为］**

一审法院认为：A 公司没有举证证明大药房在被诉前已知 A 公司获得了新的吉尼斯世界纪录、涉案“冈本 003”安全套上所宣称的原吉尼斯世界纪录已被打破，故不能判定大药房实施案涉不正当竞争行为的主观过错，不应判定大药房承担赔偿损失的民事责任。但是，大药房作为案涉“冈本 003”安全套商品的销售者，在知道案涉“冈本 003”安全套上所宣称的原吉尼斯世界纪录已被打破、A 公司获得了新的吉尼斯世界纪录后，即应停止销售带有“世界最薄”“GUINNESS WORLD RECORDS”（吉尼斯世界纪录保持者）等虚假或者引人误解的宣传语及标识的涉案“冈本 003”安全套。

[裁判结果]

一审法院判决：大药房于判决生效之日起停止销售带有“世界最薄”“GUINNESS WORLD RECORDS”（吉尼斯世界纪录保持者）等宣传语及标识的涉案“冈本003”安全套商品。

[裁判思路]

经营者在销售的被诉侵权商品上标注与该商品实际不相符的虚假信息不必然构成不正当竞争，需将经营者主观状态和实施的经营行为作为一个整体统一考量。若经营者销售被诉侵权产品过程中，未改变该商品描述信息，尽到了与其能力相适应的审查义务，则被诉侵权商品的经营者不构成不正当竞争。在此情形下，法院可要求其停止销售带有虚假信息的商品，以维护竞争秩序。

[相关法律法规]

《反不正当竞争法》第8条第1款

《不正当竞争司法解释》第8条第3项

## 002.法人未正常开展经营活动，不必然导致丧失市场竞争主体资格

### 【典型案例】

### 哈尔滨饮食服务公司、哈尔滨饮食服务公司三八饭店诉陈某擅自使用他人企业名称、虚假宣传纠纷案

[案号]

（2013）哈知初字第100号，（2014）黑知终字第6号

[案情]

哈尔滨饮食服务公司三八饭店（以下简称饮食公司三八饭店）位于哈尔滨市道外区南三道街64号。伪满初期为新记独一处饭馆，1945年改为德发园饭店，1956年公私合营。1958年8月1日，在德发园饭店基础上，成立了全部由女职工组成的哈尔滨市三八饭店（国营）。哈尔滨研制的第一台饺子机首先安装在该饭店，该饭店并有万能灶、和面机、升降机、切菜切肉机、刷碗机、空中滑行送菜机等，成为当时机械化水平最高的饭店。周恩来总理等国家领导人曾到该饭店视察并给予赞誉。饮食公司三八饭店自成立后，多次

被评为省、市先进集体，曾先后接待了世界30多个国家和地区的100多个参观团和代表团。2007年，因原址拆迁、经营亏损等多种原因，饮食公司三八饭店停止经营至今，但未予注销。陈某于2011年12月7日经核准获得第8808865号“陈闫福三八”注册商标专用权。该注册商标核定使用商品为第43类饭店、餐馆等，注册有效期限至2021年12月6日止。陈某分别于2010年至2012年先后申请成立哈尔滨市道里区陈福记三八饭店、哈尔滨市南岗区陈福记三八饭店、哈尔滨市道里区陈闫福三八饭店，企业类型均为个体工商户。陈某经营的上述饭店店面上方使用“三八饭店”招牌，店内挂有“三八饭店”“陈福记餐饮连锁”等字样的宣传板；挂有周恩来总理视察三八饭店、介绍三八饭店等照片和文字宣传板。2013年5月，哈尔滨饮食服务公司（以下简称饮食公司）、饮食公司三八饭店以陈某侵犯其企业名称权、虚假宣传构成不正当竞争为由，诉至法院请求判令陈某停止使用三八饭店名称及停止以三八饭店名义进行经营活动的不正当竞争行为，在哈尔滨《新晚报》刊登澄清此事的声明，并赔偿经济损失20万元。

**[法院认为]**

一审法院认为：在饮食公司三八饭店有效拥有案涉企业名称权和企业字号权的情况下，“三八饭店”作为饮食公司三八饭店的企业简称以及“三八”企业字号所具有的市场知名度，其利益应归于所有权人饮食公司三八饭店，即使其因拆迁等原因几年来停止了经营餐饮服务并变更了经营范围，也不能认为案涉“三八饭店”企业简称以及“三八”企业字号已成为可以任意使用的公有财产或无主财产，陈某不仅擅自使用了饮食公司三八饭店的企业简称，同时也擅自使用了饮食公司三八饭店的企业字号，侵害了饮食公司三八饭店企业名称权，构成不正当竞争侵权。陈某关于饮食公司三八饭店已停业数年，没有对外开展餐饮经营活动，没有参与市场竞争的主张不成立。判决：（1）陈某在餐饮服务上停止使用带有“三八”字样的企业名称和使用“三八”字样进行经营活动的不正当竞争行为；（2）陈某在《新晚报》上刊登消除影响的启事；（3）陈某赔偿饮食公司、饮食公司三八饭店经济损失4万元。判后，陈某不服，提起上诉。

二审法院认为：上诉人陈某所开办“陈福记三八饭店”等企业及被上诉人“饮食公司”“饮食公司三八饭店”均经工商部门登记，形式上具备依法依其核准登记名称进行经营的资格。而陈某注册取得“陈闫福三八”商标，依法亦为该商标权利人。饮食公司、饮食公司三八饭店以陈某侵犯其企业名称权、虚假宣传构成不正当竞争为由提起的本案诉讼，双方争议实质为被行政主管部门核准的企业名称（简称）之间，以及企业名称权与注册商标专用权之间的权利冲突问题。归纳双方当事人的诉辩主张，本案争议的焦点问题在于：饮食公司三八饭店是否享有并至今仍然享有“三八饭店”企业名称（简称）权；饮食公司三八饭店是否属于受《反不正当竞争法》保护的“经营者”，其与陈某之间是否存在竞争关系；陈某涉案行为是否属于擅自使用饮食公司三八饭店的企业名称、虚假宣传的不正当竞争行为；陈某应如何承担侵权责任。

1. 关于饮食公司三八饭店是否享有并至今仍然享有“三八饭店”企业名称（简称）权的问题。依据通说，企业名称权是指企业依法对其登记注册的名称（简称）所享有的权利。其主要包括依法享有决定、使用、变更、转让自己名称和排除他人非法侵害。企业名称作为商业标识之一，历来为我国法律所承认及保护。《民法通则》第 99 条第 2 款规定：“法人、个体工商户、个人合伙享有名称权，有权使用、依法转让自己的名称。”《企业名称登记管理规定》第 3 条、第 7 条等规定，企业名称在企业申请登记时，由企业名称的登记主管机关核定，企业名称经核准登记注册后方可使用，在规定的范围内享有专用权；企业名称是区别不同市场主体的文字标志，由行政区划、字号、行业或者经营特点、组织形式构成；企业名称依法核准登记后，在规定的范围内享有专用权。《不正当竞争司法解释》第 6 条第 1 款规定：“对于具有一定市场知名度、为相关公众所熟知并已实际具有商号作用的企业或企业名称的简称，可以作为《反不正当竞争法》规定的‘企业名称’获得保护。”综合以上规定可以得出，经过长期使用、具有一定知名度、与企业名称之间已建立特定联系的企业名称简称与该企业名称具有同等法律地位，依法受到保护。本案中，饮食公司三八饭店自 1958 年转为国营企业后，一直使用“三八饭店”作为名称对外开展经营，历时五十余年。成立之初职工全部为女性，具有较高的饮食制作机械化水平，多次被评为省市先进集体，亦曾先后接待世界 30 多个国家和地区的 100 多个参观团和代表团，并受到国家领导人好评。上述事实表明，被上诉人企业名称虽为“饮食公司三八饭店”，但基于汉语口语的缩减称呼习惯，“三八饭店”四字在一般社会公众中，已经成为可以替代该企业全称的企业简称。且该企业在多年经营中，培养造就出了一批女性烹调技术职工，并形成了以鲁菜、川菜、面点、冷饮为主的饮食特色和较高水平的餐饮服务，在消费者中具有较高的认知度，在餐饮服务领域亦享有较高声誉。即使其后数年该企业不再正常经营，但仍有相当一部分消费者对“三八饭店”名称及其提供的餐饮服务留存记忆。综合以上叙述，应当认定饮食公司三八饭店使用“三八饭店”作为企业简称所开展的餐饮服务，已经在哈尔滨餐饮市场具有了一定的市场知名度。“三八饭店”作为企业简称已经与饮食公司三八饭店建立了特定联系，成为饮食公司三八饭店具有商业识别作用的企业简称，在一般公众中成为区别其他企业的标识而熟悉和认知，依法应受到保护。此外，关于饮食公司三八饭店所享有的企业名称权是否因其未正常开展经营活动而受影响的问题，依据《民法通则》第36条第2款“法人的民事权利能力和民事行为能力，从法人成立时产生，到法人终止时消灭”的规定，即便饮食公司三八饭店确实存在无固定场所、未开展正常经营，乃至处于清算期间等情形，但其自身依法所具有的法人的民事权利能力并未因此丧失。换言之，饮食公司三八饭店是否正常开展经营，并不影响其作为《反不正当竞争法》所保护的适格主体。故在饮食公司三八饭店未办理注销登记的情形下，其依法所享有的企业名称（简称）的专用权利自当延及至今，依法有权对损害其企业名称权之行为采取包括提起诉讼在内的救济措施。

2. 关于饮食公司三八饭店是否属于受《反不正当竞争法》保护的“经营者”，其与陈某之间是否存在竞争关系的问题。对此问题，上诉人上诉提出“《反不正当竞争法》第2条明确规定适用该法主张权利的诉讼主体应该是合法的市场经营者，争议双方之间应存在现实的市场竞争关系”。而查阅《反不正当竞争法》第2条[①]可知，其原文共3款，分别为“经营者在市场交易中，应当遵循自愿、平等、公平、诚实信用的原则，遵守公认的商业道德”“本法所称的不正当竞争，是指经营者违反本法规定，损害其他经营者的合法权益，扰乱社会经济秩序的行为”“本法所称的经营者，是指从事商品经营或者营利性服务（以下所称商品包括服务）的法人、其他经济组织和个人”。其第1款是对所有经营者在市场交易中应遵循的基本原则的规定，第2款是对不正当竞争行为的概括定义，第3款是对经营者的概括定义。细致审查该条文，并无上诉人所述“诉讼主体应为合法的市场经营者，双方应存在现实的竞争关系”之规定，其第3款亦仅为“经营者是指从事商品经营或者营利性服务的法人、其他经济组织和个人”，并没有将未持续经营的经营者排除于该法保护之外。但不可否认，依据《反不正当竞争法》第2条的规定，似可得出“争议双方应存在现实的市场竞争关系”这一结论。对此，二审法院认为，在饮食公司三八饭店没有正常开展经营的情形下，形式上其确与陈某所开办的“哈尔滨市道里区陈福记三八饭店”“哈尔滨市南岗区陈福记三八饭店”等不具

---

① 新《反不正当竞争法》第2条修订为：“经营者在生产经营活动中，应当遵循自愿、平等、公平、诚信的原则，遵守法律和商业道德。本法所称的不正当竞争行为，是指经营者在生产经营活动中，违反本法规定，扰乱市场竞争秩序，损害其他经营者或者消费者的合法权益的行为。本法所称的经营者，是指从事商品生产、经营或者提供服务（以下所称商品包括服务）的自然人、法人和非法人组织。”

有即时的竞争关系。但纵观《反不正当竞争法》，其立法目的在于“保障社会主义市场经济健康发展，鼓励和保护公平竞争，制止不正当竞争行为，保护经营者和消费者的合法权益”。本案中，饮食公司三八饭店近年虽未正常开展经营活动，但并不表明其已退出餐饮市场，亦不必然导致其丧失市场竞争主体资格。且依据《反不正当竞争法》第5条[①]关于“经营者不得采用擅自使用他人的企业名称或者姓名，引人误认为是他人的商品等不正当手段从事市场交易，损害竞争对手”的规定，对行为人擅自使用他人的企业名称，引人误认为是他人的商品等不正当竞争手段从事市场交易，而非法获取了竞争优势或者提高了竞争能力，也应当属于该法所禁止的不正当竞争行为。因此，陈某关于饮食公司三八饭店已退出哈尔滨市餐饮服务市场，不属于《反不正当竞争法》保护的经营者，二者之间不存在竞争关系，本案不应适用《反不正当竞争法》进行调整的主张，属于对法律的错误理解，二审法院不予支持。

3. 关于陈某案涉行为是否属于擅自使用饮食公司三八饭店的企业简称、虚假宣传的不正当竞争行为的问题。依照《反不正当竞争法》第5条的规定，擅自使用他人的企业名称，引人误认为是他人的商品，属于损害竞争对手的不正当竞争行为。依据该规定，判断使用他人企业简称是否构成不正当竞争行为的重要标准是“擅自”及“引人误认”。如前所述，“三八饭店”作为饮食公司三八饭店的简称使用已有五十余年的历史，并已成为享有一定社会知名度的商业标识。陈某经营的餐饮企业与饮食公司三八饭店的经营范围同为餐饮服务，陈某作为同一地区的同业经营者，在其经营中擅自将饮食公司三八饭店的简称“三八饭店”作为饭店名称突出使用，并使用展现原“三八饭店”历史沿革的照片和文字简介，以“正宗三八饭店”的名义进行宣传，足以使一般社会公众将陈某所经营的餐饮企业误认为系饮食公司三八饭店提供的餐饮服务或者与饮食公司三八饭店有着特定的联系，陈某的行为已经构成擅自使用他人企业名称，引人误认为是他人的商品，损害竞争对手的不正当竞争行为。同时，《反不正当竞争法》第9条第1款[②]规定，经营者不得利用广告或者其他方法，对商品的质量、制作成分、性能、用途、生产者、有效期限、产地等作引人误解的虚假宣传。《不正当竞争司法解释》第8条第1款规定，经营者以歧义性语言或者其他引人误解的方式进行商品宣传，足以造成相关公众误解的，可以认定为《反不正当竞争法》第9条第1款规定的引人误解的虚假宣传行为。本案中，陈某在经营场所内介绍原“三八饭店”的

---

① 此条新《反不正当竞争法》修订为第6条。

② 此条新《反不正当竞争法》修订为第8条。

历史、使用与原“三八饭店”有关的图片、照片，在报纸上宣称其经营的是“正宗三八饭店”等行为，足以使相关公众对其提供的商品或服务来源产生误认，可以产生陈某经营的餐饮企业与原“三八饭店”具有特定联系的主观认识，已经起到误导消费者的作用。陈某的上述行为符合前述法律规定的“引人误解”“虚假宣传”的法律特征。陈某虽然享有“陈闫福三八”注册商标专用权，但对“三八饭店”四字并不享有商标、商号权益，其突出使用“三八饭店”的行为不属于对注册商标的合理使用范畴。反而言之，陈某之案涉行为明显具有擅自使用他人商号的主观故意，攀附他人多年积累的商誉，客观上也足以造成公众的混淆、误认，违反了诚实信用原则，违背公认的商业道德，应当为法律所禁止。故陈某关于其使用“三八饭店”属合理使用的主张不成立，本院不予支持。

4. 关于陈某应如何承担侵权责任的问题。根据《侵权责任法》第 15 条、《反不正当竞争法》第 20 条[①]和《不正当竞争司法解释》第 17 条的规定，经营者违反前述法律规定，应当承担停止侵害、赔偿损失等民事责任；损害赔偿额可以参照确定侵犯注册商标专用权的损害赔偿额的方法进行，即赔偿数额按照权利人因被侵权所受到的实际损失确定，实际损失难以确定的，可以按照侵权人因侵权所获得的利益确定，权利人的损失或者侵权人获得的利益难以确定的，由人民法院根据侵权行为的情节判决给予三百万元以下的赔偿。故饮食公司、饮食公司三八饭店请求判令陈某停止使用“三八饭店”名称，以“三八饭店”名义进行经营活动及进行虚假宣传的不正当竞争行为于法有据，应予支持。本案中，饮食公司三八饭店具有商业识别作用并为相关公众所熟知的企业简称是作为整体使用的“三八饭店”字样，咖啡馆、西餐厅等其他餐饮企业，以及饮食行业外的其他企业，以“三八”为字号或使用带有“三八”字样的企业名称，能够与案涉“三八饭店”相区别，不足以造成相关公众对其提供的商品或服务的来源产生混淆、误认的，并不为法律所禁止，且本案饮食公司及饮食公司三八饭店的诉讼主张即为停止使用其“三八饭店”的企业简称，故一审判决陈某停止使用带有“三八”字样的企业名称不当，应予纠正。本案中，尽管饮食公司三八饭店已停止经营数年，但企业名称原有的市场知名度在当前市场中仍具有一定的经济价值。陈某的涉案不正当竞争行为不仅使其获取了竞争优势和经济利益，同时也弱化了“三八饭店”企业名称的指向性与显著性，甚至影响该企业名称潜在的市场价值。因此，陈某应当承担损害赔偿责任。陈某关于饮食公司三八饭店已停止经营，不存在

① 此条新《反不正当竞争法》修订为第 17 条。

损失的上诉主张法院不予支持。因饮食公司三八饭店的损失和陈某在侵权期间因侵权所获得的利润均难以计算，一审判决根据陈某侵权行为的性质、期间、经营规模、所处商业区域、赢利能力，并结合饮食公司三八饭店案涉企业简称的声誉及至目前尚未经营等因素，判定陈某给付 4 万元的赔偿数额并无不当。

**[ 裁判结果 ]**

二审法院判决：判决陈某立即停止擅自使用“三八饭店”字样的企业名称和以“三八饭店”名义进行经营活动的不正当竞争行为，在《新晚报》上刊登消除影响的启事，并赔偿经济损失 4 万元。

**[ 裁判思路 ]**

本案为擅自使用他人企业名称、虚假宣传纠纷，涉及对已暂时停止经营但并未注销的法人的法律地位及经营者权益的界定，较具典型意义。《民法通则》第 36 条第 2 款规定：“法人的民事权利能力和民事行为能力，从法人成立时产生，到法人终止时消灭。”[①] 故，即便存在未能正常经营的情形，只要该法人并未注销，其民事权利能力即并未丧失，仍依法享有其企业名称（简称）的权益，并依法有权对损害其企业名称权之行为采取包括提起诉讼在内的救济措施。同时，《反不正当竞争法》第 2 条第 3 款规定：“本法所称的经营者，是指从事商品生产、经营或者提供服务（以下所称商品包括服务）的自然人、法人和非法人组织。”该条款并没有将未持续经营的经营者排除于该法保护范围之外，法人未正常开展经营活动，并不表明其已退出市场竞争，亦不必然导致其丧失市场竞争主体资格，其仍受到《反不正当竞争法》的保护。

**[ 相关法律法规 ]**

《反不正当竞争法》第 2 条

《不正当竞争司法解释》第 8 条第 1 款、第 9 条第 1 款

---

① 载开放法律联盟网，http://openlaw.cn/judgement/766475f55d7e45dcb1eeef13bd3377fe，最后访问时间：2017 年 12 月 21 日。《民法总则》修改为第 59 条。

## 003.经营者为了介绍自己产品或服务的特征、质量、功能等涉及产品的相关信息，采用指明、说明、比较等方式有必要性的使用他人商标的行为，应认定为正当使用，不构成侵权

**【典型案例】**

### 古乔古希股份公司诉A公司侵害注册商标专用权及不正当竞争纠纷案

**［案号］**

（2011）哈知初字第113号，（2013）黑知终字第4号

**［案情］**

意大利古乔古希股份公司（GUCCIO GUCCI S.P.A）（以下简称古乔古希公司）于2003年经中国国家工商行政管理总局商标局核准，在第25类、第18类、第35类、第9类商品上注册了“GUCCI”“”商标，并对上述商标持续进行了宣传、使用，使涉案“GUCCI”“”商标获得了较高的知名度和美誉度。2010年，A公司通过合法途径进口、销售“GUCCI”产品，在其公司店面牌匾处突出使用“GUCCI”字样，并在报纸等媒体上发布广告，自称“GUCCI”商品授权经销商。2011年，古乔古希公司以A公司未经古乔古希公司许可，在牌匾中突出使用“GUCCI”文字，在报纸、商品标签等宣传资料上突出使用“GUCCI”及“”标识，侵犯了古乔古希公司享有的注册商标专用权并构成不正当竞争为由，向法院提起诉讼，请求判令A公司立即停止使用带有“GUCCI”文字的牌匾及商场内使用的其他侵权标识等不正当竞争行为，消除不良影响并赔偿经济损失50万元。

**［法院认为］**

一审法院认为：本案的焦点是A公司在经营中突出使用带有“GUCCI”字样的营业招牌，是否侵犯了古乔古希公司的注册商标专用权，是否构成不正当竞争，以及如何确定其责任。古乔古希公司是“GUCCI”等注册商标权利人，在中国市场上持续经营宣传其商品及商标。A公司举示的其经营销售古乔古希公司“GUCCI”品牌商品的证据证明，A公司对古乔古希公司的商品及“GUCCI”等商标和企业名称的知名度和影响力有清楚的了解。《商标法》第52条规定：“有下列行为之一的，均属侵犯注册商标专用权：（一）未经商标注册人的许可，在同一种商品或者类似商品上使用与其注册商标相同或者近似的商标的……（五）给他人的注册商标专用权造成其他损害的。”《商

标案件适用法律解释》第1条规定："下列行为属于商标法第52条第（5）项规定的给他人注册商标专用权造成其他损害的行为：（一）将与他人注册商标相同或者相近似的文字作为企业的字号在相同或者类似商品上突出使用，容易使相关公众产生误认的……"A公司将"GUCCI"突出用于营业招牌，是将"GUCCI"作为企业字号突出使用的行为。故A公司仅举证证明其销售的"GUCCI"品牌商品是真实、合法的"GUCCI"商品是不够的。A公司应当举证证明，其将"GUCCI"作为企业字号在营业招牌上突出使用，得到了涉案"GUCCI"注册商标权人古乔古希公司的同意，并符合企业名称登记、管理、使用等法律规定。A公司不是只经营销售"GUCCI"商品的专卖店，其在销售"GUCCI"品牌商品的同时，还销售其他品牌的商品。A公司在营业招牌上突出使用"GUCCI"标识，使相关公众误认为其经营的全部是"GUCCI"品牌商品，造成混淆，属于侵犯古乔古希公司案涉"GUCCI"注册商标专用权的行为，构成商标侵权。同时，"GUCCI"是古乔古希公司外文企业名称GUCCIO GUCCI S.P.A中的主要部分。《反不正当竞争法》第5条①规定："经营者不得采用擅自使用他人的企业名称或者姓名，引人误认为是他人的商品等不正当手段从事市场交易，损害竞争对手。"《不正当竞争司法解释》第6条第1款规定："企业登记主管机关依法登记注册的企业名称，以及在中国境内进行商业使用的外国（地区）企业名称，应当认定为反不正当竞争法第5条第（3）项规定的'企业名称'。具有一定的市场知名度、为相关公众所知悉的企业名称中的字号，可以认定为反不正当竞争法第5条第（3）项规定的'企业名称'。"A公司在营业招牌上擅自使用古乔古希公司的企业名称，引人误认为其经营的全部是"GUCCI"品牌商品，造成混淆，属于《反不正当竞争法》第5条第（3）项规定的不正当竞争行为，构成不正当竞争。A公司应当承担相应的法律责任。

证明商品来源的合法和商品质量的可靠，保障消费者的知情权，避免造成消费者的混淆，必须以符合法律规定的方式进行。A公司擅自将古乔古希公司案涉"GUCCI"注册商标和企业名称用于营业招牌，违反了有关注册商标和企业名称的法律规定，使相关公众产生混淆误认，误导消费者，属于违反注册商标和企业名称专用权法律规定的侵权行为，不具合法性和合理性。A公司的抗辩理由均不成立。古乔古希公司请求A公司立即停止使用带有"GUCCI"字样的营业招牌等侵权行为合法。A公司应当立即撤除带有"GUCCI"字样的营业招牌。A公司经营、宣传、销售的是真实、合法的

① 此条新《反不正当竞争法》修订为第6条。

"GUCCI"品牌商品，A公司系因在营业招牌上不当使用"GUCCI"字样而构成侵权。古乔古希公司指称A公司是恶意侵权，证据不足，不能认定。《商标案件适用法律解释》第21条第1款规定："人民法院在审理侵犯注册商标专用权纠纷案件中，依据民法通则第134条、商标法第53条的规定和案件具体情况，可以判决侵权人承担停止侵害、排除妨碍、消除危险、赔偿损失、消除影响等民事责任。"古乔古希公司请求A公司消除影响合法，应予支持。根据A公司在其经营场所的营业招牌上不当使用"GUCCI"字样等本案实际情况，A公司应当在经营场所的门面上张贴启事，以消除不当使用带有"GUCCI"字样的营业招牌造成的影响。古乔古希公司没有举示A公司侵害其人身权的证据，其请求A公司向其公开致歉，没有事实根据，不符合法律规定，不予支持。A公司在2011年12月15日《生活报》上刊登《GUCCI商品授权经销商葳琳服饰公司——首倡"奢侈级"终身服务》文章和举办GUCCI商品专场回馈活动的广告，并无不当，不能认为是侵权行为。一审法院据此判决：1.A公司停止侵犯古乔古希公司注册商标专用权和企业名称专用权的行为；2.A公司赔偿古乔古希公司4万元；3.A公司在经营场所的门面上张贴消除影响的启事；4.驳回古乔古希公司的其他诉讼请求。判后，古乔古希公司不服，提起上诉。

二审法院认为：第一，A公司是否为GUCCI产品的合法经销商，其销售的被诉侵权产品是否为真实、合法的GUCCI产品。本案中，古乔古希公司已取得了A公司销售的GUCCI产品实物，其完全有能力对A公司销售的GUCCI产品是否为正品作出鉴别，但其于原审中明确表示本案并未主张A公司销售的是假冒伪劣的GUCCI产品，二审中又主张一审法院认定A公司销售的是真实合法的GUCCI产品错误，其诉讼主张存在互相矛盾的情形。经本院详细释明并再三询问，古乔古希公司仍表示现有证据无法证明A公司销售的GUCCI产品为正品，但其亦未举示前述商品并非正品的证据。《民事诉讼证据规定》第2条规定："当事人对自己提出的诉讼请求所依据的事实或者反驳对方诉讼请求所依据的事实有责任提供证据加以证明。没有证据或者证据不足以证明当事人的事实主张的，由负有举证责任的当事人承担不利后果。"第8条第2款还规定："对一方当事人陈述的事实，另一方当事人既未表示承认也未否认，经审判人员充分说明并询问后，其仍不明确表示肯定或者否定的，视为对该项事实的承认。"A公司已举示了其供货商Donna Moda公司出具的商业发票、品牌销售文件及海关进口票据等证据，足以证明其销售的GUCCI产品具有合法来源，是真实、合法的GUCCI产品。古乔古希公司对此虽不予认可，但并未能举示相反证据予以反驳。且对于A公司关于其销售的是真实、合法的GUCCI产品这一事实，经二审法院再三询问，古乔古希公司仍既不表示承认，也不表示否认，应视为对该事实的承认，一审判决认定A公司销售的是真实、合法的GUCCI产品正确。本案庭审中，双方一致确认古乔古希公司经营商品的销售模式存在设立专卖店和批发商销售两种渠道。A公司通过合法渠道自批发商处取得真实、合法的GUCCI产品后再行销售的行为符合法律规定，一审判决认定A公司为GUCCI产品的合法经销商亦无不当。

第二，A公司的涉案行为是否对古乔古希公司的商誉造成严重损害。A公司虽经合法商业渠道购入“GUCCI”品牌商品经销，但这并不意味着其可以超出必要、合理的范围使用古乔古希公司的GUCCI商标及字号。无论A公司除GUCCI产品外是否经营其他品牌的服饰箱包，其未经“GUCCI”商标权利人授权即在店面牌匾中突出使用“GUCCI”字样的行为，均侵害了古乔古希公司的合法权益。A公司未与古乔古希公司签订有关授权销售的合同、协议等，其在《生活报》中发布文章自称为GUCCI商品授权经销商没有事实依据。一审判决认定A公司自称GUCCI产品授权经销商不属不正当竞争行为有误，本院予以纠正。A公司上述行为构成侵权，应承担相应的民事责任。但因其销售的是真实、合法的GUCCI商品，其上述不正当竞争行为并不会因此令相关消费者对古乔古希公司经营产品的品质、风格、性能、用途等产生怀疑或不良看法，并未对古乔古希公司的商誉造成严重损害。至于A公司在宣传资料、报纸等媒体上刊登广告使用的GUCCI标识，因其指向的产品均为真实、合法的GUCCI产品，不存在造成相关消费者混淆误认的问题，亦不会对古乔古希公司商誉造成损害。此外，关于A公司广告宣传打折让利活动，属商家促销手段，且其采取的8.5折优惠方案也不属于低价倾销等不正当竞争行为，并不会产生古乔古希公司所称“使不明真相的消费者误认为GUCCI已从国际顶级奢侈品滑落成二、三流商品”的严重后果，并未侵害古乔古希公司合法权益。古乔古希公司关于A公司涉案行为对其商誉造成严重损害的诉讼主张缺乏事实基础，本院不予支持。

第三，A公司是否属恶意侵权。在A公司销售的是真实、合法的GUCCI商品的前提下，分析A公司在门面牌匾突出使用GUCCI字样、在报纸等宣传资料中自称GUCCI产品授权经销商并使用“GUCCI”标识等涉案行为不难看出，A公司上述行为的目的主要在于向公众宣传其销售的产品是古乔古希公司生产的“GUCCI”产品，且其销售的产品均是真实合法的正品，并非假冒伪劣产品，其并非意在通过涉案行为误导相关公众，使相关公众将他人的商品误认为是古乔古希公司的产品，或者通过打击古乔古希公司的商誉以使自己获取不当竞争优势之目的。且A公司作为GUCCI产品的合法经销商，其与古乔古希公司在很大程度上具有共同的商业利益，损害古乔古希公司之商誉，A公司自身利益也难免会受到损失，故本案很难得出A公司系恶意侵权的结论。A公司店面招牌原为“BC GUCCI BV”字样，其中，“BC”“BV”字样并无明确含义，“GUCCI”字样在店面牌匾中较为醒目，而A公司在2011年3月收到古乔古希公司律师函后，于当年5月即将店面招牌改为“葳琳GUCCI”，其确实采取了在店面招牌处增加自身字号以示区别的自主行为。虽然改正后的店面招牌仍因未经授权突出使用了“GUCCI”字样，A公司应当承担相应的赔偿责任，但据此亦难以得出A公司属恶意侵权的结论。古乔古希公司关于A公司属恶意侵权的诉讼主张缺乏事实基础，二审法院亦不予支持。

第四，一审法院酌定赔偿数额的考虑因素是否妥当。《商标法》第56条规定：“侵犯商标专用权的赔偿数额，为侵权人在侵权期间因侵权所获得的利益，或者被侵权人在被侵权期间因被侵权所受到的损失，包括被侵权人为制止侵权行为所支付的合理开支。前款所称侵权人因侵权所得利益，或者被侵权人因被侵权所受损失难以确定的，由人民法院根据侵权行为的情节判决给予五十万元以下的赔偿。”《商标案件适用法律解释》第16条规定：“侵权人因侵权所获得的利益或者被侵权人因被侵权所受到的损失均难以确定的，人民法院可以根据当事人的请求或者依职权适用商标法第56条第2款的规定确定赔偿数额。人民法院在确定赔偿数额时，应当考虑侵权行为的性质、期间、后果，商标的声誉，商标使用许可费的数额，商标使用许可的种类、时间、范围及制止侵权行为的合理开支等因素综合确定。”《不正当竞争司法解释》第17条第1款规定：“确定反不正当竞争法第5条、第9条、第14条规定的不正当竞争行为的损害赔偿额，可以参照确定侵犯注册商标专用权的损害赔偿额的方法进行。”本案中，古乔古希公司并未能举示证据证明其因侵犯行为受到的损失，或者A公司因侵权行为所获收益，一审法院依据上述法律规定酌情确定赔偿数额并无不当。古乔古希公司主张其因本案支付的调查费用及律师费用8万余元明显过高，依法不能全部支持。当地经济发展水平与侵权人因侵权行为获利具有一定关联，一审法院将此作为确定赔偿数额的诸多考虑因素之一亦无不当。综合考虑A公司在牌匾中擅自使用“GUCCI”的涉案行为并未对古乔古希公司商誉造成严重损害，其侵权的主观恶意不大，以及古乔古希公司因维权所支付的合理开支等因素，一审判决确定4万元的赔偿数额并无不当，二审法院予以维持。此外，古乔古希公司原审中主张A公司应当赔偿其经济损失50万元，一审法院依据A公司应当承担的赔偿数额与古乔古希公司主张之赔偿数额之比例确定诉讼费用的分担并无不当，二审法院不予调整。

[ **裁判结果** ]

二审法院判决：A公司停止侵犯古乔古希公司注册商标专用权和企业名称专用权的行为，在经营场所的门面上张贴消除影响的启事，并赔偿古乔古希公司经济损失4万元。

[ **裁判思路** ]

本案与通常的商标侵权案件不同之处在于A公司销售的并非假冒产品，作为"GUCCI"产品的合法销售商，其出于宣传自身经营产品、标明销售品牌等目的，在合理、必要范围内使用"GUCCI"字样属于对商标的合理使用，但这种合理使用并不是无限制的使用。A公司未经许可在门店牌匾处突出使用"GUCCI"字样，足以使相关公众误认其为经古乔古希公司授权的品牌直营店，虽然销售的是真实合法的"GUCCI"产品，仍构成侵权。本案的另一典型意义在于，酌定不正当竞争行为的赔偿数额时，行为人的主观状态以及该行为对权利人造成的影响为重要的考虑因素。A公司虽存在一定的不正当竞争行为，但其目的主要为宣传、介绍其经营的是正规"GUCCI"商品，并不存在打击古乔古希公司商誉以牟取不正当利益的主观故意，且未造成严重后果。故在判令责任承担方式上以规范宣传行为为主，不宜确定过高的赔偿数额。

[ **引申思考** ]

该案明确了即使是销售正品商品的销售者，亦应当在合理范围内使用相关商标。销售者正当使用商标的行为应当同时满足三个条件，即：（1）使用商标标识系出于善意；（2）未将商标标识作为自己商品或者服务的商标使用；（3）仅是在说明或者描述自己经营的商品等必要范围内使用他人商标标识。未在上述范围内正当使用他人商标的，销售者仍可能构成对他人相同标识的服务商标侵权，或者构成对他人的不正当竞争。

[ **相关法律法规** ]

《不正当竞争司法解释》第17条第1款

## 第二节 不正当竞争侵权与违约竞合的处理规则

### 004.发生不正当竞争侵权与违约责任竞合时，当事人有权依据自己的意志选择其中一个有利的诉由提起诉讼

**【典型案例】**

A 公司诉 B 公司不正当竞争纠纷管辖权异议案[①]

**［案号］**

（2013）深中法知民初字第 183 号,（2014）粤高法立民终字第 61 号，（2014）民提字第 218 号

**［案情］**

B 公司享有脉搏血氧饱和度检测技术。2002 年 11 月 13 日，A 公司与 B 公司签订《购买与许可协议》。依据该协议，B 公司向 A 公司出售脉搏血氧饱和度检测设备，并许可 A 公司将上述检测设备安装在 A 公司制造的监控仪中。该协议第 18 条规定：如双方之间就本协议的解释或任何一方的权利或义务发生了争议或争执，双方应尽力通过友好的方式解决该争议或争执，但如双方无法在该等争议或争执发生后九十（90）日内通过友好的方式解决该等争议或争执，任何索赔或诉由应提交美国加利福尼亚州奥兰治县的任何法院。第 19.5 条约定：本协议应视为在美利坚合众国加利福尼亚州制作，并应适用加利福尼亚州法律并依据其进行解释。2013 年 3 月 7 日，原告 A 公司将被告 B 公司起诉至深圳市中级人民法院称，B 公司利用优势地位，通过强行约定不合理的交易条件和限制性条款，实施搭售、限制价格及其他限制竞争的行为，不仅非法垄断技术、技术进步，还破坏了公平的市场竞争秩序，构成不正当竞争侵权，请求法院判令 B 公司立即停止搭售、限价及附加其他不合理条件的行为，并就该不正当竞争行为向迈瑞公司赔偿经济损失（包括合理维权费

---

① 载点击律网，http://www.51djl.com/document/0/143/1377/6642d590-a96b-4c71-99d0-524232f2f63f.html，最后访问时间：2017 年 10 月 21 日。

用）500 万元。B 公司对本案提出管辖权异议申请，称其已以侵权和违约为由将 A 公司起诉至美国法院，故深圳市中级人民法院对本案没有管辖权。

［法院认为］

一审法院认为：本案为不正当竞争纠纷案件。B 公司与迈瑞公司双方虽在《购买与许可协议》中约定了管辖法院，但本案系侵权纠纷，根据《反不正当竞争法》第 20 条第 2 款[①]的规定，被侵害的经营者的合法权益受到不正当竞争行为损害的，可以向人民法院起诉。另据我国民事法律的规定，因侵权行为提起的诉讼，由侵权行为地或被告住所地的人民法院管辖，侵权行为地包括侵权行为实施地、侵权结果发生地。迈瑞公司指控 B 公司利用在脉搏血氧饱和度检测领域中的技术与市场优势地位，实施搭售、限价及附加其他不合理条件等不正当竞争行为。迈瑞公司的总部在广东省深圳市，依据我国民事法律所规定的侵权行为纠纷管辖的规则，广东省深圳市作为侵权行为地，为一审法院行使司法管辖权的依据。B 公司的申请不符合法律规定。裁定驳回 B 公司对本案管辖权提出的异议。判后，B 公司不服，提起上诉。案涉《购买和许可协议》双方当事人明确约定无法解决的争议，任何索赔或诉由应提交美国加利福尼亚州奥兰治县的任何法院，而本案被告 B 公司住所地在美国加利福尼亚州，依照《民事诉讼法》第 34 条的规定，当事人有权选择管辖法院，该协议管辖条款应确认有效。虽然本案属于侵权纠纷，但是迈瑞公司起诉的依据主要是其与 B 公司签订的《购买和许可协议》，所诉称的侵权行为发生在双方的交易活动中，诉讼请求亦与该协议的履行有关，因此，该协议约定的有效协议管辖条款对迈瑞公司提起本案诉讼具有拘束力，一审法院对本案无管辖权。迈瑞公司向一审法院提起本案诉讼，不符合《民事诉讼法》规定的受理条件。由于美国与我国属于不同法域，一审法院应驳回迈瑞公司的起诉。一审裁定驳回 B 公司的管辖权异议不当，二审法院依法予以纠正。二审法院裁定：（1）撤销一审裁定；（2）驳回迈瑞公司的起诉。判后，迈瑞公司不服，向最高人民法院申请再审。

最高人民法院认为：首先，从案由和地域管辖的连接点来看，一审法院对本案是否具有管辖权。根据迈瑞公司向一审法院提交的《民事起诉状》的记载，本案为不正当竞争纠纷。从法律性质上而言，不正当竞争行为属于侵权行为的一种具体类型，在管辖权确定的问题上，应当适用《民事诉讼法》关于侵权行为管辖权确定的一般性规则。根据《民事诉讼法》及相关司法解释的规定，因侵权行为提起的诉讼，由侵权行为地或者被告住所地人民法院

① 此条新《反不正当竞争法》修订为第 17 条。

管辖。侵权行为地，包括侵权行为实施地、侵权结果发生地。经查明，迈瑞公司向一审法院提起诉讼时认为，B公司在与迈瑞公司的交易活动中，利用其在脉搏血氧饱和度监测领域中的技术和市场双重优势地位，实施搭售、限制价格和其他限制竞争的行为。迈瑞公司进而主张，B公司的上述行为不仅严重影响了竞争秩序，也对迈瑞公司造成了实质性损害，包括：扼杀了迈瑞公司提供其他兼容性产品配件的商机，且由于B公司所搭售配件的诸多质量问题，导致迈瑞公司屡遭消费者投诉，并耗费迈瑞公司大量人力物力进行售后维修与更换，使迈瑞公司遭受了商誉和财产方面的双重损失。由此可见，本案在案件性质上属于侵权纠纷，可由侵权行为地或被告住所地法院管辖。从地域管辖的连接点来看，迈瑞公司的住所地为广东省深圳市，其所诉B公司实施的侵权行为的实施和可能的损害结果均发生在深圳市或中国大陆其他地区，现迈瑞公司根据《民事诉讼法》关于侵权行为的地域管辖规定，选择向作为侵权行为地的深圳市有关人民法院提起诉讼的作法并无不当，一审法院有权对本案行使管辖权。其次，2002年协议中约定管辖的内容能否对一审法院的管辖权产生影响的问题。根据已查明的事实，迈瑞公司与B公司曾于2002年11月13日签订2002年协议，该协议第18条约定："如双方之间就本协议的解释或任何一方的权利或义务发生了争议或争执，双方应尽力通过友好的方式解决该等争议或争执，但如双方无法在该等争议或争执发生后九十（90）日内通过友好的方式解决该等争议或争执，任何索赔或诉因应提交美国加利福尼亚州奥兰治县的任何法院"。该协议第19.5条约定："本协议应视为在美利坚合众国加利福尼亚州制作，并应适用加利福尼亚州法律并依据其进行解释"。其后，双方当事人虽然就2002年协议又先后签订了十份补充协议，但均未对协议第18条和第19.5条的内容作出过修改。对此本院认为，在迈瑞公司向一审法院提起的不正当竞争之诉中，除2002年协议之外，迈瑞公司还提供了与被诉侵权行为有关的其他证据，即本案所涉纠纷与双方当事人所签订的2002年协议在事实、证据及救济内容等方面并非一一对应的重合关系，因此，迈瑞公司所诉B公司实施的侵权行为已经超出了2002年协议履行的范围，不受该协议管辖条款的约束，一审法院有权对本案行使管辖权。二审法院撤销一审裁定的作法不当，最高人民法院予以纠正。

**［裁判结果］**

最高人民法院裁定：（1）撤销二审裁定；（2）维持一审裁定。

**［裁判思路］**

就本案而言，我国的民事法律并不禁止发生不正当竞争侵权与违约责任竞合时，当事人只能以特定的不正当竞争侵权或违约为诉由提起诉讼，换句话说，此时当事人有权依据自己的意志选择其中一个有利的诉由提起诉讼。本案双方当事人通过协议约定的方式，确定涉案合同的解释及争议适用美国法律，并约定由美国法院管辖该合同纠纷。但依据我国民事法律的规定，该合同约定无权排除A公司依据我国《反不正当竞争法》的规定，对B公司提起不正当竞争侵权之诉，因为A公司的住所地在深圳，深圳市中级人民法院因深圳作为侵权行为地，有权对本案行使司法管辖权。

尽管B公司已以侵权和违约为由将A公司起诉至美国法院，但A公司为维护自身权益或对抗B公司的起诉，其有权依据我国《反不正当竞争法》的规定，在深圳市中级人民法院对B公司提起不正当竞争侵权之诉。

［引申思考］

一、处理本案时的不同观点

本案如何处理，存在以下不同观点：

第一种观点认为，本案双方签订的《购买与许可协议》明确约定，无法解决的争议，任何索赔或诉由应提交美国加利福尼亚州奥兰治县的法院，而被告B公司住所地在美国加利福尼亚州，依照我国《民事诉讼法》第34条的规定，当事人有权选择管辖法院，该协议管辖条款应确认有效。虽然本案属于侵权纠纷，但是A公司起诉的依据主要是其与B公司签订的《购买与许可协议》，涉嫌侵权行为发生在双方的交易活动中，诉讼请求亦与该协议的履行有关。因此，该协议约定的有效协议管辖条款对A公司提起本案诉讼具有拘束力，故深圳市中级人民法院对本案应无管辖权，应裁定驳回原告A公司对被告B公司的起诉。

第二种观点认为，要确定深圳市中级人民法院对本案是否有司法管辖权，应考虑在本案发生之前，双方是否已将有关争议提交相关司法机关处理。本案在深圳市中级人民法院立案前，B公司已以侵权和违约为由将A公司起诉至美国法院，如果深圳市中级人民法院对本案有管辖权，将会违背同一诉讼不可由两个司法机关进行司法救济的原则，并有可能产生矛盾判决，因此，深圳市中级人民法院对本案没有管辖权。

第三种观点认为，A公司与B公司虽在《购买与许可协议》中约定了管辖法院，但本案系不不正当竞争侵权行为，依据我国民事法律的规定，因侵权行为提起的诉讼，由侵权行为地或被告住所地的人民法院管辖，而侵权行为地包括侵权行为实施地、侵权结果发生地。A公司指控B公司利用在脉搏血氧饱和度检测领域中的技术与市场优势地位，实施搭售、限价及附加其他不合理条件等不正当竞争行为，原告A公司的经营场所在广东省深圳市，广东省深圳市作为侵权行为地，为深圳市中级人民法院行使司法管辖权的依据，深圳市中级人民法院对本案有管辖权，B公司提出的管辖权异议申请不成立。

二、不正当竞争侵权与违约责任的区别

众所周知，有义务才有责任，承担责任是违反义务的结果。侵权与违约责任竞合是指，行为人虽然只实施了一种行为，但该行为同时违反了民事侵权法律规范和合同法律规范，并符合承担民事侵权责任和违约责任的条件。本案涉及不正当竞争侵权与违约竞合的处理规则问题。

所谓不正当竞争侵权，是指经营者违反诚实信用的公认商业道德准则，实施损害其他经营者的公平竞争权益，扰乱社会经济秩序的行为。所谓违约，是指当事人一方不履行合同义务或者履行合同义务不符合约定的行为。当事人实施不正当竞争侵权行为和违约行为的后果即为承担侵权责任和违约责任。违约责任和侵权责任的分离是因现代合同法与侵权责任分离所导致的，由此带来不可避免的违约责任与侵权责任竞合现象。违约责任与不正当竞争侵权责任的区别主要体现有：

1. 归责原则不同。依据我国法律的规定，违约责任适用严格责任原则，而侵权责任适用过错责任原则。

2. 举证证明责任不同。在违约之诉中，受害人不负举证证明责任，由违约方来举证证明其没有违约。而在侵权之诉中，侵权行为通常不负举证证明责任，受害人必须就其主张举证。

3. 义务内容不同。合同义务的内容是根据合同双方的意志和利益关系确定的。而在侵权行为中，义务是法定的，不存在义务内容由双方当事人的意志来确定的问题。

4. 诉讼时效不同。违约责任和侵权责任的诉讼时效有时存在差异。

5. 责任构成要件和免责任条件不同。在违约责任中，除了法定的免责条件（如不可抗力）以外，合同当事人还可以事先约定不承担责任的情形（故意或重大过失的责任除外）；而在侵权责任中，免责条件只能是法定的，当事人不能事先约定免责条件。

6. 责任形式不同。违约责任主要采取违约金形式，违约金的支付不以损害发生为条件。而侵权责任主要采用损害赔偿形式，损害赔偿以实际发生的损害为前提条件。

7. 责任范围不同。合同的损害赔偿责任主要是财产损失的赔偿，不包括人身损害赔偿，并采用可预见性标准来限定损害赔偿的范围。而侵权责任损害赔偿，不仅包括财产损失赔偿，也包括人身损害赔偿，其赔偿范围不仅包括直接损失，也包括间接损失。

8. 诉讼管辖不同。因合同纠纷提起的诉讼，允许当事人协议管辖。而侵权之诉的管辖是法定的，不允许当事人协议管辖。

由上可见，违约责任与侵权责任存在很大的区别，在处理侵权与违约竞合方面，究竟采用什么样的规则，对案件当事人利益的保护及不法行为人的制裁至关重要。

三、不正当竞争侵权与违约责任竞合的比较法分析

以比较法的视野分析问题，能为我们解决问题提供重要参考。在处理违约责任和侵权责任竞合方面，世界各国主要有三种态度：

1. 禁止竞合制度。法国法采用禁止竞合规则，法国法认为，合同当事人不得将对方的违约视为侵权行为，只有在没有合同关系存在时才产生侵权责任，因此，违约责任与侵权责会是不相容的，不存在竞合的问题。法国法认为，如果允许合同当事人提起侵权之诉，则法律就没有必要区分合同法和侵权法了；同时，这样做也违背了合同当事人的意思自治原则，漠视了合同另一方当事人的意志。在法国，每个双重违法诉案首先要确定是否与有效的合同有关，然后才能决定法律的适用。

2. 允许竞合和选择请求权制度。德国法采用允许竞合的规则，德国法认为，合同法与侵权法不仅适用于典型的违约行为和侵权行为，而且共同适用于双重违法行为。受害人基于双重违法行为而产生两个请求权，受害人可以提起合同之诉，也可以提起侵权之诉。如果一项请求权因时效届满而被驳回时，还可以行使另一项请求权。但如果受害人的双重请求权因其中一项请求权的实现而消灭，无论如何不能使两项请求权均实现。

3. 有限制的选择诉讼制度。英国法采用有限制的选择诉讼制度，英国法认为，如果原告属于双重违法行为的受害人，则他既可以获得侵权之诉的附属利益，也可以获得合同之诉的附属利益。换句话说，根据原告的选择，同一违法行为既可以成为合同之诉的诉因，也可以成为侵权之诉诉因。但应注意的是，英国法解决责任竞合制度只是解决某种诉讼制度，它主要涉及诉讼形式的选择权，并不涉及实体法请求权的竞合问题。英国法在实务中确立了一项更实际的原则，只有被告既违反合同法又违反侵权法，并且后一种行为即使在无合同关系的条件下也构成侵权时，原告才具有双重诉因的诉权，但由于对该规则没有较细致的解释，故造成司法适用上的困难。

四、处理不正当竞争侵权与违约责任竞合的规则

从上述比较法的分析来看，各国在处理违约责任和侵权责任竞合方面，并不存统一标准，一个国家对侵权与违约责任竞合究竟持什么态度，取决于这个国家的法律传统与法律制度。应当说，我国的民事立法体系更接近德国的立法制度。比如，我国《合同法》第122条规定，因当事人一方的违约行

为，侵害对方人身、财产权益的，受损害方有权选择依照本法要求其承担违约责任或者依照其他法律要求其承担侵权责任。可见，我国《合同法》是承认侵权与违约责任竞合的，并允许当事人依法选择有利于自己的一种诉由提起诉讼，有管辖权的受诉法院不应以存在其他诉由为由拒绝立案受理。当然，在特殊情况下，如果我国的特定民事法律制度，对处理违约责任和侵权责任竞合时只允许当事人选择特定的诉由起诉，当事人只能遵循该法定的诉由提起诉讼。

**［相关法律法规］**

《民事诉讼法》第 28 条

《民事诉讼法司法解释》第 24 条

## 第三节　侵犯商业秘密

### 005.对“商业秘密”的认定应符合法定条件

**【典型案例】**

#### A 公司诉陈某侵害商业秘密纠纷案

**［案号］**

（2012）哈知初字第 59 号

**［案情］**

A 公司是主要生产汽车刹车片胶粘剂的企业，陈某原系 A 公司员工。A 公司《员工守则（管理办法）》规定了公司员工有保守公司商业秘密的义务。陈某知晓该规定，并曾领取保密、保健费。2010 年 6 月 7 日陈某向 A 公司提出书面辞职申请，自愿与 A 公司解除劳动关系。同日，陈某作为发起人出资 14 万成立了冰城拓新公司，经营胶粘剂生产技术研究与开发。A 公司以陈某侵害其所有的客户名单和胶粘剂配方等商业秘密为由起诉，请求法院判令陈某立即停止生产侵犯其商业秘密的产品，赔偿经济损失。诉讼中，A 公司提供了广州某公司剪切强度实验单等证据，证明冰城拓新公司、陈某与 A 公司的原客户之间存在交易关系。

［法院认为］

一审法院认为：根据《不正当竞争司法解释》，当事人指称他人侵犯其商业秘密的，应当对其拥有的商业秘密符合法定条件、对方当事人的信息与其商业秘密相同或者实质相同以及对方当事人采取不正当手段的事实负举证责任。A公司没有提供证据证明其主张的胶粘剂配方商业秘密的具体内容，其提供的广州某公司剪切强度实验单亦没有记载具体的配方等基本信息，且A公司没有举证证明对剪切强度实验单采取了保密措施，客户对剪切强度实验单负有保密义务，故A公司主张的胶粘剂配方不符合构成商业秘密的法定条件，依法不能作为商业秘密予以保护。虽然冰城拓新公司、陈某与A公司的原客户之间存在交易关系，但A公司举示的证据不足以证明上述客户是曾经与其保持长期稳定交易关系的特定客户，也没有举示与其保持长期稳定交易关系的客户名册，而且有关客户亦证明其自愿选择冰城拓新公司进行市场交易，依法应当认定陈某没有采用盗窃、利诱、胁迫或其他不正当手段，不构成侵权。

［裁判结果］

一审法院判决：驳回A公司的诉讼请求。

［裁判思路］

本案较为完整地阐释了侵犯商业秘密案件的举证责任分配以及商业秘密成立的法定条件。根据《反不正当竞争法》的规定，商业秘密是指不为公众所知悉、能为权利人带来经济利益，具有实用性并经权利人采取保密措施的技术信息和经营信息；经营者不得采取不正当手段侵犯他人的商业秘密。商业秘密是企业的财产权利，它关乎企业的竞争力，对企业的发展至关重要，有的甚至直接影响到企业的生存。商业秘密包括两部分：管理方法、产销策略、客户名单、货源情报等经营信息和生产配方、工艺流程、技术诀窍、设计图纸等技术信息。但只有符合法律规定的条件才能被认定为商业秘密加以保护，反之则不能。本案中，A公司举示的证据不能证明其主张的属于商业秘密范畴的技术信息及客户名单的具体内容，也没有充分的证据证明其对所谓的商业秘密采取了保密措施。在没有商业秘密的载体、具体内容、商业价值和对该项商业秘密所采取的具体保密措施的情况下，其所主张的商业秘密依法不能成立。

［相关法律法规］

《不正当竞争司法解释》第13条、第14条

## 006.“不为公众所知悉”的认定

**【典型案例】**

### A公司诉刘某、张某侵犯技术秘密纠纷案

**[案号]**

（2009）哈知初字第48号，（2010）黑知终字第28号

**[案情]**

“海轮王”牌勺轮式排种器属于A公司的专有技术。A公司制定有保密制度，并就其专有信息与兴华电器公司签订过保密协议。兴华模具公司曾委托金圣模具厂加工制造海轮王农机零件压铸模，并与金圣模具厂签订合同，约定未经兴华模具公司同意，金圣模具厂不得利用A公司的图纸等相关技术信息为第三方加工模具。刘某是幸福机械厂业主，幸福机械厂委托金圣模具厂加工模具，金圣模具厂按照幸福机械厂提供的图纸加工了模具，模具图纸上标有“双福”商标及双福机械厂名称及电话。双福机械厂未在工商行政管理机关办理登记，该厂在互联网上公布信息中的联系人为张厂长，但没有标明为张某。A公司遂向法院提起诉讼，认为刘某、张某要求金圣模具厂按照A公司的图纸加工模具，是采用不正当手段侵犯了A公司的商业秘密，构成侵权。

**[法院认为]**

一审法院认为：本案系侵犯技术秘密纠纷，应适用谁主张谁举证的举证责任分配原则，A公司应就其主张刘某、张某采取违法手段获得、使用涉案技术秘密负举证责任。涉及勺轮式排种器的技术信息已在有关的专利申请文件中有所披露。A公司承认其涉案产品已进入市场，刘某、张某及幸福机械厂、双福机械厂可以从公开渠道合法取得其产品，相关公众因其公开使用可直接获得其尺寸、结构、部件等信息。金圣模具厂按照双福机械厂提供的图纸和样件及A公司的三维图纸加工了勺轮和导种轮模具，尺寸和样品一模一样。刘某、张某及幸福机械厂、双福机械厂系对从公开渠道取得的A公司的勺轮式排种器进行拆卸，委托金圣模具厂测绘，通过反向工程获得其技术信息。《加工压铸件模具合同》没有涉及有关技术信息及图纸等保密问题，金庆祥和王仁强的证言亦没有证实在双福机械厂及幸福机械厂与金圣模具厂洽谈和签订合同过程中告知过双福机械厂及幸福机械厂有关A公司的图纸等技术信息涉及A公司的技术秘密，王仁强亦证实其不知道金圣模具厂与A公司签

订过保密协议。刘某、张某及幸福机械厂、双福机械厂不知道涉案技术信息及图纸被A公司作为技术秘密及金圣模具厂对该涉案技术信息及其图纸负有保密义务。只有在明知技术信息属于他人的技术秘密并故意采取违法手段获得、使用该技术信息的情况下，才构成技术秘密侵权。刘某、张某及幸福机械厂、双福机械厂对涉案技术信息及图纸没有保密义务，委托金圣模具厂实施反向工程，提出使用已有图纸加工模具，不属于违法行为。A公司关于刘某、张某采取违法手段获得、使用涉案技术秘密，侵犯了其技术秘密的诉讼主张与其自己举示的证据相悖，不能认定。无论A公司主张的涉案技术信息及图纸是否构成技术秘密，也无论涉案技术信息与刘某、张某举示的已有公知技术是否一致，A公司的诉讼主张均不成立。判决：驳回A公司的诉讼请求。判后，A公司不服，提起上诉。

二审法院认为：本案争议的焦点问题在于涉案产品的尺寸、角度、距离等三维数据是否构成A公司的商业技术秘密，以及刘某、张某是否采用不正当手段侵犯了A公司的技术秘密。商业秘密是指不为公众所知悉、能为权利人带来经济利益、具有实用性并经权利人采取保密措施的技术信息和经营信息。“海轮王”牌勺轮排种器的勺轮形状属于复杂空间几何体，相关技术数据不属于“所属领域的相关人员普遍知悉和容易获得”，可以认定有关数据构成不为公众所知悉的情形。A公司生产的勺轮排种器适用于农业播种，有一定的市场占有率，能为A公司带来经济利益，具有实用性。A公司制定了保密制度，并确定保密范围是该公司所掌握的尚未进入市场或尚未公开的各类信息，限制了涉密信息的知悉范围，在正常情况下可以防止涉密信息泄漏，故应当认定A公司采取了保密措施，前述信息属于A公司的商业技术秘密。本案中，认定刘某、张某构成侵权须具备以下两个条件：一是其二人主观上明知或应当知道金圣模具厂非法使用了A公司的商业秘密；二是二人客观上实施了获取、使用前述商业技术秘密的具体行为，上述条件缺一不可。幸福机械厂委托金圣模具厂加工模具时提供了生产图纸及样品，加工合同明确约定按图纸加工，图纸没有尺寸则按封定的样品加工，个别部位必须与样品一致。合同中没有关于使用A公司相关技术信息的约定，即便幸福机械厂在与金圣模具厂协商过程中要求按照“海轮王”牌排种器的图纸数据加工模具，但没有证据证明刘某、张某二人知道金圣模具厂有不得利用A公司的技术信息为第三方加工同类模具的义务，也没有证据证明其二人知道或应当知道A公司将相关技术信息作为商业秘密予以保护。金圣模具厂收取幸福机械厂的加工费虽略高于其制作“海轮王”牌勺轮和导种轮的价格，但未明显超过合理价格范围，不能认定刘某、张某二人系以利诱手段获取商业秘密。A公司未能提供证据足以证明刘某、张某使用了A公司商业技术秘密的行为具有主观过错，故法院最终判决认定其二人行为未构成侵权，驳回了原告的诉讼请求。

［裁判结果］

二审法院判决：驳回上诉，维持原判。

［裁判思路］

商业秘密是指不为公众所知悉、能为权利人带来经济利益、具有实用性并经权利人采取保密措施的技术信息和经营信息。专利未公布产品的具体数据，技术数据无法通过观察直接获得，且用通用、常规的测绘仪器不能准确地测绘出，不属于“所属领域的相关人员普遍知悉和容易获得”，可以认定有关数据构成不为公众所知悉的情形。

此外，经营者不得披露、使用他人以盗窃、利诱、胁迫或者其他不正当手段获取权利人的商业秘密，认定前述经营者构成侵权须具备以下两个条件：一是其主观上明知或应当知道商业秘密系他人非法获取；二是其客观上实施了获取、使用前述商业技术秘密的具体行为。

［相关法律法规］

《反不正当竞争法》第9条

## 007.侵犯商业秘密竞业限制纠纷中，被告仅违反竞业限制约定，不构成商业秘密侵权的，应驳回原告诉请，原告可另行提起违约之诉

### 【典型案例】

### A公司诉宋某、陈某及B公司侵犯商业秘密竞业限制纠纷案①

［案号］

（2008）浦民三（知）初字第383号

［案情］

A公司于2002年1月25日登记成立，宋某在于2003年7月至2007年12月期间担任该公司业务代表和部门经理，主要负责国内轻纺产品的采购。

① 载点击律网，http://www.51djl.com/document/0/143/1377/6642d590-a96b-4c71-99d0-524232f2f63f.html，最后访问时间：2017年10月21日。

陈某于2003年7月至2007年10月期间担任该公司驻罗马尼亚的海外业务代表，负责罗马尼亚和国内业务的沟通，同时也涉及销售事宜。宋某、陈某两人在A公司工作期间均与A公司签订了《关于保护商业秘密的协议》，协议中明确约定A公司的客户资料及所有能为A公司带来利益的商业信息等内容为A公司的商业秘密。宋某、陈某在职或离开公司后，都不得披露、使用或允许他人使用A公司的商业秘密，离职3年内不得利用A公司的经营渠道和信息，从事与A公司相同的业务。2007年10月，陈某离开A公司。同年12月，A公司对宋某作开除处分，同时予以除名。B公司于2007年4月30日登记成立，法定代表人为宋某，股东为宋某、陈某等。A公司与B公司的主要经营范围相同。A公司以宋某、陈某在竞业限制期间违反协议约定，成立与A公司主营业务相同的B公司，利用A公司的客户资料，抢占A公司东欧国家销售渠道，导致A公司巨大的商业利益损失为由向法院提起诉讼，要求宋某、陈某及B公司停止侵害A公司商业秘密行为，共同向A公司赔偿损失人民币300万元。

**［法院认为］**

一审法院认为：当事人应对自己的主张提供证据。A公司主张宋某、陈某违反与其签订的竞业限制协议设立了与A公司主营业务相同的B公司，实施了侵犯A公司商业秘密的行为，对此A公司需承担三部分的举证义务：（1）A公司与宋某、陈某存在竞业限制协议；（2）A公司主张的客户名单中涉及的公司系与A公司保持长期稳定交易关系的客户；（3）宋某、陈某及B公司实施了利用A公司的客户名单获取不当利益的行为。现A公司与宋某、陈某虽存在竞业限制协议，但A公司无法举证证明其主张的客户名单中涉及的公司系与A公司保持长期稳定交易关系的客户。亦不能宋某、陈某及B公司实施了侵犯A公司商业秘密的行为，故A公司诉请于法无据，不予支持。关于A公司认为宋某、陈某违反竞业限制义务的主张。本案系侵权之诉，若宋某、陈某既违反竞业限制义务，又实施了侵犯A公司商业秘密的行为，应属本案审理范围。但本案中，即便宋某、陈某实施了违反竞业限制义务的行为，A公司无证据证明该行为涉及侵犯商业秘密的问题，故宋某、陈某违反竞业限制义务的行为属劳动争议案件审理范围，本案中不予处理。

**［裁判结果］**

一审法院判决：驳回A公司的诉讼请求。一审判决后，双方当事人均服判，未提起上诉。

**［裁判思路］**

本案涉及侵犯商业秘密竞业限制纠纷案件中商业秘密侵权不成立的，竞业限制违约行为如何处理的问题。本案中，在A公司与宋某、陈某签订的《关于保护商业秘密的协议》中明确客户资料属需保护的商业秘密之列，故应认定A公司对其客户资料采取了保密措施，A公司的客户资料能够为A公司带来经济利益，具有实用性，应属商业秘密保护的范围。宋某、陈某若利用A公司受保护的客户名单牟取利益的，属侵犯商业秘密的行为，依法应承担相关的法律责任。但A公司首先要举证证明其主张其列举的公司系A公司的客户，即上述公司与A公司保持长期稳定的交易关系。此仅为客户名单经营秘密的表现方式之一，客户名单是否构成商业秘密仍需要根据商业秘密的定义进行判断。如A公司不能证明存在上述交易关系，则无法认定构成侵犯商业秘密的行为成立。本案中，因A公司未能举证证明三被告侵犯商业秘密的行为成立，故本案侵权之诉不成立。对于宋某、陈某违反竞业限制义务的行为应如何处理，法院在审理中曾存在不同意见，一种意见认为，全面审理是案件的处理原则，既然该案由既有侵犯商业秘密又有竞业限制，宋某、陈某纯粹违反竞业限制义务的行为亦属于案件审理范围，理应作出处理；另一种意见认为，知识产权案件的案由属于侵权案由的范围，在侵犯商业秘密的行为不能认定的情况下，应驳回A公司的诉请。而宋某、陈某违反竞业限制义务的行为属于合同范畴，不属于知识产权案件处理范围，A公司的诉请应另案诉讼。法院最终按第二种意见驳回了A公司的诉讼请求。

**［引申思考］**

一、客户名单构成商业秘密的条件

商业秘密，是指不为公众所知悉、能为权利人带来经济利益、具有实用性并经权利人采取保密措施的技术信息和经营信息。客户名单作为经营信息之一，在一定条件下应当作为商业秘密予以保护。作为商业秘密保护的客户名单，一般是指客户的名称、地址、联系方式以及交易的习惯、意向、内容等构成的区别于相关公知信息的特殊客户信息，包括汇集众多客户的客户名册，以及保持长期稳定交易关系的特定客户。客户名单作为商业秘密保护应具有秘密性和实用性的特点。客户名单的秘密性体现在，一是“不为公众所知悉”，二是“经权利人采取保密措施”。“不为公众所知悉”是指在某一行业或地域，商业秘密除其所有人以及与所有人建立保密关系和信赖关系的人以外，其余任何人都不能轻易地从正当渠道探知该秘密；判定权利人是否采取了合理的保密措施可以从以下方面进行：（1）是否明确了具体的保密义务主体。（2）否明确了保密的内容或者保密客体。（3）是否采取了保密措施。（4）采取保密措施的成本是否与商业秘密本身的价值相适应。

对于保密措施的认定，《不正当竞争司法解释》第11条明确，若权利人采取了解释规定的7项措施之一，在正常情况下足以防止涉密信息泄密的，应当认定权利人采取了保密措施，即：（1）限定涉密信息的知悉范围，只对必须知悉的相关人员告知其内容；（2）对于涉密信息载体采取加锁等防范措施；（3）在涉密信息的载体上标有保密标志；（4）对于涉密信息采用密码或者代码等；（5）签订保密协议；（6）对于涉密的机器、厂房、车间等场所限制来访者或者提出保密要求；（7）确保信息秘密的其他合理措施。

客户名单的实用性是指，其作为一项财产能够为人们带来经济上的利益或者商业上的优势。在付出了时间、资金、劳动的基础上而获取的客户名单，会大大增加交易的机会，减少交易的费用，为名单的拥有者带来经济利益。客户名单的价值可以是已经体现或正在体现的，也可以是潜在的、将会体现的价值。

二、竞业限制义务与侵犯商业秘密的竞合

实践中，侵犯商业秘密和违反竞业限制义务之间有很大的交叉性，劳动者在离职后往往以使用用人单位商业秘密的形式违反了与用人单位签订的竞业限制协议，在这种情况下必然存在侵权责任和违约责任的竞合。劳动者侵犯商业秘密的，在一般情况下承担侵权责任，只有在劳动者与用人单位存在保密约定的情况下，才会发生侵权责任与违约责任的竞合；而竞业限制义务是基于劳动者与用人单位的约定而产生，劳动者违反此义务的，通常承担的是违约责任，只有在劳动者同时侵犯商业秘密的情况下才可能发生违约责任与侵权责任的竞合。若与用人单位签有竞业限制协议的劳动者违反竞业限制义务，又擅自将其获得的商业秘密投入使用或者向他人披露的，构成两行为的竞合，属于该案由审理范围。若只是单纯违反竞业限制义务而不涉及侵犯商业秘密问题的纠纷，应属劳动合同纠纷案件审理范围。

**［相关法律法规］**

《民事诉讼法》第64条第1款

《反不正当竞争法》第9条第3款

《不正当竞争司法解释》第13条第1款

## 008.客户名单构成商业秘密的要素分析

### 【典型案例】

### A公司诉朱某、B公司侵害经营秘密纠纷案①

［案号］

（2013）浦民三（知）初字第455号，（2014）沪一中民五（知）终字第74号

［案情］

A公司成立于1998年5月11日，经营范围为研发、生产氨基酸和多肽系列产品、脱氧核糖核酸片断，销售自产产品，并提供相关技术咨询服务。2009年11月12日，A公司与朱某签署《劳动合同》约定，在合同期内及解除合同的二年时间内，朱某不得直接或间接从事与A公司业务相近的、构成竞争的或有损于A公司利益的个人技术、商务活动和受聘工作；在合同期内及解除合同后，朱某必须严格遵守《技术及商业保密条例》中的相关规定。A公司与朱某签署《技术及商业保密条例》载明，凡在职期间，公司成员在任何时间、任何场合涉及的任何以下信息均属公司的商业秘密，未经公司同意，有关人员无论是在职还是离开公司后都不得泄露或公开，不得挪用："1、本公司的客户和潜在的客户及其住址、Email、网址、电话、传真等。2、与客户和潜在的客户往来的传真、邮件（包括电子邮件）、询价单、报价单、名片。……"2013年2月25日，A公司与朱某正式办理劳动合同终止手续，朱某从A公司处离职。

B公司成立于2013年1月6日，经营范围为生物医药技术、医药产品、医药中间体的研发，并提供相关的技术咨询及服务自有技术成果转让，自有技术的进出口业务，化工原料（除危险品）、实验室仪器设备的批发、佣金代理、进出口，提供相关配套服务。2013年3月1日，B公司与朱某签署《劳动合同》，约定朱某担任B公司的总经理职务，专注于管理并确保公司的正常运作，同时兼任国内外贸易和开发B公司在国内外市场业务。A公司认为，朱某从A公司离职后，在B公司担任总经理工作，其违反与A公司的保密协定约定，利用其掌握的A公司的客户资源和价值体系等商业秘密，向A公司

---

① 载北大法宝网，http://www.pkulaw.cn/case/pfnl_1970324840084071.html?match=Exact，最后访问时间：2017年11月2日。

的客户发送跳槽邮件并销售相同产品，不正当地增加了B公司的交易机会，给A公司造成了重大损失，而B公司明知朱某违反了与A公司的保密协定，披露、使用了其所掌握的商业秘密，仍予以使用，构成不正当竞争。故A公司以侵犯商业秘密为由，将朱某、B公司诉至法院。

**[法院认为]**

一审法院认为：1.A公司主张的客户信息构成商业秘密。首先，商业秘密中的客户名单，一般是指由客户的名称、地址、联系方式以及交易的习惯、意向、内容等构成的区别于相关公知信息的特殊客户信息，包括汇集众多客户的客户名册，以及保持长期稳定交易关系的特定客户。通常而言，仅仅包含客户的名称、地址及联系方式的客户信息往往从公共渠道容易获得，较难构成商业秘密，而客户的交易习惯、交易需求、价格承受能力甚至客户主管人员的个性等信息往往是区别于公知信息的特殊客户信息，可以构成受保护的经营秘密。由于这些特殊的客户信息有可能处于动态变化中，难以直接明确的通过某种方法予以固定，故可以通过分析权利人开发客户投入的时间与人力、物力成本以及双方长期稳定的交易往来等情况来判断该客户信息是否区别于从公共渠道容易获得的企业名录，是否构成“不为公众所知悉”的信息。本案中，A公司持续通过参加展会、发布广告、邮件推广等方式，投入大量的人力、物力用以开发客户；A公司提交的其与四家客户的产品发票、海关出口货物报关单表明A公司与涉案四家客户从2010年至2013年期间一直存在长期稳定的交易关系。因此，A公司主张的四家客户名单系“不为公众所知悉”的信息。其次，A公司与朱某签署的《劳动合同》及《技术及商业保密条例》明确客户名单等经营信息系A公司的商业秘密内容，朱某在职期间及离职后对A公司的客户名单商业秘密负有保密义务，且与朱某约定了竞业限制的补偿金，足以认定A公司为防止商业秘密信息泄露，就涉案客户名单已经采取了合理的保密措施。最后，长期稳定的客户名单，必然会大大增加A公司的交易机会，减少A公司的交易成本，为企业带来竞争优势及稳定的经济利益，具有价值性或实用性。

2.B公司、朱某侵害了A公司的经营秘密。根据《反不正当竞争法》第10条第1款、第2款[①]的规定，违反约定或者违反权利人有关保守商业秘密的要求，披露、使用或者允许他人使用其所掌握的商业秘密的，构成侵害商业秘密的行为；第三人明知或者应知他人的违法行为，获取、使用或者披露他人的商业秘密，视为侵犯商业秘密。原审法院认为，根据在案证据，可以

① 此条新《反不正当竞争法》修订为第9条。

认定朱某实际接触到了A公司主张的四家客户信息，但违反与A公司的保密约定，向B公司披露并使用该四家客户信息，以此为B公司开发客户且实际与其中一家客户进行了交易，其行为不正当地抢占了A公司投入大量人力物力而获取的稳定客户关系所带来的竞争优势，构成侵害A公司的商业秘密；B公司明知或应知朱某的上述违法行为，但仍然使用涉案经营信息，与A公司开展直接竞争行为，以此获利，亦构成侵害A公司的商业秘密。判决：（1）B公司、朱某两年内停止使用A公司的经营秘密，即四家客户名单；（2）B公司、朱某共同赔偿A公司经济损失15万元；（3）驳回A公司的其他诉讼请求。判后，朱某、B公司不服，提起上诉。

二审法院认为：根据《反不正当竞争法》之规定，商业秘密应符合秘密性（不为公众所知悉）、保密性（经权利人采取保密措施）、价值性（能为权利人带来经济利益，具有实用性）的特点，根据查明的事实，涉案四家客户名单符合商业秘密的秘密性、保密性、价值性要件，构成商业秘密中的客户名单。

1. 商业秘密中的客户名单不是简单客户名称的列举，而应当是客户的综合信息，除了客户名称，还包括在与客户长期交易过程中形成的价格承受能力、需求类型、项目负责人的联络方式及性格特点等全面信息。A公司所提供的与四家客户的往来业务邮件、商业发票、海关报关单、装箱单、采购订单中，不仅反映出公知领域中的一般客户资料，也体现出四家客户在产品需求、交易习惯、付款方式、联系人性格等方面的特殊需要，上述信息需要经过长期积累才能形成，非参与交易履行者不经过努力将无从知晓，也很难在公开领域直接获得。虽然B公司、朱某称通过互联网及展会上发出的名片能够查询到四家客户的名称、联系人及电子邮件等信息，但一方面，互联网、名片等公知领域仅能反映四家客户的名称、经营范围、联系方式等一般性信息，而属于商业秘密范畴内的深度信息并不能从中获得。这些客户的项目负责人、所需产品的特殊需求等信息并没有反映在网页和名片中，要获得这些信息必须通过一定时间的交流和交易。即便互联网上有部分客户的信息，但去网上搜索这些客户信息的前提是得要知道有这个客户的存在，并且还要知道客户对氨基酸和多肽是有需求，因此该些信息并不为所属领域人员普遍知悉和容易获得的。另一方面，B公司、朱某确认其提交的名片是朱某在A公司处工作时获得，而这些名片是A公司通过参加各类国内外行业展会才获得的，为此付出了一定的人力、物力和财力，并非容易获得，同时，A公司在与朱某签署的《技术及商业保密条例》已经明确确定了“名片属于公司的商业秘密”，因此涉案的四家客户名单符合秘密性。

2.A公司为防止客户信息泄露，在与朱某签订的《劳动合同》及《技术及商业保密条例》中明确约定客户名单等经营信息为保密范围，这表明A公司不仅有保密的意愿，也为保护客户信息采取了合理的保密措施。B公司、朱某称A公司2013年2月25日的一份认领客户订单的邮件，被群发给了包括管理层在内的人员，可见A公司并未采取保密措施。一方面，该份邮件是复印件，A公司对该邮件的真实性不予认可；另一方面，即便该份邮件是真实的，二审法院认为商业秘密的保密性并不要求保密措施是天衣无缝，且对所有人员都处于隔离状态，只要秘密权利人采取了合理的保密措施，保密义务人通过制度或协议知晓其有保密义务，就认为已经采取了保密措施。A公司在《技术及商业保密条例》中也已经明确规定，保密条例适用于公司所有成员。可见，A公司要求其公司员工对商业秘密负有保密义务，其对客户信息采取了合理的保密措施。

3.在付出了时间、资金和劳动基础上获得的客户名单，会节约交易成本，增加交易机会，为客户名单的拥有者带来经济利益。因此A公司所主张的客户信息符合商业秘密的价值性要件。

至于B公司、朱某的行为是否侵犯了A公司的客户名单，二审法院认为，B公司、朱某使用的四家客户信息与A公司主张的客户信息一致，且朱某在A公司处任职期间，有机会并实际接触到了相关客户信息。根据相同（实质相同）+接触－合法来源的原则，可判定B公司、朱某的行为构成侵权。

**［裁判结果］**

二审法院判决：驳回上诉，维持原判。

**［裁判思路］**

只有当客户名单符合《反不正当竞争法》第9条第3款规定的几个要素时，客户名单才能构成法律意义上的商业秘密。本案中，涉案的客户名单中的深度信息不能通过互联网等公开途径获得，并且相关信息如果不投入一定的人力、物力、财力将很难获得，因此涉案客户名单具有秘密性。涉案客户名单的所有人在员工的劳动合同及签署的《技术及商业秘密保密条例》上明确约定了保密义务，说明权利人采取了保密措施。此外，涉案客户名单会节约交易成本，增加交易机会，为客户名单的拥有者带来经济利益。因此可以判定，涉案客户名单构成商业秘密。

**［相关法律法规］**

《反不正当竞争法》第9条

《不正当竞争司法解释》第9条第1款、第10条、第11条、第13条、第14条、第16条

# 第四节　知名商品

## 009.不能以是否发布广告作为认定知名商品的唯一评价依据

【典型案例】

### A公司诉B公司、张某不正当竞争纠纷案

[案号]

(2005)哈民五初字第87号,(2006)黑知终字第5号

[案情]

A公司的前身为哈尔滨哈药集团A公司股份有限公司、哈药集团A公司有限公司、哈药集团制药三厂、哈尔滨医药股份有限公司制药三厂及哈尔滨制药三厂，自1990年开始生产、销售“三精”牌头孢氨苄片，多次获得黑龙江省、哈尔滨市名牌和著名商标等荣誉。国家工商行政管理总局商标局于2004年2月25日认定“三精”注册商标为驰名商标。“三精”牌头孢氨苄片在1998年已经使用现包装盒，并通过电视等媒体进行广告宣传使用现包装盒的“三精”牌头孢氨苄片。其包装盒整体基色为白色；长3.1cm，宽3.1cm，高5.7cm；正面右侧为竖写的黑色大字“头孢氨苄片”，再右侧为红色小字英文字母，“头孢氨苄片”上方为黑色字“三精”；中部左上侧为红色小字“0.25×30片”，下方为黑色字“(先锋Ⅳ)”；上部为7条银灰色和白色相间的横线；横线左侧为红色“三精”图形商标；横线右上方为黑色小字批准文号；底端为黑色与红色小字相间的厂名。B公司“庆瑞”牌头孢氨苄甲氧苄啶片的包装盒整体基色为白色；长3.2cm、宽3.2cm、高5.9cm；正面右侧为竖写的黑色大字“头孢氨苄甲氧苄啶片”，再右侧为红色小字英文字母；中部左上侧为红色小字“30片”；上部为7条银灰色和白色相间的横线；横线左侧为黑色小字“KMS”；横线右上方为黑色小字批准文号；底端为黑色小字厂名。被告张某经营的药店销售B公司生产的“庆瑞”牌头孢氨苄甲氧苄啶片，每盒售价5元。

[ **法院认为** ]

一审法院认为：根据“三精”牌头孢氨苄片多次获得名牌和著名商标等荣誉和国家工商行政管理总局商标局认定的“三精”注册商标为驰名商标等事实，认定A公司的“三精”牌头孢氨苄片是知名商品，所使用的“三精”牌注册商标是驰名商标，其包装属知名商品的特有包装，受法律保护。判断被控侵权包装物与知名商品的特有包装近似，应当以相关公众的一般注意力为标准，既要进行对包装物的整体比对，又要进行对包装物主要部分的比对。对比二个包装物，被控侵权包装物与A公司知名商品的特有包装均使用于同类商品头孢类消炎药上；两者大小基本相同；整体基色都为白色；均以黑、红色、银灰为主颜色；上部使用图案基本相同的7条银灰色和白色相间的横线；中下部的右侧均为竖写的黑色大字药品名称，再右侧为红色小字英文字母；中部左上侧均为红色小字；底端均为黑色字厂名。被控侵权包装物总体设计构图、颜色组合和效果与A公司同类知名商品的特有包装，无论是主要部分，还是整体对比均相似，足以造成消费者的混淆、误认。B公司已构成不正当竞争，应承担相应的民事责任。A公司请求B公司立即停止侵权，销毁包装物，赔偿经济损失合法。张某经营的药店销售B公司使用侵权包装物的头孢氨苄甲氧苄啶片，亦构成侵权，应立即停止销售。因张某已证明其所销售药品的合法来源，可不承担赔偿责任。A公司的诉讼请求部分有理，对有理部分予以支持。B公司的抗辩理由不成立，不予支持。判决：（1）B公司立即停止使用并销毁头孢氨苄甲氧苄啶片现用包装物；（2）B公司赔偿A公司经济损失25万元；（3）张某立即停止销售B公司使用现用包装物的头孢氨苄甲氧苄啶片；（4）驳回A公司的其他诉讼请求。判后，B公司不服，提起上诉。

二审法院认为：在市场上有一定知名度，为相关公众所知悉的商品为知名商品，其特有名称、包装、装潢受《反不正当竞争法》保护。A公司生产销售的“三精”牌头孢氨苄片已经获得了多项荣誉，在相关消费者中具有较高知名度，在市场上有一定的占有率，应认定为知名商品。关于B公司上诉称A公司生产销售的“三精”牌头孢氨苄片是通过广告而成为知名商品，根据新《药品管理法》的规定，“三精”牌头孢氨苄片作为处方药不得做广告宣传，所以“三精”牌头孢氨苄片已不再是知名商品的问题。因知名商品的形成并非仅是广告宣传活动的结果，是经营者在长期市场经营活动中因其产品质量得到相关公众认可等多种因素形成的，因此，“三精”牌头孢氨苄片是在市场经营活动中而成为知名商品的，且该药品是在新《药品管理法》实施之前已成为知名商品，已被相关公众所知悉，2001年12月以后即便不做广告，也不能改变其作为知名商品在市场中的地位。因此，不能以“三精”牌头孢氨苄片是否发布广告作为其是知名商品的唯一评价依据。B公司此节的上诉理由不成立，其主张不予支持。A公司生产的“三精”牌头孢氨苄片外包装盒的装潢设计独特，属于该知名商品特有的包装、装潢，B公司生产销售的“庆瑞”牌头孢氨苄甲氧苄啶片与A公司生产销售的“三精”牌头孢氨苄片同属一类药品，且二者包装盒形状尺寸基本相同，包装盒色彩、图案相同或近似，足以造成消费者的混淆或误认。B公司的不正当竞争行为侵犯了A公司的合法权益，必然影响A公司该产品的市场占有率和产品形象，给A公司造成经济损失，对此B公司应予赔偿。

**［裁判结果］**

二审法院判决：驳回上诉，维持原判。

**［裁判思路］**

在市场上有一定知名度，为相关公众所知悉的商品为知名商品，其特有名称、包装、装潢受反不正当竞争法保护。知名商品的形成是经营者在长期市场经营活动中因其产品质量得到相关公众认可等多种因素形成的，并非仅是广告宣传活动的结果，不能以是否发布广告作为其是否是知名商品的唯一评价依据。

**［相关法律法规］**

《反不正当竞争法》第6条第（二）项

## 010.具有区别商品来源的显著特征的商品名称、包装、装潢，应当认定为“特有的名称、包装、装潢”

**【典型案例】**

### A公司诉B公司、C公司及刘某擅自使用知名商品特有名称、包装、装潢纠纷案

**［案号］**

（2011）哈知初字第60号、（2012）黑知终字第28号

**［案情］**

A公司是一家农作物种子生产、销售企业，该公司生产销售的包括“世纪六号”“全福999”品牌在内的全福西瓜种苗系列品种播种面积大，种植效

益好。通过该公司持续宣传，上述品牌西瓜种子已经具有一定市场知名度。某省经销种子的B公司、C公司将其生产、销售的西瓜种子也命名为“世纪六号”“全福999”，且采用的产品包装与A公司的产品包装极为相似。A公司以B公司、C公司擅自使用其知名商品特有名称、包装、装潢，足以使购买者将B公司、C公司生产销售的产品误认为A公司生产、销售，已构成不正当竞争为由诉至法院，请求判令B公司、C公司停止侵权并赔偿经济损失50万元。

**［法院认为］**

一审法院认为：根据A公司及其经营的西瓜种子等农产品获得的商誉和具有的市场影响力，应当认定A公司生产销售的“世纪六号”和“全福999”产品是在中国境内具有一定的市场知名度，为相关公众所知悉的商品。A公司“世纪六号”和“全福999”西瓜种子铁盒包装罐上，突出“QUANFU”“全福种苗”等标识和西瓜及切开的西瓜块图案及产品名称，产品说明包括特性特征、栽培要点、质量标准、注意事项等内容，罐体上下盖均标注“全福种苗 国际良种”文字，这些构成内容、要素、色彩、在构图中的位置及其组合和整体效果等，连同A公司使用的“世纪六号”和“全福999”西瓜种子名称和铁盒包装罐，具有区别商品来源的显著特征，应当认定为“特有的名称、包装、装潢”。被诉侵权产品包装及装潢的构成内容、要素、色彩、在构图中的位置及其组合和整体效果，与A公司相同知名商品的特有包装及装潢相比对，主要部分及其组合和整体效果均近似。足以造成和A公司的知名商品相混淆，足以使相关公众对商品的来源产生误认。C公司将A公司知名商品特有的名称、包装、装潢进行商业使用，用于生产被诉侵权产品，构成不正当竞争侵权，应当承担相应的民事责任。B公司是侵权产品上的署名销售商，应当与侵权产品上的署名生产商C公司共同承担对外责任。同时，经营者负有经营真实合法商品的诚信义务。B公司作为专业经营西瓜种子等商品的经营者，不能证明C公司使用A公司知名商品特有的名称、包装、装潢生产被诉侵权产品具有合法根据，未尽到应有的诚实信用、经营真实合法商品的合理注意义务，应当与C公司共同承担连带责任。刘某作为专业经营西瓜种子等商品的经营者，亦负有经营真实合法商品的诚信义务。其不能证明销售C公司使用A公司知名商品特有的名称、包装、装潢生产的侵权产品具有合法来源，不能证明自己尽到了应有的诚实信用、经营真实合法商品的合理注意义务，应当对自己销售侵权产品的侵权行为自行承担责任。依照前述法律规定，A公司请求刘某停止侵权行为和赔偿损失合法。判决：（1）B公司、C公司及刘某停止侵害A公司知名商品特有的名称、包装、装潢的不正当竞争行为；（2）B公司、C公司赔偿A公司20万元；（3）刘某赔偿A公司2万元。判后，B公司、C公司不服，提起上诉。

二审法院认为：根据A公司及其经营的西瓜种子等农产品获得的商誉和具有的市场影响力，能够认定A公司生产销售的“世纪六号”和“全福999”产品为知名商品。该产品的名称及采用的包装、装潢在文字、图形、色彩等方面的排列组合具有独特性，形成了显著的整体形象，且经过长时间使用和大量宣传，足以使相关公众将上述名称、包装、装潢与A公司产品联系起来，已具有识别其商品来源的作用，应认定为知名商品特有的名称、包装、装潢。将B公司、C公司生产销售的西瓜种子与A公司产品相比，产品名称相同，包装、装潢在视觉效果上无明显差别，足以造成二者的混淆。B公司和C公司擅自使用知名商品特有名称、包装、装潢的行为已构成不正当竞争。考虑到B公司、C公司不正当竞争行为持续时间不长，被诉侵权产品销售范围较小，所得利润亦非全部因不正当竞争行为所获得，二审法院酌情确定B公司、C公司赔偿A公司经济损失5万元。

**[裁判结果]**

二审法院判决：B公司、C公司立即停止侵权行为，并赔偿经济损失5万元。

**[裁判思路]**

本案系商品市场中较为典型的因擅自使用知名商品特有名称、包装、装潢引起的不正当竞争纠纷。对于消费者而言，其对商品的辨识，除商标、生产厂家外，产品的名称、包装、装潢亦具一定区分作用。特别是一些知名商品，因长期、持续地宣传、使用特定的名称、包装、装潢，已将其名称、包装、装潢与自身建立起特定联系，已具有同商标相同的区分商品来源作用。在此情况下，其他同行业经营者采用与其相同或近似的名称、包装、装潢，会难以避免地造成相关消费者的混淆和误认。本案中，B公司、C公司作为专门生产、销售农作物种子的企业，应当知晓并了解同行业具有一定知名度的商品及该知名商品所特有名称、包装、装潢。B公司、C公司未经许可擅自使用与A公司知名商品相同的商品名称以及基本近似的包装、装潢，明显具有“傍名牌”“搭便车”的故意，有违公平诚信的市场竞争原则，应当依法裁决停止侵权、赔偿损失。

**[相关法律法规]**

《反不正当竞争法》第6条第（二）项

## 011.知名商品"特有名称"的认定

**【典型案例】**

### 鹤岗市龙江酒业有限责任公司诉鹤岗市农丰酒业有限公司擅自使用知名商品特有名称、包装、装潢纠纷案

**[案号]**

(2013)鹤知初字第15号,(2014)黑知终字第8号

**[案情]**

鹤岗市龙江酒业有限责任公司(以下简称龙江公司)前身为鹤岗市白酒厂,成立于1950年,企业发展过程中曾数次更名,1999年变更为现名。最晚在上世纪80年代,龙江公司即已生产、销售龙江牌"鹤岗白酒"(部分广告中曾简称为"鹤岗白")。龙江公司生产的"鹤岗白酒"曾先后获得"鹤岗老字号知名产品"、地方优质名牌产品、黑龙江知名品牌产品、中国公认名牌等荣誉。该公司产品在鹤岗本地及相邻市县均有销售,并远销至广西、北京、天津等地。因生产历史较为悠久,龙江公司"鹤岗白酒"的包装、装潢历经数次变更,但在包装、装潢醒目位置均标有"鹤岗白酒"字样。2005年前后,龙江公司开始研发并使用"鹤岗白酒"新的装潢以及包装至今,当地俗称鹤岗三代(包装、装潢见附图)。鹤岗市农丰酒业有限公司(以下简称农丰公司)于2011年4月1日开始生产"裕沟浓"牌"鹤岗白酒",该产品使用的包装、装潢与龙江公司"鹤岗白酒"极为近似。2013年6月19日,龙江公司以农丰公司侵犯其享有的"鹤岗白酒"知名商品特有名称、包装、装潢为由提起诉讼,请求判令农丰公司立即停止使用"鹤岗白酒"的名称及包装、装潢,农丰公司公开赔礼道歉,消除影响,并赔偿经济损失20万元。

**[法院认为]**

一审法院认为:龙江公司是一家成立于上世纪50年代的酿酒企业,自60年代起生产销售"鹤岗白酒",并投入了大量资金、利用各种媒体和多种宣传方式进行持续的广告宣传,使"鹤岗白酒"得到了广大公众的认可,成为相关公众所知悉的地方知名商品。同时,"鹤岗白酒"靠着多年来的声誉也得到了相关部门的肯定,并多次获得国家及省市授予的各种荣誉称号。经过不断的宣传,其使用的包装、装潢已与该产品融合为一体,且具备了相关公众能够据以判断和识别商品来源的显著特征,并获得外观设计专利权,属于知名商品特有的包装、装潢。虽然农丰公司"裕沟浓"牌"鹤岗白酒"产品使

用的包装、装潢也获得了外观设计专利，但其包装、装潢与龙江公司知名商品“鹤岗白酒”的包装、装潢存在诸多相同或相似之处，即均使用于同一商品的包装及装潢，大小基本相同。两者标贴图文排列组合、布局、整体颜色运用近似。同为红黄底板，其中三分之二为红色，三分之一为黄色底边。在标贴的上方中间位置均为中文注册商标和图形。商标下方均标注“鹤岗白酒”字样，字体相同并同为黄色，在标注“鹤岗白酒”字体的左下方相近位置均印有QS认证，在QS认证下方同用黑色字体标注有原料、食品生产许可证或产品标准、执行标准或食品生产许可证号、贮藏条件或贮存说明等内容，在标贴下方同为黄色底边云彩图形、在黄色云彩图形右下方同用黑色字体标注酒精度和净含量。在标贴的最下方位置，同用黑色字体标注公司名称、地址、电话，二者使用的包装箱的材料、颜色、颜色分配比例以及所使用的汉语拼音、文字及相关排列均相似。可见农丰公司产品的包装及装潢在总体设计、构图、色彩、组合、字体和整体效果等方面与龙江公司的产品包装、装潢相比，无论是主要部分，还是整体效果，均相同或相似，足以造成混淆、误认。且龙江公司对其装潢及包装使用在先，农丰公司已构成不正当竞争。为此工商行政部门也曾对其进行过处罚，故农丰公司应承担相应的民事责任。但是龙江公司使用的“鹤岗白酒”名称中的鹤岗属于地名，而白酒属于通用名称。“鹤岗白酒”不能认定为龙江公司商品所特有的名称。对于龙江公司提出的判令农丰公司停止使用“鹤岗白酒”名称的主张不应支持。同时由于龙江公司没有举示农丰公司不正当竞争行为造成不良影响后果的证据，其请求农丰公司赔礼道歉的诉讼主张证据不足，不予支持。判决：（1）农丰公司停止使用其产品“鹤岗白酒”现在使用的装潢及包装；（2）农丰公司赔偿龙江公司损失18 000元；（3）驳回龙江公司其他诉讼请求。判后，龙江公司、农丰公司均不服，提起上诉。

二审法院认为：龙江公司生产的“龙江牌”鹤岗白酒生产、销售时间较长，销售范围较广，多年来通过电视、广播、报纸、露天广告牌等多种媒体对商品进行了持续宣传，使“龙江牌”鹤岗白酒得到了当地相关公众的普遍认可，在鹤岗市白酒市场上具有较高的知名度。应当认定涉案“龙江牌”鹤岗白酒为鹤岗市区域内具有一定知名度，为相关公众所知悉的知名商品。虽然“鹤岗”为县级以上行政区划名称，“白酒”为通用名称，但根据本案现有证据，足以认定“鹤岗白酒”四个文字的整体组合经过龙江公司至少三十余年的使用，已经具有特定的标识作用，当地消费者已将“鹤岗白酒”四个字与龙江公司生产的“龙江牌”鹤岗白酒建立了特定的联系，“鹤岗白酒”整体组合成为相关公众识别商品来源的重要标志，具有了与同类商品相区别的显著特征，可以认定为知名商品特有的名称。龙江公司“龙江牌”鹤岗白酒的包装、装潢虽历经数次变更，但其现在使用的包装、装潢系龙江公司自行设计，设计图案有别于其他同类产品，该包装、装潢的商品投入市场后经过市场宣传，其整体包装、装潢的图案、风格已相对稳定，为相关公众所知晓，具有显著性特征，应当认定为知名商品特有的包装、装潢。本案中，农丰公司生产的“裕沟浓”牌鹤岗白酒包装、装潢在显著位置上以与“龙江牌”鹤岗白酒相同的字体及分布使用“鹤岗白酒”字样，属擅自使用知名商品特有名称的行为。经比对，农丰公司在“裕沟浓”牌鹤岗白酒上使用的包装、装潢无论从整体设计图案、颜色布局还是标识“鹤岗白酒”字样的位置、书写方式等，均与龙江公司“龙江牌”鹤岗白酒相近似，二者在视觉上无实质性差别，足以造成相关公众对商品的来源产生误认，构成不正当竞争。判决农丰公司立即停止在其产品中使用龙江公司“龙江牌”鹤岗白酒特有名称、包装、装潢，并赔偿经济损失 18 000 元。

**［裁判结果］**

二审法院判决：（1）农丰公司立即停止在其产品中使用龙江公司“龙江牌”鹤岗白酒特有名称、包装、装潢；（2）农丰公司赔偿龙江公司损失 18 000 元；（3）驳回龙江公司其他诉讼请求。

**［裁判思路］**

《不正当竞争司法解释》第 2 条规定：“具有区别商品来源的显著特征的商品的名称、包装、装潢，应当认定为反不正当竞争法第五条第二项规定的特有的名称、包装、装潢。有下列情形之一的，人民法院不认定为知名商品特有的名称、包装、装潢：（一）商品的通用名称、图形、型号；（二）仅仅直接表示商品的质量、主要原料、功能、用途、重量、数量及其他特点的商品名称；（三）仅由商品自身的性质产生的形状，为获得技术效果而需有的商品形状以及使商品具有实质性价值的形状；（四）其他缺乏显著特征的商品名称、包装、装潢。前款第（一）、（二）、（四）项规定的情形经过使用取得显著特征的，可以认定为特有的名称、包装、装潢。”对于该条规定的第 1 款，即缺乏显著特征的商品名称、包装、装潢不应认定为知名商品特有的名称、包装、装潢，通常司法实践中较易准确掌握，但对于该条第 2 款的规定，司法实践中容易产生偏差。对于类似“鹤岗白酒”这样地名加商品通用名称这一原本并不具有显著特征的商品名称，如果经过经营者的长期使用，在一定区域内已经具有特定的标识作用，成为该区域相关公众识别商品来源的重要标志，具有了与同类商品相区别的显著特征，应当依法认定为知名商品特有的名称。

［相关法律法规］

《不正当竞争司法解释》第2条

## 012.知名商品“特有装潢”的认定

**【典型案例】**

### A公司诉B公司等擅自使用知名商品特有包装、装潢纠纷案[①]

［案号］

（2013）浦民三（知）初字第196号，（2013）沪一中民五（知）终字第229号

［案情］

A公司于1998年3月12日设立，其前身源于1864年创立的鼎丰酱园。2010年，A公司的“鼎丰”商标被认证为“中华老字号”，其生产的鼎丰牌酿造食品在1998年至2011年期间均被评为“上海名牌产品”或“上海名牌”。A公司生产的鼎丰牌酿造制品被上海市食品协会、上海市食品协会调味品专业委员会认定为2012年度的“上海名优食品”。

A公司主张的白醋的特有装潢系长方形瓶贴，该瓶贴贴附在无色透明的圆柱形玻璃瓶上。瓶贴底色为淡棕色，瓶贴顶端和底部各有一条棕红色的色带，四角配有古典花纹。瓶贴图文可大致分为左中右三部分。左边部分标注食品生产许可证、条形码等信息。右边部分标注配制食醋、配料、产品标准、厂址等信息。中间部分自上而下分别为：（1）标识，其中“上海鼎丰”四字为红色。（2）红色的“鼎丰”商标及“中华老字号企业”字样。（3）“香气诱人、晶莹剔透”的广告语及艺术体“白醋”字样，该两部分内容被上短下长的两条黑线分隔为左右两边。两条黑线中间为一底色为红色、线条颜色为绿色的圆形，圆形中间为绿色的“正宗”二字。（4）A公司的企业名称。

A公司主张的料酒王的特有装潢系长方形瓶贴，该瓶贴贴附在褐色的长方体玻璃瓶上。该瓶贴的底色为黄色，上有浅灰色的水墨画底纹。瓶贴的顶端和底部各有一条金黄色色带。瓶贴图文可大致分为左中右三部分。左边部

① 载法律图书馆网，http://www.law-lib.com/cpws/cpws_view.asp?id=200402563738，最后访问时间：2017年11月12日。

分标注了特点及食用方法、条形码、营养成分表等信息。右边部分标注了生产许可证、配料、产品标准、厂址等信息。中间部分自上而下分别为：（1）“鼎丰”标识。（2）中华老字号标识及毛笔书写的“料酒王”三字。（3）A公司的企业名称。

B公司生产的涉案白醋的包装瓶亦为无色透明的圆柱形玻璃瓶，瓶身贴有长方形瓶贴。瓶贴底色为淡棕色，瓶贴顶端和底部各有一条棕红色的色带，四角配有古典花纹。瓶贴图文可大致分为左中右三部分。左边部分标注配制食醋、配料、产品标准、厂址等信息。右边部分标注食品生产许可证、条形码等信息。中间部分自上而下分别为：（1）标识，其中“上海白醋”四字为红色。（2）桃李村标识。（3）艺术体“白醋”字样和“品味纯正香气袭人”的广告语，该两部分内容被上短下长的两条黑线分隔为左右两边。两条黑线中间为一底色为红色、线条颜色为绿色的圆形，圆形中间为绿色的“正宗”二字。（4）“上海三多食品有限公司监制”“制造商南通桃李村绿色食品有限公司”字样。

B公司生产的涉案料酒王的包装瓶为褐色的长方体玻璃瓶，瓶身贴有长方形瓶贴。该瓶贴的底色为黄色，上有浅灰色的水墨画底纹。瓶贴的顶端和底部各有一条金黄色色带。瓶贴图文可大致分为左中右三部分。左边部分标注了特点及食用方法、生产许可证、条形码等信息。右边部分标注了配料、产品标准、厂址等信息。中间部分自上而下分别为：（1）底色为黑色，字体为黄色的“桃李村”标识。（2）毛笔书写的“料酒王”三字。（3）桃李村的企业名称。

根据上述瓶贴特征，A公司以B公司擅自使用与其知名商品近似的装潢且易造成混淆为由，诉称B公司的行为构成不正当竞争。

［**法院认为**］

一审法院认为：经营者在市场交易中，应当遵循自愿、平等、公平、诚实信用的原则，遵守公认的商业道德。经营者不得擅自使用知名商品特有的名称、包装、装潢，或者使用与知名商品近似的名称、包装、装潢，造成和他人的知名商品相混淆，使购买者误认为是该知名商品。

1. 关于A公司的白醋和料酒王是否属于知名商品。A公司的产品、品牌曾获得各种荣誉，多年来在各类媒介上持续进行广告宣传，其中使用涉案装潢的白醋、料酒王也得到了一定范围的宣传，涉案的白醋和料酒王也已持续生产、销售了多年，在市场上已具有较高的知名度，为相关消费者所知悉，可以认定为知名商品。

2. 关于A公司涉案的白醋、料酒王的装潢是否属于知名商品特有装潢。

A公司的白醋瓶贴整体以淡棕色为底色，瓶贴顶端和底部各有一条棕红色的色带，瓶贴中间部位突出标注艺术体“白醋”字样，配以“香气诱人、晶莹剔透”的广告语，瓶贴的整体风格古朴、大方。A公司涉案的料酒王瓶贴整体以黄色为底色，以颜色很淡的水墨画为底纹，瓶贴顶端和底部各有一条金黄色的色带，瓶贴中部有十分醒目的毛笔书写的“料酒王”三字，瓶贴的整体风格典雅、华丽。原告上述白醋和料酒王的瓶贴标识醒目，视觉效果突出，具有区别于其他商品装潢的显著特征，经过A公司多年的使用和宣传，已成为其商品特有的装潢。B公司主张A公司已经启用了新的白醋瓶贴，其新瓶贴与B公司所使用的瓶贴不相似。由于A公司主张权利的瓶贴的白醋仍在市场上销售，其依据该瓶贴主张特有装潢并无不当。

3. 关于B公司生产的涉案商品装潢是否与A公司商品的特有装潢近似。对商品装潢的相同性或近似性的判断应以相关公众的一般注意力为评判标准。涉案标贴贴附于瓶体，由于瓶体的形状导致瓶贴的中部视觉效果突出。相关公众在接触涉案标贴时，注意力通常集中于瓶贴的中间部分，而对瓶贴的左边部分和右边部分较少关注，故比对的内容主要应针对瓶贴的中间部分。比对双方的涉案白醋瓶贴，两者的构成要素基本相同，瓶贴的底色、瓶贴上方和下方的两条色带宽度及颜色、瓶贴中部的“白醋”两字的字体、大小等都基本相同。比对双方涉案料酒王的瓶贴，两者的构成要素基本相同，瓶贴的底色基本相同，都配有水墨画底纹，瓶贴顶端和底部都有两条金黄色的色带，中间部位突出标注的“料酒王”三个字的字体相同。虽然B公司生产的白醋、料酒王的瓶贴在局部布局、底纹、图案等方面与A公司的瓶贴存在一定的区别，但两者在整体色彩、图案风格、突出使用的文字及各主要元素的布局等方面高度相同，故属于近似装潢。况且料酒、白醋等调味品不属于贵重商品，相关公众在购买上述商品时一般不会施以特别的注意力，很难注意到二者装潢之间的差别。B公司在白醋、料酒王上使用与A公司知名商品特有装潢近似的装潢，足以造成相关公众对商品来源的混淆、误认，构成不正当竞争。

判决:（1）B公司等立即停止在白醋商品上使用与A公司知名商品特有装潢近似的装潢;（2）B公司立即停止在料酒王商品上使用与A公司知名商品特有装潢近似的装潢;（3）B公司赔偿A公司经济损失和合理费用共计8万元;（4）B公司在报纸上刊登声明，消除其不正当竞争行为;（5）驳回A公司的其他诉讼请求。判后，B公司等不服，提起上诉。

二审法院认为:《不正当竞争司法解释》第1条规定，在中国境内具有一定的市场知名度，为相关公众所知悉的商品，应当认定为《反不正当竞争法》第 5 条第（二）项[1]规定的“知名商品”。人民法院认定知名商品，应当考虑该商品的销售时间、销售区域、销售额和销售对象，进行任何宣传的持续时间、程度和地域范围，作为知名商品受保护的情况等因素，进行综合判断。在本案中，A 公司涉案的白醋和料酒王商品经过大量持续广泛的宣传推广，涉案商品多年来获得了各种荣誉，在市场上具有较高的知名度，为社会公众所普遍知悉，应当被认定为知名商品，

关于涉案的白醋、料酒王的装潢，《不正当竞争司法解释》第 2 条规定，具有区别商品来源的显著特征的商品的名称、包装、装潢，应当认定为反不正当竞争法第 5 条第（二）项规定的“特有的名称、包装、装潢”。在本案中，A 公司所使用的白醋以及料酒王的瓶贴装潢，其整体的设计风格古朴典雅，瓶贴的标识大气醒目，具有较强的显著性，且经过长期的使用，该装潢已经与 A 公司的知名商品之间形成了稳定的指向关系，能够起到区别商品来源的作用。且在本案的涉案期间，A 公司依旧通过广告宣传等方式使用了该装潢。因此，二审法院认定 A 公司的白醋、料酒王商品的装潢系知名商品的特有装潢。

经过比对，虽然两者在局部设计图案、底纹的颜色及图案、瓶贴边缘线条等部分存在一定的区别，但是纵观两者的设计风格、整体色彩、字体图案的布局排列、突出部分的文字字体颜色等主要元素方面都是高度相同，应当属于近似装潢。以相关消费者而言，施以一般的注意力，难以注意到两者装潢之间的差别。B 公司在料酒王上使用的瓶贴以及在白醋上使用的瓶贴，与 A 公司知名商品特有的装潢相近似，足以造成相关公众的混淆，构成商品装潢的近似，因此构成不正当竞争行为。

**［裁判结果］**

二审法院判决：驳回上诉，维持原判。

**［裁判思路］**

本案中，A 公司生产的白醋和料酒王商品经过大量持续广泛的宣传推广，涉案商品多年以来获得了各种荣誉，在市场上具有较高的知名度，为社会公众所普遍知悉，应当被认定为知名商品。其使用的白醋以及料酒王的瓶贴装潢，其整体的设计风格古朴典雅，瓶贴的标识大气醒目，具有较强的显著性，且经过长期的使用，该装潢已经与被上诉人的知名商品之间形成了稳定的指向关系，能够起到区别商品来源的作用，可认定为知名商品的特有装潢。两涉案瓶贴在局部设计图案、底纹的颜色及图案、瓶贴边缘线条等部分存在一

---

① 此条新《反不正当竞争法》修订为第 6 条。

定的区别，但是纵观两者的设计风格、整体色彩、字体图案的布局排列、突出部分的文字字体颜色等主要元素方面都是高度相同，应当属于近似装潢。

**[ 相关法律法规 ]**

《反不正当竞争法》第 6 条第（二）项

《不正当竞争司法解释》第 1 条第 1 款、第 2 条、第 4 条、第 7 条

# 第六章　其他知识产权纠纷裁判思路

# 第一节　技术合同纠纷

## 001.软件使用方以质量问题为由主张解除合同的，应举证证明软件自身编程涉及存在严重缺陷，或者其按规定程序使用软件遇到重大障碍，并无法解决，方能认定技术服务存在质量瑕疵

### 【典型案例】

### A 公司诉 B 公司著作权许可使用合同、技术服务合同纠纷案

［案号］

（2013）哈知初字第 106 号，（2014）黑知终字第 1 号

［案情］

金蝶软件系一套财务专业软件，著作权归金蝶软件（中国）有限公司所有，B 公司为金蝶软件（中国）有限公司在哈尔滨区域的代理销售商。2011 年 7 月 29 日，B 公司与 A 公司签订《金蝶软件使用许可合同》，B 公司许可 A 公司使用金蝶软件，该合同约定：B 公司保证自交付之日起 1 年内，金蝶软件的运行从实质上符合与之相关的产品手册中规定的功能；若未能达到，B 公司将负责对软件进行修正或者免费更换符合规定的软件；因 A 公司未按产品手册规定使用软件、使用的第三方软件、使用非正版系统软件和数据库、硬件或网络故障等原因引起的金蝶软件故障不在保证范围；B 公司提供自签订合同之日起 1 年内免费服务；有效期满后，服务项目自动终止。合同签订后，A 公司按合同约定给付了许可使用费，B 公司在合同签订后一年内向 A 公司免费提供了软件行业通常所称的“实施服务”，包括软件的安装、调试、培训、指导使用、故障维修等项内容。B 公司提供实施服务期间，曾以 QQ、电话、现场指导等方式与 A 公司就使用金蝶软件遇到的问题进行了多次沟通。2013 年 7 月，A 公司以金蝶软件不能正常使用为由诉至法院，要求解除涉案合同，由 B 公司返还软件使用费 21 200 元。

［法院认为］

一审法院认为：A公司与B公司订立的《金蝶软件使用许可合同》不违反相关法律规定，合法有效。A公司主张B公司安装的涉案软件存在质量问题，无法正常使用，并举示了《关于哈尔滨市龙浩信息科技开发有限公司将哈尔滨华隆伟业有限公司金蝶专业版（分模块）和金万维远程软件（一站点）的售后服务移交给其他金蝶合作伙伴的证明》复印件、聊天记录打印件和KIS系统登录界面打印件，以及《情况反映》三项证据。在B公司对A公司提出的质量问题及举示的相关证据不认可的情况下，A公司没有提交复印件的原件以及能够证明复印件、聊天记录打印件和KIS系统登录界面打印件真实性的证据，故前述证据不能作为认定案件事实的依据。A公司没有举证证明B公司等单位收到了其出具的《情况反映》，且该《情况反映》属于A公司本人的陈述，故对A公司举示的用以证明涉案软件存在质量问题的证据不能认定。A公司除了没有举示能够证明涉案软件在使用中存在质量问题的确实、充分的证据之外，也没有举示涉案软件及与之相关的产品手册等基本证据。并且，A公司没有举证证明其主张的涉案软件存在的质量问题，属于《金蝶软件使用许可合同》第2条约定的免费修正或更换情形。同时，A公司没有举证排除涉案软件存在的问题是由《金蝶软件使用许可合同》第2条约定的不在保证范围内的四种原因引发的。因A公司不能举证证明B公司提供的涉案软件质量及履行合同义务不符合《金蝶软件使用许可合同》的约定，其关于B公司应对涉案软件质量问题承担责任的主张缺乏证据证明，不能认定；其关于解除涉案合同，B公司向A公司返还软件许可使用费的诉讼请求证据不足，不予支持。判决：驳回A公司的诉讼请求。判后，A公司不服，提起上诉。

二审法院认为：A公司与B公司签订的《金蝶软件使用许可合同》系双方当事人真实意思表示，不违反法律、法规的禁止性规定，应认定为合法有效。涉案合同内容既包括软件使用权许可，亦具有技术服务双重性质，本案属著作权许可使用合同、技术服务合同纠纷。在涉案合同约定的质量保证期内，双方就软件的使用、维护工作多次进行沟通，B公司免费为A公司提供了技术服务。A公司在此期间并没有以书面形式向B公司主张过涉案软件存在无法运行的问题，或要求B公司对软件进行更换。A公司举示的该公司工作人员与B公司工作人员之间的聊天记录仅能够证明双方就软件使用中的技术问题进行过咨询沟通，不能证明A公司曾向B公司主张涉案软件存在质量问题无法使用。由此可以认定，双方在《金蝶软件使用许可合同》中约定的主要义务已经履行完毕。A公司不能举示证据足以证明本案存在法律规定可以解除合同的情形发生，故A公司要求解除合同并返还软件许可使用费的诉讼请求不符合《合同法》第 94 条的规定。

**[裁判结果]**

二审法院判决：驳回上诉，维持原判。

**[裁判思路]**

本案为著作权许可使用合同、技术服务合同纠纷，双方争议的焦点问题是金蝶软件及相应的技术服务是否符合合同约定。相比于货物买卖合同而言，计算机软件的著作权许可使用合同、技术服务合同具有如下特点：一是相比于货物的质量瑕疵，计算机软件及相应服务是否存在质量瑕疵，通常很难在交付软件载体时发现，而需要通过一段时间的使用、运行后方能发现。二是计算机软件及相应服务能否达到合同约定的效果，不仅取决于软件自身的编程设计，还受到诸多因素的制约，如操作人员对软件是否熟悉、与第三方软件是否存在冲突、硬件或网络是否存在故障等。三是软件使用方主张软件无法使用或无法达到合同约定目的，依法应对此承担举证责任。但需要注意的是，由于计算机软件具有一定的专业性，软件提供商或者技术服务支持方通常需要对软件使用方给予一定程度的技术培训和指导，或者针对使用中遇到的问题进行沟通协调，此种情形是较为常见的，不能依此即认定软件或技术服务存在质量瑕疵。软件使用方以质量问题为由主张解除合同的，应举证证明软件自身编程设计存在严重缺陷，或者其按规定程序使用软件遇到重大障碍，经联系软件提供商或者技术服务支持方后仍无法解决，致使不能达到合同目的方可。

**[相关法律法规]**

《合同法》第 94 条

## 002.合同性质确定后，需要先对合同效力作出评价，进而结合合同权利义务约定，对合同履行过程进行法律评价

**【典型案例】**

### A 公司诉 B 公司技术开发合同纠纷案

**[案号]**

(2014) 哈知初字第 63 号

［案情］

2012年6月，A公司与B公司签订《合同书》约定，A公司为B公司承担中控视频片源、数字沙盘片源项目制作，制作总价37万元，B公司应在合同签订之日、本项目预演完成和最终样品经B公司验收后，分三笔支付制作款。B公司每延期付款一日，支付当期应付费用的1%的违约金。合同履行期间，A公司曾向B公司邮寄3份邮件汇报项目制作进度，并在完成项目后向B公司寄出《项目验收确认函》，但始终未得到B公司回应。A公司认为，其按照合同约定完成并交付涉案项目，但B公司并未支付制作款。A公司遂请求法院，要求被告B公司承担违约责任，支付制作款及违约金。被告B公司认为，A公司交付的涉案项目不符合技术标准，达不到合同目的。A公司将该项目转包他人制作，违反诚信原则，故应A公司应承担相应的违约责任。

［法院认为］

一审法院认为：A公司和B公司签订的《合同书》属于《委托开发合同》，双方意思表示一致，真实有效，双方当事人应按照合同约定履行各自义务。《合同书》约定，项目完成后，A公司应及时书面通知B公司予以验收，如超过验收期限B公司仍未验收，也未与A公司商定其他验收时间和地点，则视为B公司验收合格，A公司不承担任何责任。A公司致B公司《项目验收确认函》符合《合同书》关于A公司书面通知B公司予以验收的约定。B公司收到《项目验收确认函》后未作回应，应视为涉案项目验收合格。B公司主张A公司不具备技术能力和转包他人制作案涉项目，未提供证据予以证明，其主张没有事实依据，不能得到支持。

［裁判结果］

一审法院判决：B公司支付制作款37万元，并支付违约金11.1万元。

［裁判思路］

本案较好地梳理了技术合同纠纷案件的审理思路，分别从技术合同性质的判断、技术合同订立、技术合同履行、技术合同权利义务约定以及违约责任等环节，评价技术合同从订立到履行各个阶段中当事人行为的法律含义，对类似案件的处理具有较强的示范作用。审理技术合同纠纷案件的起点，在于对当事人之间签订合同性质的判断，具体来说就是要根据合同内容判断当事人之间签订的合同属于哪种技术合同，进而确定相应技术合同的法律适用标准。本案中，法院通过对当事人之间《合同书》内容的分析，明确该合同为技术合同中的委托开发合同，进而明确当事人之间的权利义务，为后续合同履行中当事人行为的法律评价奠定基础。合同性质确定后，需要先对合同效力作出评价，进而结合合同权利义务约定，对合同履行过程进行法律评价。本案中，当事人权利义务清楚，A公司按约定履行了合同义务，B公司没有按照约定履行验收义务，也未按照合同约定支付价款，虽然B公司提出抗辩主张，认为原告提供的项目没有达到质量标准，也没有亲自完成涉案项目，但B公司就其主张并未提供证据予以证明。故法院没有支持B公司的抗辩主张。

本案还涉及技术合同中违约行为与行使合同履行抗辩权行为的区分问题。《合同法》总则关于合同履行部分规定了三种合同履行抗辩权，分别是同时履行抗辩权、先履行抗辩权和不安抗辩权。这三种抗辩权同样适用于技术合同中。需要明确的是合同履行抗辩权只存在于双务合同中，即当事人互负对待给付义务的合同。委托开发合同属于双务合同，因此存在合同履行抗辩权的适用空间。本案中，如果确如B公司所称，不符合质量要求以及没有严格按照合同约定由原告亲自完成项目，那么B公司可以主张合同履行抗辩来对抗A公司主张的价款支付请求，这属于正常行使合同履行抗辩权，不能被视为违约。但B公司并未就其主张提供证据证明，所以不能认为B公司的行为属于行使合同履行抗辩权。实践中，容易出现将合同履行抗辩权的行使，视为违约的情况，故在审理此类纠纷中应特别注意违约行为与正当行使履行抗辩权行为的区分。

**[相关法律法规]**

《合同法》第60条、第107条、第109条

《合同法司法解释（二）》第29条

## 003.在法律、法规未对单位应当给予科技成果完成人的具体奖励金额及计算方法作出规定的情况下，人民法院应结合单位获取的净收益、技术成果完成人做出的贡献等因素合理确定报酬

**【典型案例】**

### 徐某等诉哈尔滨某高校职务技术成果完成人奖励、报酬纠纷案

**[案号]**

（2009）黑知初字第1号

［案情］

徐某等原为某高校教职员工。受单位指派，成立课题组从事技术研发。后该高校与其他单位共同组建某公司，以该技术成果及部分现金入股。当年，该高校研究决定，以新设公司无形资产分红的30%作为课题组的报酬。其后该公司重组并上市，某高校占有的无形资产及现金投资获得相应的股份。2007年，某高校将持有的上市公司股票变现，取得收益1亿余元。徐某等诉至法院，请求判令高校给付奖励报酬。

［法院认为］

一审法院认为：徐某等作为高校教职员工，其进行的研发工作系执行单位工作任务，且利用了单位提供的物质技术条件，涉案技术成果为职务技术成果，应归单位所有。该高校投资收益分红款部分，应当依据其内部研究决定，给予研发人员报酬。股权收益部分，虽双方并未预见投资公司能够上市，没有对股权收益分配作出约定，但依据《促进科技成果转化法》中"科技成果完成单位将其职务科技成果转让给他人的，单位应当从转让该项职务科技成果所取得的净收入中，提取不低于百分之二十的比例，对完成该项科技成果及其转化做出重要贡献的人员给予奖励"的规定，参考分红分配的比例，亦应按照30%比例给予课题组成员奖励报酬。据此判决该高校给付徐某等相应金额的奖励报酬。判决后，双方当事人均未提起上诉。

［裁判结果］

一审法院判决：（1）哈尔滨某高校给付徐某等人30%的奖励报酬；（2）驳回徐某等人的其他诉讼请求。

［裁判思路］

本案系因科技成果转化而发生的纠纷。科技研发始于1994年，历时较为久远，科技成果投资入股所获收益金额巨大，且既关系国家事业单位与个人间利益平衡问题，也关系如何保持和促进科研创造积极性的重要问题。该案中，对职务成果创造人能否提起诉讼、应得奖励报酬比例如何依法确定以及科技成果转化净收益计算等方面均具有典型示范意义，处理结果既依法维护了科研人员从事科技创造的积极性，又充分尊重即维护了高校院所的自主权及合法利益，取得了较好的法律效果和社会效果。

［相关法律法规］

《促进科技成果转化法》第29条

# 第二节　植物新品种纠纷

## 004.植物新品种证书记载的品种名称与权利人在实际生产销售中使用的名称不一致的，法院应实质审查二者是否为同一植物品种

**【典型案例】**

### A 公司诉 B 公司侵害植物新品种权纠纷案

**［案号］**

（2014）哈知初字第 83 号，（2015）黑知终字第 13 号

**［案情］**

2003 年 2 月 18 日，黑龙江省国营农场总局、农作物品种审定委员会颁发《审定品种证书》，主要内容为：品种名称为“垦鉴稻 7 号”，原名或代码为 99-34，选育单位为黑龙江省农垦科学院水稻研究所（以下简称农垦水稻研究所）。该品种经区域试验和生产试验，符合推广优良品种条件，决定从 2003 年起定为推广品种。黑龙江省农作物品种审定委员会颁发《黑龙江省农作物品种审定证书》，主要内容为：审定编号为黑审稻 2006009，品种名称为“垦稻 12 号”，原代号为垦 99-34，选育单位为农垦水稻研究所。该品种经区域试验和生产试验，符合推广优良品种条件，决定从 2006 年起定为推广品种。2006 年 3 月 1 日，国家农业部颁发《植物新品种权证书》，主要内容为：品种名称为“垦鉴稻 7 号”，属或者种为水稻，品种权人为农垦水稻研究所，品种权号为 CNA20030138.1，申请日为 2003 年 5 月 9 日，授权日为 2006 年 3 月 1 日。2012 年 11 月 8 日，甲方黑龙江省农垦科学院、农垦水稻研究所与乙方 A 公司签订《垦稻系列品种实施许可合同》，将包括“垦鉴稻 7 号”在内的共计 15 个垦稻系列品种许可 A 公司使用，许可使用费 600 万元。B 公司生产并向多家单位销售了“育选 7”水稻种子。经农业部谷物及制品质量监督检验测试中心（哈尔滨）检验，“育选 7”与“垦鉴稻 7 号”水稻种子与为相同品种或极近似品种。A 公司遂提起诉讼，请求判令 B 公司停止生产、销售“育选 7”

水稻种子，并赔偿经济损失 50 万元。

［法院认为］

一审法院认为：B 公司未经许可，商业使用他人享有权利的植物新品种，构成侵权，判令 B 公司停止侵权行为并赔偿经济损失 20 万元。判后，B 公司不服，上诉至省法院。

二审法院认为：因植物新品种的审定过程较长，某一植物新品种从申请到通过审定过程中，出于产品销售推广等方面的需要，存在同一植物新品种在使用植物新品种证书载明的正式名称之前使用过其他品种名称的情况。本案中，黑龙江省国营农场总局颁发的《审定品种证书》载明的“垦鉴稻 7 号”和黑龙江省农作物品种审定委员会颁发的《黑龙江省农作物品种审定证书》载明的“垦稻 12 号”的原代号均为垦 99-34，选育单位均为农垦水稻研究所，只是部分选育者不一致。国家水稻数据中心官方网站查询“垦稻 12 号”，结果显示为“垦稻 12 号”（垦鉴稻 7 号；垦 99-34）。由此可以认定二者系同一植物新品种。B 公司提出的二者个别选育人员不同的问题，农垦水稻研究所已给予了合理解释，不能当然以此得出二者不是同一植物品种的结论。B 公司未经授权，出于商业目的生产、销售“垦鉴稻 7 号”水稻种子，侵害了 A 公司的植物新品种权。

［裁判结果］

二审法院判决：驳回上诉，维持原判。

［裁判思路］

因植物新品种的审定过程较长，某一植物新品种从申请到通过审定过程中，出于产品销售推广等方面的需要，存在同一植物新品种在使用植物新品种证书载明的正式名称之前使用过其他名称的情况。在双方对此存在争议的情况下，法院应对二者是否系同一品种进行实质审查，而不应仅以品种名称不同为由否认权利人对植物新品种享有的权利。

［相关法律法规］

《侵犯植物新品种权纠纷若干规定》第 2 条第 1 款、第 6 条第 2 款、第 3 款

# 第三节　特许经营合同纠纷

## 005.特许经营合同约定的期限届满以后，如果根据当事人的行为推知其仍有继续履行合同的意愿，则应按照当事人一致的意思表示涉及的合同内容，依约定全面履行合同义务

【典型案例】

### A 公司诉金某特许经营合同纠纷案

［案号］

（2015）哈知初字第 6 号

［案情］

2010 年 5 月 18 日，A 公司与金某签订协议，约定 A 公司授权金某在科研路 156 号使用中国邮政、中邮快货的品牌和标识收寄物流邮件，合同有效期至 2011 年 5 月 19 日。此后，双方履行合同至协议有效期满，未续签合同，但仍继续按照上述协议实际履行。2012 年 12 月 20 日，A 公司依据中国邮政集团公司的要求，通知金某不再与其续签加盟合同。经结算，金某尚欠 25 808 元许可使用费未予缴纳，A 公司遂提起诉讼，请求判决金某承担违约责任并支付迟延履行金。

［法院认为］

一审法院认为：双方当事人在书面签订的合作协议有效期满后，仍按照该协议继续履行，应视为以其他形式订立的合同。金某和 A 公司应当按照合同约定履行自己的义务。金某欠付 A 公司物流公司运费事实清楚，应向 A 公司承担给付所欠运费和赔偿损失等法律责任。A 公司请求金某给付所欠运费，并按中国人民银行同期贷款利率支付迟延履行金的诉讼请求有理，应予支持。

［裁判结果］

一审法院判决：金某支付违约金和迟延履行金。

［裁判思路］

经营者在经营过程中，扩大生产、销售规模，提高产品或服务的知名度

的重要方式就是通过特许经营合同允许其他经营者使用其经营资源，包括经营者的注册商标、企业标志、专有技术等，被许可人按照合同约定在统一的经营模式下开展经营，并向特许人支付特许经费用。特许经营合同约定的合同期届满以后，如果合同双方当事人的行为可以推知，双方当事人仍有继续履行合同的意愿，则当事人应按照一致的意思表示涉及的合同内容，依约定全面履行合同义务。如果违反合同约定，未按照约定全面履行合同义务，应承担相应的违约责任。本案中，金某与A公司签订的合作协议本质上属于特许加盟合同。合同期限届满后，双方当事人的权利义务本应终止，但双方当事人依然按照原协议内容继续履行，应推定当事人之间形成了新的合同关系，因当事人之间未就新的合同关系约定期限，故双方当事人均有权决定随时终止合同关系。由于A公司决定不再继续履行合同，金某应就新的合同关系成立后至合同终止期间，未履行的合同义务承担违约责任。

**[相关法律法规]**

《合同法》第10条第1款

《合同法司法解释（二）》第2条

# 附录　法律法规、司法解释等

# 中华人民共和国著作权法（节选）

（1990年9月7日第七届全国人民代表大会常务委员会第十五次会议通过　根据2001年10月27日第九届全国人民代表大会常务委员会第二十四次会议《关于修改〈中华人民共和国著作权法〉的决定》第一次修正　根据2010年2月26日第十一届全国人民代表大会常务委员会第十三次会议《关于修改〈中华人民共和国著作权法〉的决定》第二次修正）

**第三条**　本法所称的作品，包括以下列形式创作的文学、艺术和自然科学、社会科学、工程技术等作品：

（一）文字作品；

（二）口述作品；

（三）音乐、戏剧、曲艺、舞蹈、杂技艺术作品；

（四）美术、建筑作品；

（五）摄影作品；

（六）电影作品和以类似摄制电影的方法创作的作品；

（七）工程设计图、产品设计图、地图、示意图等图形作品和模型作品；

（八）计算机软件；

（九）法律、行政法规规定的其他作品。

**第十一条**　著作权属于作者，本法另有规定的除外。

创作作品的公民是作者。

由法人或者其他组织主持，代表法人或者其他组织意志创作，并由法人或者其他组织承担责任的作品，法人或者其他组织视为作者。

如无相反证明，在作品上署名的公民、法人或者其他组织为作者。

**第十二条**　改编、翻译、注释、整理已有作品而产生的作品，其著作权由改编、翻译、注释、整理人享有，但行使著作权时不得侵犯原作品的著作权。

**第十三条**　两人以上合作创作的作品，著作权由合作作者共同享有。没有参加创作的人，不能成为合作作者。

合作作品可以分割使用的，作者对各自创作的部分可以单独享有著作权，但行使著作权时不得侵犯合作作品整体的著作权。

**第十五条**　电影作品和以类似摄制电影的方法创作的作品的著作权由制片者享有，但编剧、导演、摄影、作词、作曲等作者享有署名权，并有权按照与制片者签订的合同获得报酬。

电影作品和以类似摄制电影的方法创作的作品中的剧本、音乐等可以单独使用的作品的作者有权单独行使其著作权。

**第十六条**　公民为完成法人或者其他组织工作任务所创作的作品是职务作品，除本条第 2 款的规定以外，著作权由作者享有，但法人或者其他组织有权在其业务范围内优先使用。作品完成两年内，未经单位同意，作者不得许可第三人以与单位使用的相同方式使用该作品。

有下列情形之一的职务作品，作者享有署名权，著作权的其他权利由法人或者其他组织享有，法人或者其他组织可以给予作者奖励：

（一）主要是利用法人或者其他组织的物质技术条件创作，并由法人或者其他组织承担责任的工程设计图、产品设计图、地图、计算机软件等职务作品；

（二）法律、行政法规规定或者合同约定著作权由法人或者其他组织享有的职务作品。

**第十七条** 受委托创作的作品，著作权的归属由委托人和受托人通过合同约定。合同未作明确约定或者没有订立合同的，著作权属于受托人。

**第十八条** 美术等作品原件所有权的转移，不视为作品著作权的转移，但美术作品原件的展览权由原件所有人享有。

**第十九条** 著作权属于公民的，公民死亡后，其本法第十条第一款第（五）项至第（十七）项规定的权利在本法规定的保护期内，依照继承法的规定转移。

著作权属于法人或者其他组织的，法人或者其他组织变更、终止后，其本法第十条第一款第（五）项至第（十七）项规定的权利在本法规定的保护期内，由承受其权利义务的法人或者其他组织享有；没有承受其权利义务的法人或者其他组织的，由国家享有。

**第二十二条** 在下列情况下使用作品，可以不经著作权人许可，不向其支付报酬，但应当指明作者姓名、作品名称，并且不得侵犯著作权人依照本法享有的其他权利：

（一）为个人学习、研究或者欣赏，使用他人已经发表的作品；

（二）为介绍、评论某一作品或者说明某一问题，在作品中适当引用他人已经发表的作品；

（三）为报道时事新闻，在报纸、期刊、广播电台、电视台等媒体中不可避免地再现或者引用已经发表的作品；

（四）报纸、期刊、广播电台、电视台等媒体刊登或者播放其他报纸、期刊、广播电台、电视台等媒体已经发表的关于政治、经济、宗教问题的时事性文章，但作者声明不许刊登、播放的除外；

（五）报纸、期刊、广播电台、电视台等媒体刊登或者播放在公众集会上发表的讲话，但作者声明不许刊登、播放的除外；

（六）为学校课堂教学或者科学研究，翻译或者少量复制已经发表的作品，供教学或者科研人员使用，但不得出版发行；

（七）国家机关为执行公务在合理范围内使用已经发表的作品；

（八）图书馆、档案馆、纪念馆、博物馆、美术馆等为陈列或者保存版本的需要，复制本馆收藏的作品；

（九）免费表演已经发表的作品，该表演未向公众收取费用，也未向表演者支付报酬；

（十）对设置或者陈列在室外公共场所的艺术作品进行临摹、绘画、摄影、录像；

（十一）将中国公民、法人或者其他组织已经发表的以汉语言文字创作的作品翻译成少数民族语言文字作品在国内出版发行；

（十二）将已经发表的作品改成盲文出版。

前款规定适用于对出版者、表演者、录音录像制作者、广播电台、电视台的权利的限制。

**第二十九条**　出版者、表演者、录音录像制作者、广播电台、电视台等依照本法有关规定使用他人作品的，不得侵犯作者的署名权、修改权、保护作品完整权和获得报酬的权利。

**第四十六条**　电视台播放他人的电影作品和以类似摄制电影的方法创作的作品、录像制品，应当取得制片者或者录像制作者许可，并支付报酬；播放他人的录像制品，还应当取得著作权人许可，并支付报酬。

**第四十七条**　有下列侵权行为的，应当根据情况，承担停止侵害、消除影响、赔礼道歉、赔偿损失等民事责任：

（一）未经著作权人许可，发表其作品的；

（二）未经合作作者许可，将与他人合作创作的作品当作自己单独创作的作品发表的；

（三）没有参加创作，为谋取个人名利，在他人作品上署名的；

（四）歪曲、篡改他人作品的；

（五）剽窃他人作品的；

（六）未经著作权人许可，以展览、摄制电影和以类似摄制电影的方法使用作品，或者以改编、翻译、注释等方式使用作品的，本法另有规定的除外；

（七）使用他人作品，应当支付报酬而未支付的；

（八）未经电影作品和以类似摄制电影的方法创作的作品、计算机软件、录音录像制品的著作权人或者与著作权有关的权利人许可，出租其作品或者录音录像制品的，本法另有规定的除外；

（九）未经出版者许可，使用其出版的图书、期刊的版式设计的；

（十）未经表演者许可，从现场直播或者公开传送其现场表演，或者录制其表演的；

（十一）其他侵犯著作权以及与著作权有关的权益的行为。

**第四十八条**　有下列侵权行为的，应当根据情况，承担停止侵害、消除影响、赔礼道歉、赔偿损失等民事责任；同时损害公共利益的，可以由著作权行政管理部门责令停止侵权行为，没收违法所得，没收、销毁侵权复制品，并可处以罚款；情节严重的，著作权行政管理部门还可以没收主要用于制作侵权复制品的材料、工具、设备等；构成犯罪的，依法追究刑事责任：

（一）未经著作权人许可，复制、发行、表演、放映、广播、汇编、通过信息网络向公众传播其作品的，本法另有规定的除外；

（二）出版他人享有专有出版权的图书的；

（三）未经表演者许可，复制、发行录有其表演的录音录像制品，或者通过信息网络向公众传播其表演的，本法另有规定的除外；

（四）未经录音录像制作者许可，复制、发行、通过信息网络向公众传播其制作的录音录像制品的，本法另有规定的除外；

（五）未经许可，播放或者复制广播、电视的，本法另有规定的除外；

（六）未经著作权人或者与著作权有关的权利人许可，故意避开或者破坏权利人为其作品、录音录像制品等采取的保护著作权或者与著作权有关的权利的技术措施的，法律、行政法规另有规定的除外；

（七）未经著作权人或者与著作权有关的权利人许可，故意删除或者改变作品、录音录像制品等的权利管理电子信息的，法律、行政法规另有规定的除外；

（八）制作、出售假冒他人署名的作品的。

**第四十九条** 侵犯著作权或者与著作权有关的权利的，侵权人应当按照权利人的实际损失给予赔偿；实际损失难以计算的，可以按照侵权人的违法所得给予赔偿。赔偿数额还应当包括权利人为制止侵权行为所支付的合理开支。

权利人的实际损失或者侵权人的违法所得不能确定的，由人民法院根据侵权行为的情节，判决给予五十万元以下的赔偿。

## 中华人民共和国商标法（节选）

（1982年8月23日第五届全国人民代表大会常务委员会第二十四次会议通过　根据1993年2月22日第七届全国人民代表大会常务委员会第三十次会议《关于修改〈中华人民共和国商标法〉的决定》第一次修正　根据2001年10月27日第九届全国人民代表大会常务委员会第二十四次会议《关于修改〈中华人民共和国商标法〉的决定》第二次修正　根据2013年8月30日第十二届全国人民代表大会常务委员会第四次会议《关于修改〈中华人民共和国商标法〉的决定》第三次修正）

**第九条** 申请注册的商标，应当有显著特征，便于识别，并不得与他人在先取得的合法权利相冲突。商标注册人有权标明“注册商标”或者注册标记。

**第三十二条** 申请商标注册不得损害他人现有的在先权利，也不得以不正当手段抢先注册他人已经使用并有一定影响的商标。

**第五十六条** 注册商标的专用权，以核准注册的商标和核定使用的商品为限。

**第五十七条** 有下列行为之一的，均属侵犯注册商标专用权：

（一）未经商标注册人的许可，在同一种商品上使用与其注册商标相同的商标的；

（二）未经商标注册人的许可，在同一种商品上使用与其注册商标近似的商标，或者在类似商品上使用与其注册商标相同或者近似的商标，容易导致混淆的；

（三）销售侵犯注册商标专用权的商品的；

（四）伪造、擅自制造他人注册商标标识或者销售伪造、擅自制造的注册商标标识的；

（五）未经商标注册人同意，更换其注册商标并将该更换商标的商品又投入市场的；

（六）故意为侵犯他人商标专用权行为提供便利条件，帮助他人实施侵犯商标专用权行为的；

（七）给他人的注册商标专用权造成其他损害的。

**第五十八条**　将他人注册商标、未注册的驰名商标作为企业名称中的字号使用，误导公众，构成不正当竞争行为的，依照《中华人民共和国反不正当竞争法》处理。

**第五十九条**　注册商标中含有的本商品的通用名称、图形、型号，或者直接表示商品的质量、主要原料、功能、用途、重量、数量及其他特点，或者含有的地名，注册商标专用权人无权禁止他人正当使用。

三维标志注册商标中含有的商品自身的性质产生的形状、为获得技术效果而需有的商品形状或者使商品具有实质性价值的形状，注册商标专用权人无权禁止他人正当使用。

商标注册人申请商标注册前，他人已经在同一种商品或者类似商品上先于商标注册人使用与注册商标相同或者近似并有一定影响的商标的，注册商标专用权人无权禁止该使用人在原使用范围内继续使用该商标，但可以要求其附加适当区别标识。

**第六十三条**　侵犯商标专用权的赔偿数额，按照权利人因被侵权所受到的实际损失确定；实际损失难以确定的，可以按照侵权人因侵权所获得的利益确定；权利人的损失或者侵权人获得的利益难以确定的，参照该商标许可使用费的倍数合理确定。对恶意侵犯商标专用权，情节严重的，可以在按照上述方法确定数额的一倍以上三倍以下确定赔偿数额。赔偿数额应当包括权利人为制止侵权行为所支付的合理开支。

人民法院为确定赔偿数额，在权利人已经尽力举证，而与侵权行为相关的账簿、资料主要由侵权人掌握的情况下，可以责令侵权人提供与侵权行为相关的账簿、资料；侵权人不提供或者提供虚假的账簿、资料的，人民法院可以参考权利人的主张和提供的证据判定赔偿数额。

权利人因被侵权所受到的实际损失、侵权人因侵权所获得的利益、注册商标许可使用费难以确定的，由人民法院根据侵权行为的情节判决给予三百万元以下的赔偿。

**第六十四条**　注册商标专用权人请求赔偿，被控侵权人以注册商标专用权人未使用注册商标提出抗辩的，人民法院可以要求注册商标专用权人提供此前三年内实际使用该注册商标的证据。注册商标专用权人不能证明此前三年内实际使用过该注册商标，也不能证明因侵权行为受到其他损失的，被控侵权人不承担赔偿责任。

销售不知道是侵犯注册商标专用权的商品，能证明该商品是自己合法取得并说明提供者的，不承担赔偿责任。

# 中华人民共和国专利法（节选）

（1984年3月12日第六届全国人民代表大会常务委员会第四次会议通过 根据1992年9月4日第七届全国人民代表大会常务委员会第二十七次会议《关于修改〈中华人民共和国专利法〉的决定》第一次修正 根据2000年8月25日第九届全国人民代表大会常务委员会第十七次会议《关于修改〈中华人民共和国专利法〉的决定》第二次修正 根据2008年12月27日第十一届全国人民代表大会常务委员会第六次会议《关于修改〈中华人民共和国专利法〉的决定》第三次修正）

**第十条** 专利申请权和专利权可以转让。

中国单位或者个人向外国人、外国企业或者外国其他组织转让专利申请权或者专利权的，应当依照有关法律、行政法规的规定办理手续。

转让专利申请权或者专利权的，当事人应当订立书面合同，并向国务院专利行政部门登记，由国务院专利行政部门予以公告。专利申请权或者专利权的转让自登记之日起生效。

**第二十二条** 授予专利权的发明和实用新型，应当具备新颖性、创造性和实用性。

新颖性，是指该发明或者实用新型不属于现有技术；也没有任何单位或者个人就同样的发明或者实用新型在申请日以前向国务院专利行政部门提出过申请，并记载在申请日以后公布的专利申请文件或者公告的专利文件中。

创造性，是指与现有技术相比，该发明具有突出的实质性特点和显著的进步，该实用新型具有实质性特点和进步。

实用性，是指该发明或者实用新型能够制造或者使用，并且能够产生积极效果。

本法所称现有技术，是指申请日以前在国内外为公众所知的技术。

**第四十条** 实用新型和外观设计专利申请经初步审查没有发现驳回理由的，由国务院专利行政部门作出授予实用新型专利权或者外观设计专利权的决定，发给相应的专利证书，同时予以登记和公告。实用新型专利权和外观设计专利权自公告之日起生效。

**第四十二条** 发明专利权的期限为二十年，实用新型专利权和外观设计专利权的期限为十年，均自申请日起计算。

**第五十九条** 发明或者实用新型专利权的保护范围以其权利要求的内容为准，说明书及附图可以用于解释权利要求的内容。

外观设计专利权的保护范围以表示在图片或者照片中的该产品的外观设计为准，简要说明可以用于解释图片或者照片所表示的该产品的外观设计。

**第六十二条** 在专利侵权纠纷中，被控侵权人有证据证明其实施的技术或者设计属于现有技术或者现有设计的，不构成侵犯专利权。

# 中华人民共和国反不正当竞争法

（1993年9月2日第八届全国人民代表大会常务委员会第三次会议通过
2017年11月4日第十二届全国人民代表大会常务委员会第三十次会议
修订）

## 第一章 总 则

**第一条** 为了促进社会主义市场经济健康发展，鼓励和保护公平竞争，制止不正当竞争行为，保护经营者和消费者的合法权益，制定本法。

**第二条** 经营者在生产经营活动中，应当遵循自愿、平等、公平、诚信的原则，遵守法律和商业道德。本法所称的不正当竞争行为，是指经营者在生产经营活动中，违反本法规定，扰乱市场竞争秩序，损害其他经营者或者消费者的合法权益的行为。本法所称的经营者，是指从事商品生产、经营或者提供服务（以下所称商品包括服务）的自然人、法人和非法人组织。

**第三条** 各级人民政府应当采取措施，制止不正当竞争行为，为公平竞争创造良好的环境和条件。国务院建立反不正当竞争工作协调机制，研究决定反不正当竞争重大政策，协调处理维护市场竞争秩序的重大问题。

**第四条** 县级以上人民政府履行工商行政管理职责的部门对不正当竞争行为进行查处；法律、行政法规规定由其他部门查处的，依照其规定。

**第五条** 国家鼓励、支持和保护一切组织和个人对不正当竞争行为进行社会监督。国家机关及其工作人员不得支持、包庇不正当竞争行为。行业组织应当加强行业自律，引导、规范会员依法竞争，维护市场竞争秩序。

## 第二章 不正当竞争行为

**第六条** 经营者不得实施下列混淆行为，引人误认为是他人商品或者与他人存在特定联系：（一）擅自使用与他人有一定影响的商品名称、包装、装潢等相同或者近似的标识；（二）擅自使用他人有一定影响的企业名称（包括简称、字号等）、社会组织名称（包括简称等）、姓名（包括笔名、艺名、译名等）；（三）擅自使用他人有一定影响的域名主体部分、网站名称、网页等；（四）其他足以引人误认为是他人商品或者与他人存在特定联系的混淆行为。

**第七条** 经营者不得采用财物或者其他手段贿赂下列单位或者个人，以谋取交易机会或者竞争优势：（一）交易相对方的工作人员；（二）受交易相对方委托办理相关事务的单位或者个人；（三）利用职权或者影响力影响交易的单位或者个人。经营者在交易活动中，可以以明示方式向交易相对方支付折扣，或者向中间人支付佣金。经营者向交易相对方支付折扣、向中间人支付佣金的，应当如实入账。接受折扣、佣金的经营者也应当如实入账。经营者的工作人员进行贿赂的，应当认定为经营者的行为；但是，经营者有证据证明该工作人员的行为与为经营者谋取交易机会或者竞争优势无关的除外。

**第八条** 经营者不得对其商品的性能、功能、质量、销售状况、用户评价、曾获荣誉等作虚假或者引人误解的商业宣传，欺骗、误导消费者。经营者不得通过组织虚假交易等方式，帮助其他经营者进行虚假或者引人误解的商业宣传。

**第九条** 经营者不得实施下列侵犯商业秘密的行为：（一）以盗窃、贿赂、欺诈、胁迫或者其他不正当手段获取权利人的商业秘密；（二）披露、使用或者允许他人使用以前项手段获取的权利人的商业秘密；（三）违反约定或者违反权利人有关保守商业秘密的要求，披露、使用或者允许他人使用其所掌握的商业秘密。第三人明知或者应知商业秘密权利人的员工、前员工或者其他单位、个人实施前款所列违法行为，仍获取、披露、使用或者允许他人使用该商业秘密的，视为侵犯商业秘密。本法所称的商业秘密，是指不为公众所知悉、具有商业价值并经权利人采取相应保密措施的技术信息和经营信息。

**第十条** 经营者进行有奖销售不得存在下列情形：（一）所设奖的种类、兑奖条件、奖金金额或者奖品等有奖销售信息不明确，影响兑奖；（二）采用谎称有奖或者故意让内定人员中奖的欺骗方式进行有奖销售；（三）抽奖式的有奖销售，最高奖的金额超过五万元。

**第十一条** 经营者不得编造、传播虚假信息或者误导性信息，损害竞争对手的商业信誉、商品声誉。

**第十二条** 经营者利用网络从事生产经营活动，应当遵守本法的各项规定。经营者不得利用技术手段，通过影响用户选择或者其他方式，实施下列妨碍、破坏其他经营者合法提供的网络产品或者服务正常运行的行为：（一）未经其他经营者同意，在其合法提供的网络产品或者服务中，插入链接、强制进行目标跳转；（二）误导、欺骗、强迫用户修改、关闭、卸载其他经营者合法提供的网络产品或者服务；（三）恶意对其他经营者合法提供的网络产品或者服务实施不兼容；（四）其他妨碍、破坏其他经营者合法提供的网络产品或者服务正常运行的行为。

## 第三章　对涉嫌不正当竞争行为的调查

**第十三条** 监督检查部门调查涉嫌不正当竞争行为，可以采取下列措施：（一）进入涉嫌不正当竞争行为的经营场所进行检查；（二）询问被调查的经营者、利害关系人及其他有关单位、个人，要求其说明有关情况或者提供与被调查行为有关的其他资料；（三）查询、复制与涉嫌不正当竞争行为有关的协议、账簿、单据、文件、记录、业务函电和其他资料；（四）查封、扣押与涉嫌不正当竞争行为有关的财物；（五）查询涉嫌不正当竞争行为的经营者的银行账户。采取前款规定的措施，应当向监督检查部门主要负责人书面报告，并经批准。采取前款第四项、第五项规定的措施，应当向设区的市级以上人民政府监督检查部门主要负责人书面报告，并经批准。

监督检查部门调查涉嫌不正当竞争行为，应当遵守《中华人民共和国行政强制法》和其他有关法律、行政法规的规定，并应当将查处结果及时向社会公开。

**第十四条**　监督检查部门调查涉嫌不正当竞争行为，被调查的经营者、利害关系人及其他有关单位、个人应当如实提供有关资料或者情况。

**第十五条**　监督检查部门及其工作人员对调查过程中知悉的商业秘密负有保密义务。

**第十六条**　对涉嫌不正当竞争行为，任何单位和个人有权向监督检查部门举报，监督检查部门接到举报后应当依法及时处理。监督检查部门应当向社会公开受理举报的电话、信箱或者电子邮件地址，并为举报人保密。对实名举报并提供相关事实和证据的，监督检查部门应当将处理结果告知举报人。

## 第四章　法律责任

**第十七条**　经营者违反本法规定，给他人造成损害的，应当依法承担民事责任。经营者的合法权益受到不正当竞争行为损害的，可以向人民法院提起诉讼。因不正当竞争行为受到损害的经营者的赔偿数额，按照其因被侵权所受到的实际损失确定；实际损失难以计算的，按照侵权人因侵权所获得的利益确定。赔偿数额还应当包括经营者为制止侵权行为所支付的合理开支。经营者违反本法第六条、第九条规定，权利人因被侵权所受到的实际损失、侵权人因侵权所获得的利益难以确定的，由人民法院根据侵权行为的情节判决给予权利人三百万元以下的赔偿。

**第十八条**　经营者违反本法第六条规定实施混淆行为的，由监督检查部门责令停止违法行为，没收违法商品。违法经营额五万元以上的，可以并处违法经营额五倍以下的罚款；没有违法经营额或者违法经营额不足五万元的，可以并处二十五万元以下的罚款。情节严重的，吊销营业执照。经营者登记的企业名称违反本法第六条规定的，应当及时办理名称变更登记；名称变更前，由原企业登记机关以统一社会信用代码代替其名称。

**第十九条**　经营者违反本法第七条规定贿赂他人的，由监督检查部门没收违法所得，处十万元以上三百万元以下的罚款。情节严重的，吊销营业执照。

**第二十条**　经营者违反本法第八条规定对其商品作虚假或者引人误解的商业宣传，或者通过组织虚假交易等方式帮助其他经营者进行虚假或者引人误解的商业宣传的，由监督检查部门责令停止违法行为，处二十万元以上一百万元以下的罚款；情节严重的，处一百万元以上二百万元以下的罚款，可以吊销营业执照。经营者违反本法第八条规定，属于发布虚假广告的，依照《中华人民共和国广告法》的规定处罚。

**第二十一条**　经营者违反本法第九条规定侵犯商业秘密的，由监督检查部门责令停止违法行为，处十万元以上五十万元以下的罚款；情节严重的，处五十万元以上三百万元以下的罚款。

**第二十二条**　经营者违反本法第十条规定进行有奖销售的，由监督检查部门责令停止违法行为，处五万元以上五十万元以下的罚款。

**第二十三条**　经营者违反本法第十一条规定损害竞争对手商业信誉、商品声誉的，由监督检查部门责令停止违法行为、消除影响，处十万元以上五十万元以下的罚款；情节严重的，处五十万元以上三百万元以下的罚款。

**第二十四条** 经营者违反本法第十二条规定妨碍、破坏其他经营者合法提供的网络产品或者服务正常运行的，由监督检查部门责令停止违法行为，处十万元以上五十万元以下的罚款；情节严重的，处五十万元以上三百万元以下的罚款。

**第二十五条** 经营者违反本法规定从事不正当竞争，有主动消除或者减轻违法行为危害后果等法定情形的，依法从轻或者减轻行政处罚；违法行为轻微并及时纠正，没有造成危害后果的，不予行政处罚。

**第二十六条** 经营者违反本法规定从事不正当竞争，受到行政处罚的，由监督检查部门记入信用记录，并依照有关法律、行政法规的规定予以公示。

**第二十七条** 经营者违反本法规定，应当承担民事责任、行政责任和刑事责任，其财产不足以支付的，优先用于承担民事责任。

**第二十八条** 妨害监督检查部门依照本法履行职责，拒绝、阻碍调查的，由监督检查部门责令改正，对个人可以处五千元以下的罚款，对单位可以处五万元以下的罚款，并可以由公安机关依法给予治安管理处罚。

**第二十九条** 当事人对监督检查部门作出的决定不服的，可以依法申请行政复议或者提起行政诉讼。

**第三十条** 监督检查部门的工作人员滥用职权、玩忽职守、徇私舞弊或者泄露调查过程中知悉的商业秘密的，依法给予处分。

**第三十一条** 违反本法规定，构成犯罪的，依法追究刑事责任。

### 第五章 附 则

**第三十二条** 本法自2018年1月1日起施行。

## 中华人民共和国合同法（节选）

（1999年3月15日第九届全国人民代表大会第二次会议通过 自1999年10月1日起施行）

**第十条** 当事人订立合同，有书面形式、口头形式和其他形式。

法律、行政法规规定采用书面形式的，应当采用书面形式。当事人约定采用书面形式的，应当采用书面形式。

**第六十条** 当事人应当按照约定全面履行自己的义务。

当事人应当遵循诚实信用原则，根据合同的性质、目的和交易习惯履行通知、协助、保密等义务。

**第九十四条** 有下列情形之一的，当事人可以解除合同：

（一）因不可抗力致使不能实现合同目的；

（二）在履行期限届满之前，当事人一方明确表示或者以自己的行为表明不履行主要债务；

（三）当事人一方迟延履行主要债务，经催告后在合理期限内仍未履行；

（四）当事人一方迟延履行债务或者有其他违约行为致使不能实现合同目的；

（五）法律规定的其他情形。

**第一百零七条**　当事人一方不履行合同义务或者履行合同义务不符合约定的，应当承担继续履行、采取补救措施或者赔偿损失等违约责任。

**第一百零九条**　当事人一方未支付价款或者报酬的，对方可以要求其支付价款或者报酬。

## 中华人民共和国侵权责任法（节选）

（2009年12月26日第十一届全国人民代表大会常务委员会第十二次会议通过　自2010年7月1日起施行）

**第六条**　行为人因过错侵害他人民事权益，应当承担侵权责任。

根据法律规定推定行为人有过错，行为人不能证明自己没有过错的，应当承担侵权责任。

**第十五条**　承担侵权责任的方式主要有：

（一）停止侵害；

（二）排除妨碍；

（三）消除危险；

（四）返还财产；

（五）恢复原状；

（六）赔偿损失；

（七）赔礼道歉；

（八）消除影响、恢复名誉。

以上承担侵权责任的方式，可以单独适用，也可以合并适用。

## 中华人民共和国民事诉讼法（节选）

（1991年4月9日第七届全国人民代表大会第四次会议通过　根据2007年10月28日第十届全国人民代表大会常务委员会第三十次会议《关于修改〈中华人民共和国民事诉讼法〉的决定》第一次修正　根据2012年8月31日第十一届全国人民代表大会常务委员会第二十八次会议《关于修改〈中华人民共和国民事诉讼法〉的决定》第二次修正　根据2017年

6月27日第十二届全国人民代表大会常务委员会第二十八次会议《关于修改〈中华人民共和国民事诉讼法〉和〈中华人民共和国行政诉讼法〉的决定》第三次修正）

**第二十八条** 因侵权行为提起的诉讼，由侵权行为地或者被告住所地人民法院管辖。

**第五十一条** 原告可以放弃或者变更诉讼请求。被告可以承认或者反驳诉讼请求，有权提起反诉。

**第五十二条** 当事人一方或者双方为二人以上，其诉讼标的是共同的，或者诉讼标的是同一种类、人民法院认为可以合并审理并经当事人同意的，为共同诉讼。

**第六十四条** 当事人对自己提出的主张，有责任提供证据。

当事人及其诉讼代理人因客观原因不能自行收集的证据，或者人民法院认为审理案件需要的证据，人民法院应当调查收集。

人民法院应当按照法定程序，全面地、客观地审查核实证据。

## 中华人民共和国著作权法实施条例（节选）

（2002年8月2日中华人民共和国国务院令第359号公布　根据2011年1月8日《国务院关于废止和修改部分行政法规的决定》第一次修订　根据2013年1月30日《国务院关于修改〈中华人民共和国著作权法实施条例〉的决定》第二次修订）

**第四条** 著作权法和本条例中下列作品的含义：

（一）文字作品，是指小说、诗词、散文、论文等以文字形式表现的作品；

（二）口述作品，是指即兴的演说、授课、法庭辩论等以口头语言形式表现的作品；

（三）音乐作品，是指歌曲、交响乐等能够演唱或者演奏的带词或者不带词的作品；

（四）戏剧作品，是指话剧、歌剧、地方戏等供舞台演出的作品；

（五）曲艺作品，是指相声、快书、大鼓、评书等以说唱为主要形式表演的作品；

（六）舞蹈作品，是指通过连续的动作、姿势、表情等表现思想情感的作品；

（七）杂技艺术作品，是指杂技、魔术、马戏等通过形体动作和技巧表现的作品；

（八）美术作品，是指绘画、书法、雕塑等以线条、色彩或者其他方式构成的有审美意义的平面或者立体的造型艺术作品；

（九）建筑作品，是指以建筑物或者构筑物形式表现的有审美意义的作品；

（十）摄影作品，是指借助器械在感光材料或者其他介质上记录客观物体形象的艺术作品；

（十一）电影作品和以类似摄制电影的方法创作的作品，是指摄制在一定介质上，由一系列有伴音或者无伴音的画面组成，并且借助适当装置放映或者以其他方式传播的作品；

（十二）图形作品，是指为施工、生产绘制的工程设计图、产品设计图，以及反映地理现象、说明事物原理或者结构的地图、示意图等作品；

（十三）模型作品，是指为展示、试验或者观测等用途，根据物体的形状和结构，按照一定比例制成的立体作品。

**第六条** 著作权自作品创作完成之日起产生。

**第九条** 合作作品不可以分割使用的，其著作权由各合作作者共同享有，通过协商一致行使；不能协商一致，又无正当理由的，任何一方不得阻止他方行使除转让以外的其他权利，但是所得收益应当合理分配给所有合作作者。

**第十条** 著作权人许可他人将其作品摄制成电影作品和以类似摄制电影的方法创作的作品的，视为已同意对其作品进行必要的改动，但是这种改动不得歪曲篡改原作品。

**第二十一条** 依照著作权法有关规定，使用可以不经著作权人许可的已经发表的作品的，不得影响该作品的正常使用，也不得不合理地损害著作权人的合法利益。

## 信息网络传播权保护条例（节选）

（2006年5月18日中华人民共和国国务院令第468号公布　根据2013年1月30日《国务院关于修改〈信息网络传播权保护条例〉的决定》修订）

**第二条** 权利人享有的信息网络传播权受著作权法和本条例保护。除法律、行政法规另有规定的外，任何组织或者个人将他人的作品、表演、录音录像制品通过信息网络向公众提供，应当取得权利人许可，并支付报酬。

## 最高人民法院<br>关于审理著作权民事纠纷案件适用法律若干问题的解释（节选）

法释〔2002〕31号

（2002年10月12日由最高人民法院审判委员会第1246次会议通过　2002年10月12日公布　自2002年10月15日起施行）

**第七条** 当事人提供的涉及著作权的底稿、原件、合法出版物、著作权登记证书、认证机构出具的证明、取得权利的合同等，可以作为证据。

在作品或者制品上署名的自然人、法人或者其他组织视为著作权、与著作权有关权益的权利人，但有相反证明的除外。

**第十九条** 出版者、制作者应当对其出版、制作有合法授权承担举证责任，发行者、出租者应当对其发行或者出租的复制品有合法来源承担举证责任。举证不能的，依据著作权法第四十六条、第四十七条的相应规定承担法律责任。

**第二十条** 出版物侵犯他人著作权的，出版者应当根据其过错、侵权程度及损害后果等承担民事赔偿责任。

出版者对其出版行为的授权、稿件来源和署名、所编辑出版物的内容等未尽到合理注意义务的，依据著作权法第四十八条的规定，承担赔偿责任。

出版者尽了合理注意义务，著作权人也无证据证明出版者应当知道其出版涉及侵权的，依据民法通则第一百一十七条第一款的规定，出版者承担停止侵权、返还其侵权所得利润的民事责任。

出版者所尽合理注意义务情况，由出版者承担举证责任。

**第二十五条** 权利人的实际损失或者侵权人的违法所得无法确定的，人民法院根据当事人的请求或者依职权适用著作权法第 48 条第 2 款的规定确定赔偿数额。

人民法院在确定赔偿数额时，应当考虑作品类型、合理使用费、侵权行为性质、后果等情节综合确定。

当事人按照本条第一款的规定就赔偿数额达成协议的，应当准许。

**第二十七条** 在著作权法修改决定施行前发生的侵犯著作权行为起诉的案件，人民法院于该决定施行后作出判决的，可以参照适用著作权法第 48 条的规定。

**第三十一条** 除本解释另行规定外，2001 年 10 月 27 日以后人民法院受理的著作权民事纠纷案件，涉及 2001 年 10 月 27 日前发生的民事行为的，适用修改前著作权法的规定；涉及该日期以后发生的民事行为的，适用修改后著作权法的规定；涉及该日期前发生，持续到该日期后的民事行为的，适用修改后著作权法的规定。

## 最高人民法院<br>关于审理商标民事纠纷案件适用法律若干问题的解释（节选）

法释〔2002〕32 号

（2002 年 10 月 12 日最高人民法院审判委员会第 1246 次会议通过 2002 年 10 月 12 日公布 自 2002 年 10 月 16 日起施行）

**第一条** 下列行为属于商标法第五十二条第（五）项规定的给他人注册商标专用权造成其他损害的行为：

（一）将与他人注册商标相同或者相近似的文字作为企业的字号在相同或者类似商品上突出使用，容易使相关公众产生误认的；

（二）复制、摹仿、翻译他人注册的驰名商标或其主要部分在不相同或者不相类似商品上作为商标使用，误导公众，致使该驰名商标注册人的利益可能受到损害的；

（三）将与他人注册商标相同或者相近似的文字注册为域名，并且通过该域名进行相关商品交易的电子商务，容易使相关公众产生误认的。

**第十一条** 商标法第五十七条第（一）项规定的类似商品，是指在功能、用途、生产部门、销售渠道、消费对象等方面相同，或者相关公众一般认为其存在特定联系、容易造成混淆的商品。

类似服务，是指在服务的目的、内容、方式、对象等方面相同，或者相关公众一般认为存在特定联系、容易造成混淆的服务。

商品与服务类似，是指商品和服务之间存在特定联系，容易使相关公众混淆。

**第十六条** 侵权人因侵权所获得的利益或者被侵权人因被侵权所受到的损失均难以确定的，人民法院可以根据当事人的请求或者依职权适用商标法第56条第2款的规定确定赔偿数额。

人民法院在确定赔偿数额时，应当考虑侵权行为的性质、期间、后果，商标的声誉，商标使用许可费的数额，商标使用许可的种类、时间、范围及制止侵权行为的合理开支等因素综合确定。

当事人按照本条第一款的规定就赔偿数额达成协议的，应当准许。

**第十七条** 商标法第五十六条第一款规定的制止侵权行为所支付的合理开支，包括权利人或者委托代理人对侵权行为进行调查、取证的合理费用。

人民法院根据当事人的诉讼请求和案件具体情况，可以将符合国家有关部门规定的律师费用计算在赔偿范围内。

**第二十一条** 人民法院在审理侵犯注册商标专用权纠纷案件中，依据民法通则第一百三十四条、商标法第五十三条的规定和案件具体情况，可以判决侵权人承担停止侵害、排除妨碍、消除危险、赔偿损失、消除影响等民事责任，还可以作出罚款，收缴侵权商品、伪造的商标标识和专门用于生产侵权商品的材料、工具、设备等财物的民事制裁决定。罚款数额可以参照《中华人民共和国商标法实施条例》的有关规定确定。

工商行政管理部门对同一侵犯注册商标专用权行为已经给予行政处罚的，人民法院不再予以民事制裁。

## 最高人民法院
## 关于审理侵犯植物新品种权纠纷案件具体应用法律问题的若干规定
## （节选）

法释〔2007〕1号

（2006年12月25日最高人民法院审判委员会第1411次会议通过　2007年1月12日公布　自2007年2月1日起施行）

**第二条**　未经品种权人许可，为商业目的生产或销售授权品种的繁殖材料，或者为商业目的将授权品种的繁殖材料重复使用于生产另一品种的繁殖材料的，人民法院应当认定为侵犯植物新品种权。

被控侵权物的特征、特性与授权品种的特征、特性相同，或者特征、特性的不同是因非遗传变异所致的，人民法院一般应当认定被控侵权物属于商业目的生产或者销售授权品种的繁殖材料。

被控侵权人重复以授权品种的繁殖材料为亲本与其他亲本另行繁殖的，人民法院一般应当认定属于商业目的将授权品种的繁殖材料重复使用于生产另一品种的繁殖材料。

**第六条**　人民法院审理侵犯植物新品种权纠纷案件，应当依照民法通则第一百三十四条的规定，结合案件具体情况，判决侵权人承担停止侵害、赔偿损失等民事责任。

人民法院可以根据被侵权人的请求，按照被侵权人因侵权所受损失或者侵权人因侵权所得利益确定赔偿数额。被侵权人请求按照植物新品种实施许可费确定赔偿数额的，人民法院可以根据植物新品种实施许可的种类、时间、范围等因素，参照该植物新品种实施许可费合理确定赔偿数额。

依照前款规定难以确定赔偿数额的，人民法院可以综合考虑侵权的性质、期间、后果，植物新品种实施许可费的数额，植物新品种实施许可的种类、时间、范围及被侵权人调查、制止侵权所支付的合理费用等因素，在50万元以下确定赔偿数额。

# 最高人民法院
# 关于审理不正当竞争民事案件应用法律若干问题的解释（节选）

## 法释〔2007〕2号

（2006年12月30日最高人民法院审判委员会第1412次会议通过 2007年1月12日公布 自2007年2月1日起施行）

**第一条** 在中国境内具有一定的市场知名度，为相关公众所知悉的商品，应当认定为反不正当竞争法第五条第（二）项规定的“知名商品”。人民法院认定知名商品，应当考虑该商品的销售时间、销售区域、销售额和销售对象，进行任何宣传的持续时间、程度和地域范围，作为知名商品受保护的情况等因素，进行综合判断。原告应当对其商品的市场知名度负举证责任。

在不同地域范围内使用相同或者近似的知名商品特有的名称、包装、装潢，在后使用者能够证明其善意使用的，不构成反不正当竞争法第五条第（二）项规定的不正当竞争行为。因后来的经营活动进入相同地域范围而使其商品来源足以产生混淆，在先使用者请求责令在后使用者附加足以区别商品来源的其他标识的，人民法院应当予以支持。

**第二条** 具有区别商品来源的显著特征的商品的名称、包装、装潢，应当认定为反不正当竞争法第五条第（二）项规定的“特有的名称、包装、装潢”。有下列情形之一的，人民法院不认定为知名商品特有的名称、包装、装潢：

（一）商品的通用名称、图形、型号；

（二）仅仅直接表示商品的质量、主要原料、功能、用途、重量、数量及其他特点的商品名称；

（三）仅由商品自身的性质产生的形状，为获得技术效果而需有的商品形状以及使商品具有实质性价值的形状；

（四）其他缺乏显著特征的商品名称、包装、装潢。

前款第（一）、（二）、（四）项规定的情形经过使用取得显著特征的，可以认定为特有的名称、包装、装潢。

知名商品特有的名称、包装、装潢中含有本商品的通用名称、图形、型号，或者直接表示商品的质量、主要原料、功能、用途、重量、数量以及其他特点，或者含有地名，他人因客观叙述商品而正当使用的，不构成不正当竞争行为。

**第四条** 足以使相关公众对商品的来源产生误认，包括误认为与知名商品的经营者具有许可使用、关联企业关系等特定联系的，应当认定为反不正当竞争法第五条第（二）项规定的“造成和他人的知名商品相混淆，使购买者误认为是该知名商品”。

在相同商品上使用相同或者视觉上基本无差别的商品名称、包装、装潢，应当视为足以造成和他人知名商品相混淆。

认定与知名商品特有名称、包装、装潢相同或者近似，可以参照商标相同或者近似的判断原则和方法。

**第六条** 企业登记主管机关依法登记注册的企业名称，以及在中国境内进行商业使用的外国（地区）企业名称，应当认定为反不正当竞争法第五条第（三）项规定的"企业名称"。具有一定的市场知名度、为相关公众所知悉的企业名称中的字号，可以认定为反不正当竞争法第五条第（三）项规定的"企业名称"。

在商品经营中使用的自然人的姓名，应当认定为反不正当竞争法第五条第（三）项规定的"姓名"。具有一定的市场知名度、为相关公众所知悉的自然人的笔名、艺名等，可以认定为反不正当竞争法第五条第（三）项规定的"姓名"。

**第七条** 在中国境内进行商业使用，包括将知名商品特有的名称、包装、装潢或者企业名称、姓名用于商品、商品包装以及商品交易文书上，或者用于广告宣传、展览以及其他商业活动中，应当认定为反不正当竞争法第五条第（二）项、第（三）项规定的"使用"。

**第八条** 经营者具有下列行为之一，足以造成相关公众误解的，可以认定为反不正当竞争法第九条第一款规定的引人误解的虚假宣传行为：

（一）对商品作片面的宣传或者对比的；

（二）将科学上未定论的观点、现象等当作定论的事实用于商品宣传的；

（三）以歧义性语言或者其他引人误解的方式进行商品宣传的。

以明显的夸张方式宣传商品，不足以造成相关公众误解的，不属于引人误解的虚假宣传行为。

人民法院应当根据日常生活经验、相关公众一般注意力、发生误解的事实和被宣传对象的实际情况等因素，对引人误解的虚假宣传行为进行认定。

**第九条** 有关信息不为其所属领域的相关人员普遍知悉和容易获得，应当认定为反不正当竞争法第十条第三款规定的"不为公众所知悉"。

具有下列情形之一的，可以认定有关信息不构成不为公众所知悉：

（一）该信息为其所属技术或者经济领域的人的一般常识或者行业惯例；

（二）该信息仅涉及产品的尺寸、结构、材料、部件的简单组合等内容，进入市场后相关公众通过观察产品即可直接获得；

（三）该信息已经在公开出版物或者其他媒体上公开披露；

（四）该信息已通过公开的报告会、展览等方式公开；

（五）该信息从其他公开渠道可以获得；

（六）该信息无需付出一定的代价而容易获得。

**第十条** 有关信息具有现实的或者潜在的商业价值，能为权利人带来竞争优势的，应当认定为反不正当竞争法第十条第三款规定的"能为权利人带来经济利益、具有实用性"。

**第十一条** 权利人为防止信息泄漏所采取的与其商业价值等具体情况相适应的合理保护措施，应当认定为反不正当竞争法第十条第三款规定的"保密措施"。

人民法院应当根据所涉信息载体的特性、权利人保密的意愿、保密措施的可识别程度、他人通过正当方式获得的难易程度等因素，认定权利人是否采取了保密措施。

具有下列情形之一，在正常情况下足以防止涉密信息泄漏的，应当认定权利人采取了保密措施：

（一）限定涉密信息的知悉范围，只对必须知悉的相关人员告知其内容；

（二）对于涉密信息载体采取加锁等防范措施；

（三）在涉密信息的载体上标有保密标志；

（四）对于涉密信息采用密码或者代码等；

（五）签订保密协议；

（六）对于涉密的机器、厂房、车间等场所限制来访者或者提出保密要求；

（七）确保信息秘密的其他合理措施。

**第十三条** 商业秘密中的客户名单，一般是指客户的名称、地址、联系方式以及交易的习惯、意向、内容等构成的区别于相关公知信息的特殊客户信息，包括汇集众多客户的客户名册，以及保持长期稳定交易关系的特定客户。

客户基于对职工个人的信赖而与职工所在单位进行市场交易，该职工离职后，能够证明客户自愿选择与自己或者其新单位进行市场交易的，应当认定没有采用不正当手段，但职工与原单位另有约定的除外。

**第十四条** 当事人指称他人侵犯其商业秘密的，应当对其拥有的商业秘密符合法定条件、对方当事人的信息与其商业秘密相同或者实质相同以及对方当事人采取不正当手段的事实负举证责任。其中，商业秘密符合法定条件的证据，包括商业秘密的载体、具体内容、商业价值和对该项商业秘密所采取的具体保密措施等。

**第十六条** 人民法院对于侵犯商业秘密行为判决停止侵害的民事责任时，停止侵害的时间一般持续到该项商业秘密已为公众知悉时为止。

依据前款规定判决停止侵害的时间如果明显不合理的，可以在依法保护权利人该项商业秘密竞争优势的情况下，判决侵权人在一定期限或者范围内停止使用该项商业秘密。

**第十七条** 确定反不正当竞争法第十条规定的侵犯商业秘密行为的损害赔偿额，可以参照确定侵犯专利权的损害赔偿额的方法进行；确定反不正当竞争法第五条、第九条、第十四条规定的不正当竞争行为的损害赔偿额，可以参照确定侵犯注册商标专用权的损害赔偿额的方法进行。

因侵权行为导致商业秘密已为公众所知悉的，应当根据该项商业秘密的商业价值确定损害赔偿额。商业秘密的商业价值，根据其研究开发成本、实施该项商业秘密的收益、可得利益、可保持竞争优势的时间等因素确定。

## 最高人民法院
## 关于审理注册商标、企业名称与在先权利冲突的民事纠纷案件若干问题的规定（节选）

法释〔2008〕3号

（2008年2月18日最高人民法院审判委员会第1444次会议通过　2008年2月18日公布　自2008年3月1日起施行）

**第三条**　人民法院应当根据原告的诉讼请求和争议民事法律关系的性质，按照《民事案件案由规定（试行）》，确定注册商标或者企业名称与在先权利冲突的民事纠纷案件的案由，并适用相应的法律。

**第四条**　被诉企业名称侵犯注册商标专用权或者构成不正当竞争的，人民法院可以根据原告的诉讼请求和案件具体情况，确定被告承担停止使用、规范使用等民事责任。

## 最高人民法院
## 关于适用《中华人民共和国合同法》若干问题的解释（二）（节选）

法释〔2009〕5号

（2009年2月9日最高人民法院审判委员会第1462次会议通过　2009年4月24日公布　自2009年5月13日起施行）

**第二条**　当事人未以书面形式或者口头形式订立合同，但从双方从事的民事行为能够推定双方有订立合同意愿的，人民法院可以认定是以合同法第10条第1款中的“其他形式”订立的合同。但法律另有规定的除外。

**第二十九条**　当事人主张约定的违约金过高请求予以适当减少的，人民法院应当以实际损失为基础，兼顾合同的履行情况、当事人的过错程度以及预期利益等综合因素，根据公平原则和诚实信用原则予以衡量，并作出裁决。

当事人约定的违约金超过造成损失的百分之三十的，一般可以认定为合同法第一百一十四条第二款规定的“过分高于造成的损失”。

## 最高人民法院<br>关于审理侵犯专利权纠纷案件应用法律若干问题的解释（节选）

法释〔2009〕21号

（2009年12月21日最高人民法院审判委员会第1480次会议通过　2009年12月28日公布　自2010年1月1日起施行）

**第二条**　人民法院应当根据权利要求的记载，结合本领域普通技术人员阅读说明书及附图后对权利要求的理解，确定专利法第五十九条第一款规定的权利要求的内容。

**第七条**　人民法院判定被诉侵权技术方案是否落入专利权的保护范围，应当审查权利人主张的权利要求所记载的全部技术特征。

被诉侵权技术方案包含与权利要求记载的全部技术特征相同或者等同的技术特征的，人民法院应当认定其落入专利权的保护范围；被诉侵权技术方案的技术特征与权利要求记载的全部技术特征相比，缺少权利要求记载的一个以上的技术特征，或者有一个以上技术特征不相同也不等同的，人民法院应当认定其没有落入专利权的保护范围。

**第十四条**　被诉落入专利权保护范围的全部技术特征，与一项现有技术方案中的相应技术特征相同或者无实质性差异的，人民法院应当认定被诉侵权人实施的技术属于专利法第62条规定的现有技术。

被诉侵权设计与一个现有设计相同或者无实质性差异的，人民法院应当认定被诉侵权人实施的设计属于专利法第六十二条规定的现有设计。

## 最高人民法院<br>关于审理侵害信息网络传播权民事纠纷案件适用法律若干问题的规定（节选）

法释〔2012〕20号

（2012年11月26日最高人民法院审判委员会第1561次会议通过　2012年12月17日公布　自2013年1月1日起施行）

**第三条**　网络用户、网络服务提供者未经许可，通过信息网络提供权利人享有信息网络传播权的作品、表演、录音录像制品，除法律、行政法规另有规定外，人民法院应当认定其构成侵害信息网络传播权行为。

通过上传到网络服务器、设置共享文件或者利用文件分享软件等方式，将作品、表演、录音录像制品置于信息网络中，使公众能够在个人选定的时间和地点以下载、浏览或者其他方式获得的，人民法院应当认定其实施了前款规定的提供行为。

## 最高人民法院
## 关于审理专利纠纷案件适用法律问题的若干规定（节选）

法释〔2015〕4号

（2001年6月19日最高人民法院审判委员会第1180次会议通过　根据2013年2月25日最高人民法院审判委员会第1570次会议通过的《最高人民法院关于修改〈最高人民法院关于审理专利纠纷案件适用法律问题的若干规定〉的决定》第一次修正　根据2015年1月19日最高人民法院审判委员会第1641次会议通过的《最高人民法院关于修改〈最高人民法院关于审理专利纠纷案件适用法律问题的若干规定〉的决定》第二次修正　该修正自2015年2月1日起施行）

**第六条**　原告仅对侵权产品制造者提起诉讼，未起诉销售者，侵权产品制造地与销售地不一致的，制造地人民法院有管辖权；以制造者与销售者为共同被告起诉的，销售地人民法院有管辖权。

销售者是制造者分支机构，原告在销售地起诉侵权产品制造者制造、销售行为的，销售地人民法院有管辖权。

**第十七条**　专利法第五十九条第一款所称的“发明或者实用新型专利权的保护范围以其权利要求的内容为准，说明书及附图可以用于解释权利要求的内容”，是指专利权的保护范围应当以权利要求记载的全部技术特征所确定的范围为准，也包括与该技术特征相等同的特征所确定的范围。

等同特征，是指与所记载的技术特征以基本相同的手段，实现基本相同的功能，达到基本相同的效果，并且本领域普通技术人员在被诉侵权行为发生时无需经过创造性劳动就能够联想到的特征。

## 最高人民法院
## 关于审理侵犯专利权纠纷案件应用法律若干问题的解释（二）

法释〔2016〕1号

（2016年1月25日最高人民法院审判委员会第1676次会议通过　2016年3月21日公布　自2016年4月1日起施行）

为正确审理侵犯专利权纠纷案件，根据《中华人民共和国专利法》《中华人民共和国侵权责任法》《中华人民共和国民事诉讼法》等有关法律规定，结合审判实践，制定本解释。

**第一条**　权利要求书有两项以上权利要求的，权利人应当在起诉状中载明据以起诉被诉侵权人侵犯其专利权的权利要求。起诉状对此未记载或者记载不明的，人民法院应当要求权利人明确。经释明，权利人仍不予明确的，人民法院可以裁定驳回起诉。

**第二条**　权利人在专利侵权诉讼中主张的权利要求被专利复审委员会宣告无效的，审理侵犯专利权纠纷案件的人民法院可以裁定驳回权利人基于该无效权利要求的起诉。

有证据证明宣告上述权利要求无效的决定被生效的行政判决撤销的，权利人可以另行起诉。

专利权人另行起诉的，诉讼时效期间从本条第二款所称行政判决书送达之日起计算。

**第三条**　因明显违反专利法第二十六条第三款、第四款导致说明书无法用于解释权利要求，且不属于本解释第四条规定的情形，专利权因此被请求宣告无效的，审理侵犯专利权纠纷案件的人民法院一般应当裁定中止诉讼；在合理期限内专利权未被请求宣告无效的，人民法院可以根据权利要求的记载确定专利权的保护范围。

**第四条**　权利要求书、说明书及附图中的语法、文字、标点、图形、符号等存有歧义，但本领域普通技术人员通过阅读权利要求书、说明书及附图可以得出唯一理解的，人民法院应当根据该唯一理解予以认定。

**第五条**　在人民法院确定专利权的保护范围时，独立权利要求的前序部分、特征部分以及从属权利要求的引用部分、限定部分记载的技术特征均有限定作用。

**第六条**　人民法院可以运用与涉案专利存在分案申请关系的其他专利及其专利审查档案、生效的专利授权确权裁判文书解释涉案专利的权利要求。

专利审查档案，包括专利审查、复审、无效程序中专利申请人或者专利权人提交的书面材料，国务院专利行政部门及其专利复审委员会制作的审查意见通知书、会晤记录、口头审理记录、生效的专利复审请求审查决定书和专利权无效宣告请求审查决定书等。

**第七条**　被诉侵权技术方案在包含封闭式组合物权利要求全部技术特征的基础上增加其他技术特征的，人民法院应当认定被诉侵权技术方案未落入专利权的保护范围，但该增加的技术特征属于不可避免的常规数量杂质的除外。

前款所称封闭式组合物权利要求，一般不包括中药组合物权利要求。

**第八条**　功能性特征，是指对于结构、组分、步骤、条件或其之间的关系等，通过其在发明创造中所起的功能或者效果进行限定的技术特征，但本领域普通技术人员仅通过阅读权利要求即可直接、明确地确定实现上述功能或者效果的具体实施方式的除外。

与说明书及附图记载的实现前款所称功能或者效果不可缺少的技术特征相比，被诉侵权技术方案的相应技术特征是以基本相同的手段，实现相同的功能，达到相同的效果，且本领域普通技术人员在被诉侵权行为发生时无需经过创造性劳动就能够联想到的，人民法院应当认定该相应技术特征与功能性特征相同或者等同。

**第九条** 被诉侵权技术方案不能适用于权利要求中使用环境特征所限定的使用环境的，人民法院应当认定被诉侵权技术方案未落入专利权的保护范围。

**第十条** 对于权利要求中以制备方法界定产品的技术特征，被诉侵权产品的制备方法与其不相同也不等同的，人民法院应当认定被诉侵权技术方案未落入专利权的保护范围。

**第十一条** 方法权利要求未明确记载技术步骤的先后顺序，但本领域普通技术人员阅读权利要求书、说明书及附图后直接、明确地认为该技术步骤应当按照特定顺序实施的，人民法院应当认定该步骤顺序对于专利权的保护范围具有限定作用。

**第十二条** 权利要求采用“至少”“不超过”等用语对数值特征进行界定，且本领域普通技术人员阅读权利要求书、说明书及附图后认为专利技术方案特别强调该用语对技术特征的限定作用，权利人主张与其不相同的数值特征属于等同特征的，人民法院不予支持。

**第十三条** 权利人证明专利申请人、专利权人在专利授权确权程序中对权利要求书、说明书及附图的限缩性修改或者陈述被明确否定的，人民法院应当认定该修改或者陈述未导致技术方案的放弃。

**第十四条** 人民法院在认定一般消费者对于外观设计所具有的知识水平和认知能力时，一般应当考虑被诉侵权行为发生时授权外观设计所属相同或者相近种类产品的设计空间。设计空间较大的，人民法院可以认定一般消费者通常不容易注意到不同设计之间的较小区别；设计空间较小的，人民法院可以认定一般消费者通常更容易注意到不同设计之间的较小区别。

**第十五条** 对于成套产品的外观设计专利，被诉侵权设计与其一项外观设计相同或者近似的，人民法院应当认定被诉侵权设计落入专利权的保护范围。

**第十六条** 对于组装关系唯一的组件产品的外观设计专利，被诉侵权设计与其组合状态下的外观设计相同或者近似的，人民法院应当认定被诉侵权设计落入专利权的保护范围。

对于各构件之间无组装关系或者组装关系不唯一的组件产品的外观设计专利，被诉侵权设计与其全部单个构件的外观设计均相同或者近似的，人民法院应当认定被诉侵权设计落入专利权的保护范围；被诉侵权设计缺少其单个构件的外观设计或者与之不相同也不近似的，人民法院应当认定被诉侵权设计未落入专利权的保护范围。

**第十七条** 对于变化状态产品的外观设计专利，被诉侵权设计与变化状态图所示各种使用状态下的外观设计均相同或者近似的，人民法院应当认定被诉侵权设计落入专利权的保护范围；被诉侵权设计缺少其一种使用状态下的外观设计或者与之不相同也不近似的，人民法院应当认定被诉侵权设计未落入专利权的保护范围。

**第十八条** 权利人依据专利法第十三条诉请在发明专利申请公布日至授权公告日期间实施该发明的单位或者个人支付适当费用的，人民法院可以参照有关专利许可使用费合理确定。

发明专利申请公布时申请人请求保护的范围与发明专利公告授权时的专利权保护范围不一致，被诉技术方案均落入上述两种范围的，人民法院应当认定被告在前款所称期间内实施了该发明；被诉技术方案仅落入其中一种范围的，人民法院应当认定被告在前款所称期间内未实施该发明。

发明专利公告授权后，未经专利权人许可，为生产经营目的使用、许诺销售、销售在本条第一款所称期间内已由他人制造、销售、进口的产品，且该他人已支付或者书面承诺支付专利法第十三条规定的适当费用的，对于权利人关于上述使用、许诺销售、销售行为侵犯专利权的主张，人民法院不予支持。

**第十九条**　产品买卖合同依法成立的，人民法院应当认定属于专利法第十一条规定的销售。

**第二十条**　对于将依照专利方法直接获得的产品进一步加工、处理而获得的后续产品，进行再加工、处理的，人民法院应当认定不属于专利法第十一条规定的“使用依照该专利方法直接获得的产品”。

**第二十一条**　明知有关产品系专门用于实施专利的材料、设备、零部件、中间物等，未经专利权人许可，为生产经营目的将该产品提供给他人实施了侵犯专利权的行为，权利人主张该提供者的行为属于侵权责任法第九条规定的帮助他人实施侵权行为的，人民法院应予支持。

明知有关产品、方法被授予专利权，未经专利权人许可，为生产经营目的积极诱导他人实施了侵犯专利权的行为，权利人主张该诱导者的行为属于侵权责任法**第九条**规定的教唆他人实施侵权行为的，人民法院应予支持。

**第二十二条**　对于被诉侵权人主张的现有技术抗辩或者现有设计抗辩，人民法院应当依照专利申请日时施行的专利法界定现有技术或者现有设计。

**第二十三条**　被诉侵权技术方案或者外观设计落入在先的涉案专利权的保护范围，被诉侵权人以其技术方案或者外观设计被授予专利权为由抗辩不侵犯涉案专利权的，人民法院不予支持。

**第二十四条**　推荐性国家、行业或者地方标准明示所涉必要专利的信息，被诉侵权人以实施该标准无需专利权人许可为由抗辩不侵犯该专利权的，人民法院一般不予支持。

推荐性国家、行业或者地方标准明示所涉必要专利的信息，专利权人、被诉侵权人协商该专利的实施许可条件时，专利权人故意违反其在标准制定中承诺的公平、合理、无歧视的许可义务，导致无法达成专利实施许可合同，且被诉侵权人在协商中无明显过错的，对于权利人请求停止标准实施行为的主张，人民法院一般不予支持。

本条第二款所称实施许可条件，应当由专利权人、被诉侵权人协商确定。经充分协商，仍无法达成一致的，可以请求人民法院确定。人民法院在确定上述实施许可条件时，应当根据公平、合理、无歧视的原则，综合考虑专利的创新程度及其在标准中的作用、标准所属的技术领域、标准的性质、标准实施的范围和相关的许可条件等因素。

法律、行政法规对实施标准中的专利另有规定的，从其规定。

**第二十五条** 为生产经营目的使用、许诺销售或者销售不知道是未经专利权人许可而制造并售出的专利侵权产品，且举证证明该产品合法来源的，对于权利人请求停止上述使用、许诺销售、销售行为的主张，人民法院应予支持，但被诉侵权产品的使用者举证证明其已支付该产品的合理对价的除外。

本条第一款所称不知道，是指实际不知道且不应当知道。

本条第一款所称合法来源，是指通过合法的销售渠道、通常的买卖合同等正常商业方式取得产品。对于合法来源，使用者、许诺销售者或者销售者应当提供符合交易习惯的相关证据。

**第二十六条** 被告构成对专利权的侵犯，权利人请求判令其停止侵权行为的，人民法院应予支持，但基于国家利益、公共利益的考量，人民法院可以不判令被告停止被诉行为，而判令其支付相应的合理费用。

**第二十七条** 权利人因被侵权所受到的实际损失难以确定的，人民法院应当依照专利法第六十五条第一款的规定，要求权利人对侵权人因侵权所获得的利益进行举证；在权利人已经提供侵权人所获利益的初步证据，而与专利侵权行为相关的账簿、资料主要由侵权人掌握的情况下，人民法院可以责令侵权人提供该账簿、资料；侵权人无正当理由拒不提供或者提供虚假的账簿、资料的，人民法院可以根据权利人的主张和提供的证据认定侵权人因侵权所获得的利益。

**第二十八条** 权利人、侵权人依法约定专利侵权的赔偿数额或者赔偿计算方法，并在专利侵权诉讼中主张依据该约定确定赔偿数额的，人民法院应予支持。

**第二十九条** 宣告专利权无效的决定作出后，当事人根据该决定依法申请再审，请求撤销专利权无效宣告前人民法院作出但未执行的专利侵权的判决、调解书的，人民法院可以裁定中止再审审查，并中止原判决、调解书的执行。

专利权人向人民法院提供充分、有效的担保，请求继续执行前款所称判决、调解书的，人民法院应当继续执行；侵权人向人民法院提供充分、有效的反担保，请求中止执行的，人民法院应当准许。人民法院生效裁判未撤销宣告专利权无效的决定的，专利权人应当赔偿因继续执行给对方造成的损失；宣告专利权无效的决定被人民法院生效裁判撤销，专利权仍有效的，人民法院可以依据前款所称判决、调解书直接执行上述反担保财产。

**第三十条** 在法定期限内对宣告专利权无效的决定不向人民法院起诉或者起诉后生效裁判未撤销该决定，当事人根据该决定依法申请再审，请求撤销宣告专利权无效前人民法院作出但未执行的专利侵权的判决、调解书的，人民法院应当再审。当事人根据该决定，依法申请终结执行宣告专利权无效前人民法院作出但未执行的专利侵权的判决、调解书的，人民法院应当裁定终结执行。

**第三十一条** 本解释自 2016 年 4 月 1 日起施行。最高人民法院以前发布的相关司法解释与本解释不一致的，以本解释为准。

## 最高人民法院<br>关于民事诉讼证据的若干规定（节选）

法释〔2001〕33号

（2001年12月6日最高人民法院审判委员会第1201次会议通过　2001年12月21日公布　自2002年4月1日起施行）

**第十七条**　符合下列条件之一的，当事人及其诉讼代理人可以申请人民法院调查收集证据：

（一）申请调查收集的证据属于国家有关部门保存并须人民法院依职权调取的档案材料；

（二）涉及国家秘密、商业秘密、个人隐私的材料；

（三）当事人及其诉讼代理人确因客观原因不能自行收集的其他材料。

**第七十五条**　有证据证明一方当事人持有证据无正当理由拒不提供，如果对方当事人主张该证据的内容不利于证据持有人，可以推定该主张成立。

## 最高人民法院<br>关于适用《中华人民共和国民事诉讼法》的解释（节选）

法释〔2015〕5号

（2014年12月18日最高人民法院审判委员会第1636次会议通过　2015年1月30日公布　自2015年2月4日起施行）

**第二十四条**　民事诉讼法第28条规定的侵权行为地，包括侵权行为实施地、侵权结果发生地。

**第九十条**　当事人对自己提出的诉讼请求所依据的事实或者反驳对方诉讼请求所依据的事实，应当提供证据加以证明，但法律另有规定的除外。

在作出判决前，当事人未能提供证据或者证据不足以证明其事实主张的，由负有举证证明责任的当事人承担不利的后果。